U0462885

BLUE BOOK

智 库 成 果 出 版 与 传 播 平 台

天津法治蓝皮书

BLUE BOOK OF RULE OF LAW IN TIANJIN

天津法治发展报告 *No.3*（2023）

ANNUAL REPORT ON RULE OF LAW IN TIANJIN No.3 (2023)

主　　编／钟会兵

执行主编／刘志松

副 主 编／王　焱

社会科学文献出版社

SOCIAL SCIENCES ACADEMIC PRESS（CHINA）

图书在版编目（CIP）数据

天津法治发展报告 . No. 3，2023 / 钟会兵主编；刘志松执行主编；王焱副主编. -- 北京：社会科学文献出版社，2023.11
（天津法治蓝皮书）
ISBN 978-7-5228-2930-2

Ⅰ. ①天… Ⅱ. ①钟… ②刘… ③王… Ⅲ. ①社会主义法治-建设-研究报告-天津-2023 Ⅳ. ①D927. 21

中国国家版本馆 CIP 数据核字（2023）第 222514 号

天津法治蓝皮书
天津法治发展报告 No. 3（2023）

主　　编 / 钟会兵
执行主编 / 刘志松
副 主 编 / 王　焱

出 版 人 / 冀祥德
组稿编辑 / 曹长香
责任编辑 / 王玉敏
责任印制 / 王京美

出　　版 / 社会科学文献出版社（010）59367162
　　　　　地址：北京市北三环中路甲 29 号院华龙大厦　邮编：100029
　　　　　网址：www. ssap. com. cn
发　　行 / 社会科学文献出版社（010）59367028
印　　装 / 天津千鹤文化传播有限公司

规　　格 / 开　本：787mm×1092mm　1/16
　　　　　印　张：22　字　数：330 千字
版　　次 / 2023 年 11 月第 1 版　2023 年 11 月第 1 次印刷
书　　号 / ISBN 978-7-5228-2930-2
定　　价 / 139. 00 元

读者服务电话：4008918866

天津法治蓝皮书
编 委 会

摘 要

近年来，天津市全面学习宣传贯彻习近平法治思想，锚定法治建设先行区目标，坚持依法治市、依法执政、依法行政共同推进，法治天津、法治政府、法治社会一体建设，狠抓法治建设"一规划两纲要"落地落实。全面推进科学立法、严格执法、公正司法、全民守法，以高水平法治供给保障高质量发展、深化高水平改革开放、推进城市依法高效能治理、依法守护人民群众高品质生活，法治天津建设迈出新步伐、取得新成效。

天津市委依法治市办、天津市法学会、天津社会科学院编撰出版《天津法治发展报告 No.3（2023）》，全景展示了 2021~2022 年天津法治建设的主要成就，系统回顾和总结了天津在科学民主立法、回应社会需求，推进依法行政、建设法治政府，加强法治保障、优化法治化营商环境，深化司法改革、维护公平正义，有效化解矛盾纠纷、维护社会和谐稳定，加强社会参与、共建法治社会等方面的成功经验和实践创新，对持续推进天津法治建设意义重大。全书由 1 篇总报告、4 篇分报告、7 篇专题报告、5 篇改革创新研究成果和 7 篇典型案例组成。

总报告通过翔实的数据和案例全面梳理了 2021 年以来天津法治建设的实践与创新进程，总结了天津法治建设发展的主要成果和突出做法，分析了下一步要突破的"瓶颈"，并对未来几年天津法治建设发展的总体状况和重点领域作出预测和展望。未来天津将继续深入学习宣传贯彻习近平法治思想，坚持推进科学立法，以良法保障善治；坚持推进严格执法，保证法律严格实施；坚持推进公正司法，守护社会公平正义；坚持推进全民守法，培育

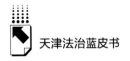
良好的法治环境，为全面建设社会主义现代化大都市提供有力的法治保障。

分报告从科学立法、严格执法、公正司法、全民守法等方面对天津法治建设发展进行了全景描述、总结、思考和展望。2021～2022年，天津市深入推进科学立法，立法质效不断提升，法律规范体系不断健全完善，形成了一系列重要立法成果和经验做法；深入推进严格执法，在法治轨道上持续推进城市治理体系和治理能力现代化，为全面建设社会主义现代化大都市提供有力的法治保障；深入推进公正司法，在司法体制改革、智慧司法建设、公共法律服务、强化司法监督等方面成果显著，审判体系和审判能力现代化建设稳步推进；深入推进全民守法，在法治宣传教育、基层依法治理、法治文化建设方面成效显著，全社会法治氛围更加浓厚。

专题报告集中展现天津法治建设中形成的特色制度、工作和项目。宏观层面，天津统筹推进依法治市与依规治党深度融合。中观层面，天津致力于推动法治化营商环境建设和优化，尤其在政务环境、市场环境、司法环境、社会环境方面取得了显著进展；在立法、执法、司法、守法普法等方面的工作卓有成效；各高校和科研院所贯彻落实中共中央办公厅、国务院办公厅《关于加强新时代法学教育和法学理论研究的意见》精神，创新发展法学教育体系和法学理论研究体系，聚焦法学理论前沿问题和法治建设实践中的法律问题，取得了一系列实践成果。微观层面，重点围绕法治政府建设重点信息公开公示、信访工作法治化、依法管网治网等方面，天津展开了一系列有效探索与实践。

改革创新报告主要对天津法治政府建设中行政执法协调监督体制机制创新、滨海新区"一企一证"综合改革实践、推进涉案企业合规改革，司法实践中检察建议监督以及普法工作中南开区青少年法治宣传教育的创新实践进行了总结分析，对提升行政执法效能、加强服务型政府建设、进一步优化营商环境、发挥检察监督、加强法治宣传教育在法治建设中的独特作用具有重要意义。

典型案例主要围绕创新跨省异地就医直接结算的法治医保建设、不动产司法拍卖联动机制、和平区法治政府建设示范创建、河东区创建"枫桥式"

派出所、红桥区重大行政决策合法性审查"123"模式、西青区智慧公共法律服务体系建设项目、小白楼街道打造"全国立法直通港"等典型案例，总结实践中的经验和亮点，为法治建设提供良好的示范和借鉴。

关键词： 法治发展 法治建设 改革创新

目 录 ⤵

Ⅰ 总报告

B. 1 2021~2022年天津市法治建设发展成就与展望

················· 天津市法治建设研究课题组 / 001

一 持续推动学习宣传贯彻习近平法治思想走深走实 ········· / 002

二 以高质量法治供给保障高质量发展 ·············· / 004

三 在法治轨道上深化高水平改革开放 ·············· / 008

四 以高水平法治助推高效能治理 ················ / 011

五 依法守护人民群众高品质生活 ················ / 016

六 加强高素质法治工作队伍建设 ················ / 021

七 抓好"关键少数",拧紧法治建设责任链条 ·········· / 024

八 下一步法治天津建设重点任务及展望 ·············· / 026

Ⅱ 分报告

B. 2 天津市以高质量立法推动高质量发展研究············· 张宜云 / 030

B. 3 天津市推进行政执法创新实践与展望

················· 天津市推进行政执法创新研究课题组 / 048

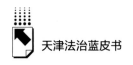

B.4 天津市以严格公正司法守护社会公平正义实践与展望

················· 天津市公正司法研究课题组 / 060

B.5 天津市推进全民守法　拓展社会参与法治实践研究

················· 天津市守法普法研究课题组 / 074

Ⅲ　专题报告

B.6 统筹推进依法治市与依规治党深度融合

··············· 依法治市与依规治党深度融合研究课题组 / 089

B.7 天津市法治政府建设重点信息公开公示工作实践

··············· 法治政府建设重点信息公开研究课题组 / 100

B.8 天津市基层法治建设的实践与探索

················· 天津市基层法治建设研究课题组 / 113

B.9 天津市法治化营商环境优化路径研究

················· 天津市法治化营商环境研究课题组 / 128

B.10 天津市信访工作法治化的探索与启示 ················· 王　果 / 142

B.11 天津市依法管网治网工作实践 ················· 郭小冬 / 156

B.12 天津市法学教育和法学研究创新发展的实践探索

··············· 天津市法学教育和法学研究创新课题组 / 170

Ⅳ　改革创新

B.13 天津市推进行政执法协调监督体制机制创新

················· 天津市推进行政执法协调监督研究课题组 / 183

B.14 天津市检察建议监督的实践创新与展望

················· 天津市检察建议监督研究课题组 / 196

B.15 天津市深入推进涉案企业合规改革研究

················· 天津市涉案企业合规改革研究课题组 / 210

B.16 滨海新区"一企一证"综合改革实践经验分析

………… 滨海新区"一企一证"综合改革研究课题组 / 227

B.17 南开区青少年法治宣传教育的创新实践

………………… 南开区青少年法治宣传教育研究课题组 / 238

V 典型案例

B.18 天津市推进跨省异地就医直接结算制度改革

………… 天津市跨省异地就医直接结算制度研究课题组 / 249

B.19 天津市不动产司法拍卖联动机制的实践检视及展望

……………………………………………… 吕姝洁 / 255

B.20 天津市和平区法治政府建设示范创建的实践探索

………… 和平区法治政府建设示范创建课题组 / 267

B.21 河东区以"枫桥式"派出所创建为载体打造新时代

"枫桥经验"新高地

………… 河东区"枫桥式"派出所创建研究课题组 / 278

B.22 红桥区重大行政决策合法性审查"123"模式

……… 红桥区重大行政决策合法性审查"123"模式课题组 / 287

B.23 西青区智慧公共法律服务体系建设项目

………………… 西青区公共法律服务研究课题组 / 296

B.24 小白楼街道积极打造"全国立法直通港" …………… 程 程 / 304

Abstract ……………………………………………… / 312

Contents ……………………………………………… / 316

皮书数据库阅读**使用指南**

总 报 告

General Report

B.1

2021～2022年天津市法治建设
发展成就与展望

天津市法治建设研究课题组*

摘　要： 近年来，天津市全面学习宣传贯彻习近平法治思想，锚定法治建设先行区目标，坚持依法治市、依法执政、依法行政共同推进，法治天津、法治政府、法治社会一体建设，狠抓法治建设"一规划两纲要"落地落实，全面推进科学立法、严格执法、公正司法、全民守法，以高水平法治供给保障高质量发展、深化高水平改革开放、推进城市依法高效能治理、依法守护人民群众高品质生活，法治天津建设迈出新步伐、取得新成效。总结主要成果和突出做法，分析了下一步要突破的"瓶颈"。未来天津市将

* 执笔人：王焱，天津社会科学院法学研究所副所长，副研究员；刘晓纯，天津大学法学院教授；尹玥婷，天津大学法学院硕士研究生；刘志松，天津社会科学院法学研究所所长，研究员。本文系天津社会科学院2022年重点研究项目（22YZD-05）的阶段性成果。天津市委办公厅、市政府办公厅、市委政法委、市委依法治市办、市委网信办、市高级人民法院、市检察院、市公安局、市司法局、市政务服务办及市政府相关部门和各区提供资料。

继续深入学习宣传贯彻习近平法治思想，加大宣传阐释力度，坚持推进科学立法，以良法保障善治；坚持推进严格执法，保证法律严格实施；坚持推进公正司法，守护社会公平正义；坚持推进全民守法，培育良好的法治环境。天津将继续深化法治建设，在立法、执法、司法和守法普法上不断探索新模式，取得新成绩，为全面建设社会主义现代化大都市提供有力的法治保障。

关键词： 法治建设　习近平法治思想　高水平法治

　　近年来，天津市委、市政府坚持以习近平新时代中国特色社会主义思想为指导，深入贯彻落实党的二十大精神，全面学习宣传贯彻习近平法治思想，锚定法治建设先行区目标，坚持依法治市、依法执政、依法行政共同推进，法治天津、法治政府、法治社会一体建设，狠抓法治建设"一规划两纲要"落地落实，全面推进科学立法、严格执法、公正司法、全民守法，以高水平法治供给保障高质量发展、深化高水平改革开放、推进城市依法高效能治理、守护人民群众高品质生活，法治天津建设迈出新步伐、取得新成效。

一　持续推动学习宣传贯彻习近平法治思想走深走实

　　全市以党的二十大精神为指引，坚持学思用贯通、知信行统一，聚焦学习宣传贯彻习近平法治思想这一主线，坚持在学懂弄通做实上下功夫见实效，全面系统准确领会习近平法治思想的重大意义、科学内涵和实践要求，始终做习近平法治思想的坚定信仰者、积极传播者、忠实实践者。

　　（一）强化组织领导，高位部署推动

　　市委书记带头扛起推进法治建设第一责任人职责，主持召开市委常委会会议、市委全面依法治市委员会会议，第一时间传达学习习近平总书记在中央政治局第三十七次集体学习时的重要讲话精神、习近平总书记就纪念现行宪法公布施行40周年发表的重要署名文章等，对重要工作亲自部署、重大问题亲自过问、重要事件亲自督办。市委印发《关于深入学习宣传贯彻党的二十大精神　奋力开创全面建设社会主义现代化大都市新局面的决定》，对"坚持全面依法治市，推进法治天津建设"作出部署。市委全面依法治市委员会提出全年工作要点，市委依法治市办印发学习宣传研究阐释习近平法治思想工作方案，提出具体任务，推动学习宣传贯彻习近平法治思想走深走实。

（二）建立常态化机制，加强学习培训

抓住领导干部这个"关键少数"，建立健全党委（党组）理论学习中心组常态化学习机制，市委书记亲自召开市委理论学习中心组集体学习暨学习贯彻习近平法治思想专题报告会，市、区、街（乡镇）三级3000名主官"同堂培训"。突出法治工作队伍"主力军"，将习近平法治思想纳入党校（行政学院）和干部学院教学培训计划，举办市管干部专题研讨班、政法大讲堂，开展法治工作部门全战线、全覆盖培训轮训。

推进学法用法考法"全覆盖"，出台《关于进一步加强国家工作人员学法用法考法工作的实施意见》，把习近平法治思想作为首要学习内容，全市统一编制"共性学法清单"，分行业分领域分岗位编制"个性学法清单"，每年抽选国家工作人员开展法律知识考试，全面提升学习质效。创新用好"学习强国""天津干部在线""国家工作人员网上学法考试系统"等平台，分别开设习近平法治思想专题，推动全员参与、全域覆盖。

（三）加强研究阐释，深化宣传教育

特邀5名全国著名法学专家，从全市选聘55名知名专家学者和资深实务工作者，建立"全面依法治市专家库"，为推进全面依法治市提供智力支撑。开展全面依法治市"十大重点课题"研究，举办"学习贯彻习近平法治思想　加快打造法治建设先行区"论坛，整合研究力量，推出一批具有

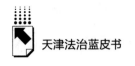

前瞻性、指导性、可操作性的高水平研究成果。

开设"习近平法治思想概论"专门课程,在学校各学段相关学科教材中阶梯式融入习近平法治思想,推动习近平法治思想进教材、进课堂、进头脑。全面实施"八五"普法规划,精心打造法治公园、青少年法治实践基地等普法阵地,广泛开展基层"菜单式""点对点"法治宣传教育,推动习近平法治思想深入人心、家喻户晓。《天津日报》开设"学习贯彻习近平法治思想"专栏,定期刊发领导干部、专家学者解读文章。推出《一场"法"与"治"的创新实践——天津坚持以习近平法治思想为指引谱写依法治市新篇章》等一批有分量的文章,通过主流媒体广泛宣传报道天津市经验做法,讲好天津法治故事。

二 以高质量法治供给保障高质量发展

天津市站在"四个全面"战略布局的高度定位法治、布局法治、厉行法治,加强全面依法治市顶层设计,市委、市政府先后印发《法治天津建设规划(2021~2025)》《天津市法治政府建设实施纲要(2021~2025)》《天津市法治社会建设实施纲要(2021~2025)》,市委全面依法治市委员会分别印发分工方案,形成法治建设"一规划两纲要"系统架构。紧扣"十四五"时期法治建设先行区目标,确立了全面依法治市的总蓝图、路线图、施工图。天津市坚持围绕中心、服务大局,坚持质效并重,创造性开展立法工作,在重点领域、新兴领域取得一批重要立法成果,以高水平法治推动高质量发展。

(一)全面贯彻新发展理念,以法治引领产业高质量发展

制造业是构筑未来发展战略优势的重要支撑。天津市人大常委会立足全国先进制造研发基地的功能定位,作出《天津市人民代表大会常务委员会关于促进和保障制造业立市 推动高质量发展的决定》,发挥立法的引领推动作用,推动产业链升级、产城融合水平提升,运用法治力量助推加快建设

制造强市。在全国率先制定《天津市促进智能制造发展条例》，聚焦智能制造创新能力、供给能力、支撑能力和应用水平提升，明确支持和激励措施，为推动天津制造向天津智造转变提供法治保障。

天津市立足滨海城市特点，将发展海水淡化利用作为增加水资源供给、优化供水结构的重要手段，在全国率先制定《天津市促进海水淡化产业发展若干规定》。完善海水淡化产业链，强化海水淡化科技创新，促进海水淡化综合利用，为全面提升产业集聚和协同创新能力、推动建设全国海水淡化产业先进制造研发基地和海水淡化示范城市提供法治支撑。

近两年还完成了推进北方国际航运枢纽建设、市场主体登记管理、乡村振兴促进、旅游促进、社会信用、石油天然气管道保护等立法修法，以高质量立法引领保障高质量发展。

市委政法委制定政法机关服务经济高质量发展22条措施；法院系统成立天津国际商事审判庭；检察系统成立全国首个履行知识产权检察职能办公室；公安机关出台优化营商环境"8项措施"，在全国首创"不停业施工"审批；市司法局开展企业公司律师试点，帮助企业预防化解法律风险。

此外，天津市多个政府部门围绕"探索实行跨领域部门综合执法"工作目标，坚持在党建引领上互通、在业务工作上互促、在服务发展上互融，加大联动执法力度，形成部门工作合力，提高行政执法质效。通过服务式执法，最大限度帮助企业解决发展难题，切实以高水平执法服务高质量发展。

（二）推进生态文明建设，以法治促进发展全面转型

实现碳达峰、碳中和，是党中央统筹国内国际两个大局作出的重大战略决策，是实现可持续发展、高质量发展的内在要求和必然选择，是一场广泛而深刻的经济社会变革。天津积极探索在法治轨道上推进"双碳"工作、实现"双碳"目标，在全国率先制定《天津市碳达峰碳中和促进条例》，突出"双碳"并行、一体推进，对调整能源结构、推进产业转型、促进低碳生活和减少碳排放、增加碳汇等作出了规定，坚定不移走生态优先、绿色低碳的高质量发展道路。在全国率先制定《天津市生态文明教育促进条例》，

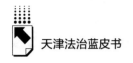

充分调动社会各界的积极性和创造性，促进生态文明建设融入经济建设、政治建设、文化建设、社会建设各方面与全过程。

天津在生态文明建设与环境保护立法方面打出了"组合拳"。2019 年制定的《天津市生态环境保护条例》，与现行的《天津市大气污染防治条例》《天津市水污染防治条例》《天津市土壤污染防治条例》《天津市生活垃圾管理条例》《天津市机动车和非道路移动机械排放污染防治条例》《天津市人民代表大会关于农作物秸秆综合利用和露天禁烧的决定》《天津市节约用水条例》《天津市绿化条例》，构成了较为完备的生态环保系统法规制度。

（三）构建市企业家法治服务中心，深度服务助力企业发展

为全面落实国务院《优化营商环境条例》《天津市优化营商环境条例》以及市委全面依法治市委员会《关于加强全市法治化营商环境建设的 15 条措施》《加强全市法治化营商环境建设专项行动实施方案》精神，市委依法治市办、市司法局统筹整合法治资源，推动建设天津市企业家法治服务中心。天津市企业家法治服务中心于 2021 年 4 月 28 日成立，由天津市司法行政服务中心负责日常运行。作为市级层面服务企业家的法治综合保障平台，围绕法律服务、法治宣传、问题处理、决策参谋等重要环节，通过联系 140 余名具有较强理论功底和丰富实践经验的天津政府法治智库专家，为企业提供"一站式"法治服务，为天津市探索创新法治化营商环境建设提供新路径。推进民营企业"法治体检"常态化，2022 年为近 5500 家企业提供法律服务 9300 余件次。

围绕市企业家法治服务中心功能定位，探索建立"企业吹哨、部门报到"服务模式，细化完善运行保障机制。加强与市工商联、市政府办公厅等相关部门协同联动。与市工商联全面构建协作机制，充分发挥工商联、商会、协会沟通联络本市工商企业界的便利优势，畅通与中小企业联系渠道，强化工作协同；加强与市政府办公厅企业家服务处的沟通协作，作为市政府办公厅"1+16+36"（企业家服务处+16 个区政府企业家服务科+36 个服务企业主要部门）涉企服务体系成员单位，发挥涉企服务网络机制作用，为

企业在天津高质量发展提供优质的法律服务和坚实的法治保障。探索推动"一企一策""一案一解"式问题解决模式。

（四）着力保障和改善民生，以法治增进民生福祉

平安建设事关人民安居乐业、社会安定有序、国家长治久安。天津立足大平安建设，筑牢首都政治"护城河"，制定《天津市平安建设条例》，将近年来平安建设的成熟经验、创新做法上升为法律规范，在维护政治安全、防范社会风险、保障公共安全等方面明确相关制度措施，并采取"1+N"模式，将这一条例作为"母法"，与矛盾纠纷多元化解、道路交通安全、学校安全、医院安全等地方性法规，共同形成了建设更高水平平安天津的系统法规制度。

在全国率先作出《关于加强城市重点区域天际线管控的决定》，创造性地以营造优美城市天际线为切入点，明确从城市设计、建筑设计等方面加强城市重点区域天际线管控，对建筑空间形态进行整体管控，透过高低结合、疏密得当、错落有致的建筑，增强景观资源的可达性、可视性。此外，近两年还制定修改了人口与计划生育、中医药、院前医疗急救服务、家庭医生签约服务、街道办事处、地方粮食储备管理、消防、燃气管理等地方性法规，努力通过立法使人民群众的获得感成色更足、幸福感更可持续、安全感更有保障。

（五）培育和践行社会主义核心价值观，以法治助推文明城市建设

核心价值观承载着一个民族、一个国家的精神追求，体现一个社会评判是非曲直的价值标准。天津有光荣的革命传统，有大量宝贵的物质和非物质红色资源。在建党百年之际，制定《天津市红色资源保护与传承条例》，促进天津红色资源的充分发掘和利用，推动弘扬伟大建党精神，传承光荣传统、赓续红色血脉。以《推进红色资源立法，健全长效保护机制》为题，条例内容被收录在中央党史学习教育领导小组办公室编的《百年初心成大道——党史学习教育案例选编》中。

此外，还制定修改了反食品浪费、红十字会、未成年人保护、预防未成

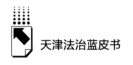

年人犯罪等地方性法规，努力通过立法使社会主义核心价值观融入社会生活各方面。

（六）服务重大国家战略，为京津冀协同发展注入强大法治动力

京津冀三地对协同立法的探索从"松散"到日益"紧密"，从相互征求意见、设定协同内容的条款或者章节，到共同起草、联合攻关，实现文本趋同。2021年，京津冀立法协同工作机制第八次会议讨论通过了《京津冀三地人大常委会关于协同推进冬奥会法治保障工作的意见》，三地分别通过了《关于授权政府为保障冬奥会举办规定临时性行政措施的决定》，为保障冬奥会圆满顺利进行提供了有效的法治保障。2022年，三地携手通过《关于京津冀协同推进大运河文化保护传承利用的决定》，为协同推进大运河文化保护传承利用提供法治保障。这些协同立法项目实现了协同起草、同步审议、同时实施，标志着协同立法工作机制和协同立法成果都取得了突破性进展。

三　在法治轨道上深化高水平改革开放

近年来，天津市在法治轨道上不断深化各项改革，扩大对外开放，持续优化营商环境，在各个领域的改革均取得突破性进展，不断强化改革开放整体布局，增强改革开放的系统性、整体性、协调性，依法平等保护各类市场主体的利益，保障和服务改革开放，在法治轨道上推进全面深化改革向广度和深度拓展。

（一）深入推进政务服务改革，持续优化法治化营商环境

全面推行政务服务标准化、规范化和便利化。在全国首批印发《天津市行政许可事项清单（2022年版）》，明确全市693项行政许可事项；组织各区完成本区行政许可事项清单编制，走在全国前列。规范非许可类政务服务事项，编制《天津市2022年版非许可类政务服务事项目录》，持续提升

政务服务事项标准化水平。公布天津市涉及中介服务的全部35项行政许可事项和59个行政许可要件，在市政务服务中心推行综合窗口改革，1051项政务服务事项实现一窗办理，使群众享受更加清晰、便利和规范的服务。加强京津冀政务服务合作，联合推出第四批京津冀自贸试验区政务服务"同事同标"事项26项，累计达到179项。推出"免申即享"政策，符合条件的企业群众免予申报、直接享受政策的政务服务事项达到53项。持续推进"跨省通办"，新增22项异地可办高频政务服务事项，累计达到155项。

天津市出台优化营商环境责任清单，明确108项具体任务。制定109条对标国务院营商环境创新试点工作、持续优化营商环境的若干措施，出台进一步优化天津市营商环境、降低市场主体制度性交易成本的具体措施93项，企业群众获得感进一步增强。建立意见建议受理反馈机制，充分发挥134名市级营商环境监督员作用，召开企业座谈会、政企沟通会36次，办理企业意见建议和咨询106件。建立营商环境建设监测评价机制，推动各区各部门强弱项、补短板。加强政策宣传。制作"一图读懂"104份1632页、动画视频12份45分钟，录播"营商环境大讲堂"51期，惠企政策宣传实现"精准滴灌"。制作《天津市对标国务院营商环境创新试点工作持续优化营商环境若干措施》动画解读，在全市法治动漫微视频作品征集活动中取得良好成绩。

（二）创新推进市场主体登记制度改革，提升管理与服务质效

持续优化企业开办流程。通过持续优化系统，实现企业设立登记、公章刻制、申领发票、社保参保登记、住房公积金企业缴存登记一表填报，一次提交、并联办理，企业开办时间压缩在1个工作日内。整合名称自主申报平台、企业登记全程电子化平台、企业开办一窗通平台为市场主体一网通办。申请人通过市场主体一网通办可实现从名称自主申报到登记申请材料填报，相关自然人通过实名验证后对申请材料进行电子签名确认，全流程网上办理。同时还提供银行开户信息填报、营业执照免费递送等增值服务，申请人足不出户就可完成企业开办各环节的申报。

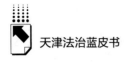

推进新型登记确认制度改革。2022年3月1日，市市场监管委印发《中国（天津）自由贸易试验区市场主体确认登记试行办法》，5月1日起，在自贸试验区试点探索市场主体登记确认制改革。市场主体确认登记制改革推进了极简登记管理模式，更大力度减环节、减材料、降成本，最大程度尊重企业登记注册自主权，充分激发市场主体活力。

推行企业住所（经营场所）标准化登记。落实《天津市市场主体住所（经营场所）登记管理办法》，持续推进"一照多址"改革。推行高频市场主体登记事项移动端办理。在已实现个体工商户"一网通办"的基础上，进一步推动个体工商户设立移动端办理，为经营者提供便捷的登记服务。通过"津心办"App中的市场监管委旗舰店，按照个体工商户设立登记的展示页面逐项填写申请信息，经营者通过实名认证，对申请材料进行电子签名确认，就可在线完成个体工商户设立登记，真正实现"掌上办"。此外，还大力推进电子营业执照应用、企业自主远程查阅电子档案、准入准营"一件事"等多项改革措施，快速提升了对市场主体的管理与服务质效。

（三）落实和完善包容审慎监管，积极推进信用监管

天津市制定印发《天津市市场监管领域不予实施行政强制措施清单》，自2022年6月15日起施行，这是市级部门出台的第一份不予实施行政强制措施清单。该清单列举了22项不予实施行政强制措施事项，逐项明确针对的违法行为、具体适用条件、不予实施行政强制措施种类，涉及市场主体登记、产品质量、计量、认证、广告、商标、食品、化妆品等监管事项。为保证清单落地实施，市市场监管委组织全市市场监管部门视频培训1次，共计700余人参会；前往基层市场监管所对一线执法人员面对面培训1次，就落实情况开展基层调研1次，推动全市市场监管部门对清单做到免得准、管得住、做得好，使政策真正惠及广大市场主体。

天津市以国家市场监督管理总局"通用型企业信用风险分类指标体系"为基础，研究构建本市企业信用风险分类指标，对全市68.5万户企业进行信用风险分类测算，其中A级企业占比达46.3%。同时，加强企业信用风

险分类结果应用，将测算结果推送至"双随机、一公开"监管平台，实现以信用为基础的差异化监管。全面实行市场监管领域信用修复网上办理，做到了"一个平台办修复"。2022年以来，全市市场监管部门已办理经营异常名录信用修复13.1万户（次），严重违法失信名单网上信用修复15726件，行政处罚信息协同修复3447件。同时，信用修复效率显著提升，以经营异常名录为例，实现全程网办后平均修复用时从1.24天降至0.63天，修复效率提升近50%。

（四）推进诚信政府建设，树立良好政府形象

天津市积极推进诚信政府建设。落实《天津市社会信用条例》《天津市政务诚信建设实施方案》《天津市加快推进诚信建设实施方案》有关要求，依法全面推进全市政务诚信建设工作，推动树立公开、公正、诚信、清廉的良好政府形象，营造既"亲"又"清"的新型政商环境。坚持依法行政，落实政务公开。积极履约践诺。督促履行与相对人依法签订的各类合同。依法签订的合同，不以相关职能调整、人员变动等为由毁约，按时支付各类账款，及时清理拖欠款项，及时兑现依法向市场主体作出的各项政策承诺。探索建立政务诚信第三方评价模式，印发《2021年度天津市政务诚信评价工作方案》，构建政务诚信监测评价指标体系。持续对市有关部门和各区人民政府信用状况进行监测。加强诚信教育，严格廉洁从政，健全监督机制。

四 以高水平法治助推高效能治理

天津市坚持把法治贯穿改革发展稳定全过程，自觉运用法治思维和法治方式深化改革、推动发展、化解矛盾、维护稳定、应对风险，法治政府建设、治理体系和治理能力现代化效能明显提升。天津市和平区获评全国法治政府建设示范区，滨海新区"一企一证"综合改革、南开区"青春与法 护航成长"青少年法治宣传教育获评全国法治政府建设示范项目，以高水平法治助推高效能治理取得显著成果。

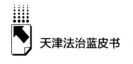

（一）持续推进科学民主依法决策，加强行政决策规范化建设

天津市加强依法行政制度体系建设，扎实推进科学民主依法决策。在2020年出台《天津市重大行政决策程序规定》基础上，2021年出台《天津市重大行政决策事项目录管理办法》等4项配套制度；2022年制定《天津市重大行政决策公众参与工作规则》等5个重大行政决策程序规定配套文件，构建形成了重大行政决策程序"1+4+5"制度体系。各区各部门也立足实际，制定本区本部门实施细则及配套文件，全市重大行政决策制度体系日臻完善，为政府科学决策、民主决策和依法决策提供重要依据和法治保障。

加大政府事务智力支持和法治保障，聘任136人为市政府第一届重大行政决策咨询论证专家库专家，涉及经济发展、社会治理、城乡建设、教科文卫、依法行政五大领域。专家认真履职，围绕经济、改革、民生等领域迫切需要解决的问题进行论证、提出建议，助力提升决策科学化水平。公职律师、法律顾问共处理各类法律事务9.5万余件。

2022年8月，市人民政府办公厅会同市司法局以"重大行政决策浅析"为题，以线上培训的形式，与各区人民政府和市人民政府各部门交流重大行政决策概念和制定程序等重点内容，依法引导决策制定部门科学做好相关工作，全面提升法治政府建设水平。各区各部门立足工作实际，有效落实重大行政决策制度规定，制订重大行政决策工作方案，明确决策时间表、路线图，持续跟踪督导决策进程，决策事项完成率显著提升，决策过程和结果公开力度持续加大。

（二）强化行政执法规范化建设，加强行政执法监督

深化行政执法体制改革，优化配置执法力量。完成市、区向街道（乡镇）和基层一线下沉编制工作，重点加强执法力量相对薄弱的区执法一线工作力量。出台《天津市深化应急管理综合行政执法改革实施方案》，组建市级应急管理综合行政执法队伍，不断强化应急管理综合行政执法能力。全面推动"三项制度"落实。全市2.4万余名行政执法人员启用统一样式的

行政执法证"亮证执法"，33个市级执法部门修订完善本系统行政执法文书，印发街镇行政执法文书参考样式（2022版），重大执法决定法制审核事项清单实现市区两级全覆盖，执法规范化建设提质增效。组织持有行政执法证且在天津市行政执法监督平台备案的执法人员参加公共法律知识培训考试，督促各区各部门持续加强对执法人员的法律知识和业务知识培训，不断提升法治素养和执法水平。

加强重点领域执法，解决人民群众的急难愁盼问题。深化开展城镇燃气安全隐患排查整治"百日行动"，全力推动"6个100%"燃气户内设施提升改造工作，集中力量解决全市燃气安全领域突出问题。开展"守底线、查隐患、保安全"专项行动，检查食品生产经营主体19.3万户次，发现食品安全风险隐患73559个，查处违法案件4330件。持续开展根治欠薪专项执法行动，向社会公布重大欠薪违法行为案件14起，为农民工追回工资共计666.08万元，欠薪案件结案率达到100%。

创新行政执法方式，提升执法服务水平。充分发挥科技监管优势，开展港区无人机安全辅助巡查，构建"陆海空"立体巡查模式，全面、实时掌握重点企业作业全过程。推进跨区域跨领域联合执法，开展"党的二十大保电暨特高线路巡查专项行动"和"重点企业用电安全整治专项行动"，在中高考期间对地铁8号线等3个在建项目现场开展联合突击检查。推行柔性执法，市场监管领域办理免罚案件511件，免于强制案件67件；文化旅游领域轻微违法立案8起，其中7起通过普法教育和责令整改纠正了违法行为。

升级完善天津市行政执法监督平台，开展监督平台案件质量专项整治工作，构建全市行政执法监督人员信息库，进一步提高行政执法监督信息化水平。滨海新区政府完成司法部省、市、县、乡四级行政执法协调监督工作体系建设试点工作，形成具有天津特色的"扁平化、一竿子插到底"的行政执法协调监督体系建设和模式创新。组织做好全面依法治市考评行政执法和行政执法监督部分，以考评倒逼责任落实。

有效发挥市级行政执法监督平台作用，组织各区、各市级部门行政执法

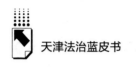
监督机构利用天津市行政执法监督平台对行政执法案卷开展评查，2021 年全市累计评查案卷 16780 件，2022 年评查 7539 件。针对发现的问题，要求相关执法部门立即进行整改，不断推进严格规范公正文明执法。

加快推进行政复议体制改革任务落地见效。市区两级复议机构设置和人员编制批复到位，行政复议职责全面整合，16 项改革任务顺利完成。将案件调解作为工作重点，力争实质化解行政争议，做到"案结事了"，坚决纠正违法及不当行政行为。2022 年新收行政复议案件 2796 件，办结 2637 件，纠错率 11.61%，行政争议实质化解率 76.37%，行政机关负责人出庭应诉率 99.44%，行政复议化解行政争议主渠道作用进一步发挥。

（三）推进网络空间治理法治化，完善治理体系

网络法治体系不断健全。2022 年制定实施《天津市网络法治工作协调联动机制》《天津市网络执法监督检查工作规范（试行）》《天津市网信部门网络数据安全监督检查工作规范（试行）》，研究出台《网络数据安全监督检查规范》《移动互联网应用程序安全评估规范》《网络数据安全信息备案规范》三个地方标准，填补地方空白。制定《关于做好重要数据和个人信息保护的工作方案》《天津市网络数据安全事件应急预案（试行）》，建立全市网络数据安全和个人信息保护工作协调机制，推动各区各部门设立首席数据官，明确任务，压实责任，推动工作，付诸行动，见于成效。印发《天津市规范企业参与政府信息化建设　加强政务数据安全管理办法（试行）》，保障全市政务信息系统和政务数据安全。

加强网络生态治理。聚焦维护政治安全、制度安全和意识形态安全，统筹推进《天津市加快建立网络综合治理体系的实施方案》落实，完善涉网管理、网络法治、网络举报、联合辟谣等工作机制。针对网络空间乱象，坚决果断向各类违法违规行为举旗亮剑，组织开展"清朗""净网""海河净网"等 30 余个专项行动，依法严厉打击"网络谣言和虚假信息""网络直播、短视频领域乱象"等突出问题。健全全市互联网违法和不良信息举报受理处置一体化机制，构建以"天津辟谣"官方账号为龙头、全市各相关

单位官方账号参与的"天津网络辟谣矩阵"。组织全市56名数据安全执法人员使用数据安全监督管理平台数据安全执法办案系统进行培训，提升网信执法队伍依法管网治网能力。

（四）探索基层社会治理创新，完善治理机制

坚持创新发展新时代"枫桥经验"，推进实现基层治理融合共治。实施实现基层治理创新，"共治"是核心。多元主体通力协作，以"体系融合"保"机制融合"、促"力量融合"，联通不同环节最终形成制度合力。以社会治安防控体系建设为依托，将深化社区警务、加强群防群治、平安社区创建、智慧社区建设、强化农村警务等基础工作纳入全市重点工程、民心工程，将部门工程提升为党政工程。

紧紧依靠社区（村）党组织，充分发挥治保会的职能作用，广泛发动群防群治力量参与基层治理，依托属地街道、居委会、物业和企事业单位，建立"义警"志愿者队伍，建立不少于15人的群防群治队伍，动员全市共56.9万人的群防群治力量，配合开展矛盾排查化解、安全检查、防范宣传、疫情防控等工作。全市涌现了河西"西岸义警"、北辰"北辰义警"、东丽"海河义警"等多个"社区警务+群防群治"品牌，逐步形成可复制、能推广的经验做法。推出"津门平安力量"手机App，积极探索"互联网+群防群治"新模式。连续推动将智慧平安社区建设纳入市政府民心工程，2022年完成7164个智慧平安社区建设，使社区成为全市的"平安高地"。

深化社会矛盾化解，实现和谐成果共享。通过日常排查、重点排查、专项排查相结合的方式，对排查中发现的矛盾纠纷，第一时间开展调解工作，努力将矛盾纠纷吸附在当地、化解在萌芽。对调解不成的纠纷，积极引导当事人通过其他法律途径解决，2021～2022年，全市人民调解组织共调解民间纠纷11.5万余件。推动行政调解、司法调解与人民调解的程序衔接，先后与公安、法院、检察院、信访、卫健、知识产权等部门联合建立了"公调""诉调""检调""访调""医调"、知识产权纠纷人民调解对接机制，以人

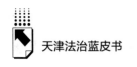

民调解为基础的"N+调解"工作模式渐具雏形。配合各部门将适宜调解的纠纷导入人民调解，推动矛盾纠纷化解多元创新发展。

五　依法守护人民群众高品质生活

开展"法治为民办实事"活动，推动解决人民群众法治领域的急难愁盼问题。推进市域社会治理现代化全域创建，加快社会治安防控体系建设，严厉打击违法犯罪，常态化开展扫黑除恶斗争，天津成为社会治安最好的城市之一。继续深入推进司法体制改革，维护社会公平正义。大力推进公共法律服务均等化，建立健全法律服务资源跨区域流动机制，依法有序扩大法律援助范围，让人民群众感受到法治温暖。

（一）加强社会治安防控体系建设，常态化开展扫黑除恶斗争

天津市紧紧围绕提高社会治安防控立体化、法治化、专业化、智能化水平工作目标，树牢强基导向，提升防控水平，全力推进具有天津特色的立体化信息化社会治安防控体系建设，有效维护了社会持续稳定，筑牢了首都政治"护城河"。

积极构建环区域、环市"治安防控圈"。深化"雪亮工程"和视频监控网建设，持续推进"环京、环津、沿海"安全防线建设。全面改造升级全市15个公安检查站特别是3个进京方向公安检查站科技设备，进一步提升科技化查控水平，最大化提高预警预防能力和通行效率。

织密防控网。打造"1名社区民警+2名社区工作人员+N名社区网格员"社区警务工作团队，发挥社区民警的社区任职优势，推动社区警务与党群日常"九全"目标深度融合，调整形成58.9万人的群防群治力量，形成严密巡逻防控体系，筑牢社会安全屏障。全市累计建成7164个智慧平安社区，实现了城镇地区全覆盖，为智慧警务和社区治理提供了强有力的信息化支撑，入室盗窃等可控性案件发案数量下降28.74%，全市4000余个小区实现零发案。

不断完善"天津治安防控实战应用平台"。建立完整有序的治安数据库，搭建了涉黄、涉赌、涉枪爆等数据模型20余个，全面开展治安专业研判分析，实现对"人、地、物、事、网"等治安要素的依法管控、精准管控和动态管控，为社会治安大局持续稳定提供了强有力的技术支撑。

保持高压态势，依法打击黑恶违法犯罪。开展扫黑除恶严打整治专项行动，强力打击黑恶违法犯罪。2022年以来，全市公安机关打掉涉黑组织1个、恶势力犯罪集团4个、涉恶犯罪团伙8个，破获刑事案件190起，抓获犯罪嫌疑人275人。市扫黑办组织开展线索核查攻坚行动，明确核查时限，逐一督导核查，狠抓涉黑恶线索核查清仓见底。市公安局、市委网信办等部门针对电信网络诈骗、涉网"裸聊"敲诈等线索警情进行梳理分析，依法开展打击。针对短视频社交平台出现讲述各地黑恶势力团伙头目旧闻往事的情况，市扫黑办开展网络传播"江湖故事"专项整治行动。市纪委监委将常态化扫黑除恶监督执纪问责工作纳入全市监督工作要点，对涉黑恶案件暴露的公职人员违纪违法问题抓住不放、深查深究，"破网打伞"取得新成效。各级法院建立动态涉黑涉恶案件执行台账，狠盯"黑财"不放松，逐案依法执行。司法行政部门在罪犯中开展《反有组织犯罪法》学习教育活动，加强涉黑恶罪犯刑满释放人员安置帮教工作。

（二）深入推进司法体制改革，维护社会公平正义

1. 加强司法责任体制改革和建设

健全院庭长办案常态化机制。落实院庭长办案情况通报制度，逐月通报全市法院院庭长办理案件数量、结案数占比及办案数量达标率。2022年，全市法院院庭长共办理案件188261件，占全市法院结案总数的39.02%。完善员额法官惩戒制度。出台《天津市法官惩戒工作办法（试行）》，对应当追究法官违法审判责任的情形、惩戒调查及听证程序的开展、惩戒决定的作出及复核、惩戒决定的执行等作出详细规定。

2. 推进诉讼制度机制改革

一是积极推动三级法院审级职能定位改革试点工作。调整完善知识产权

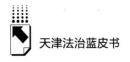

案件管辖布局，新增受理知识产权案件基层法院，统一天津市辖区内一审知识产权民事案件诉讼标的额标准，进一步厘清天津市一审法院受理知识产权民事、行政案件的范围。在部分基层人民法院开展行政诉讼案件异地管辖试点工作。制定《天津法院提级管辖案件诉讼文书样式（试行）》，规范全市法院提级管辖案件文书适用。

二是深化以审判为中心的刑事诉讼制度改革。加强专门案件证据审查指导。出台《故意伤害案件证据审查指引》《常见毒品犯罪案件证据审查指引》，进一步规范相关案件证据审查判断工作。持续推进量刑规范化改革，启动《〈关于常见犯罪的量刑指导意见〉实施细则（试行）》修订工作。完善认罪认罚案件自愿性审查机制。进一步规范认罪认罚的告知程序、审查程序，强化对认罪自愿性的审查，确保认罪认罚案件实现公正和效率的有机统一。2022年，天津市法院一审适用认罪认罚从宽制度审理刑事案件约占同期审结一审全部刑事案件的90%。

三是深入推进民事案件繁简分流。加大简易程序和小额诉讼程序适用，全市法院39%的民商事纠纷通过速裁方式得到快速、实质化解。全面推进人民法院调解平台进乡村、进社区、进网格，对接综治中心、派出所、司法所等基层治理单位99家，邀请1100多名村（居）委会干部、人民调解员、五老乡贤等入驻调解平台，实现基层解纷网络全覆盖；积极参与"无讼乡村""无讼社区"建设，深入开展诉源治理专项行动，加强联防联控和协同治理，有效预防纠纷发生。

3. 健全多元化纠纷解决机制

在市工商联及各个区工商联设立17个法官工作室，法官通过上门和在线法律咨询、诉前调解、巡回办案等形式，为广大民营企业提供多元、优质、便捷的解纷服务。在重点商圈建立商圈多元解纷中心，指导相关法院成立法官工作室及民营企业法律服务站。制定《天津市高级人民法院新时代人民法庭高质量发展工作规划（2022～2024年）》及实施方案，指导全市法院人民法庭全面推进一站式建设，发挥人民法庭面向基层优势，积极融入基层社会治理体系，着力打造一批"枫桥式人民法庭"。

4.深化执行体制机制改革

加快速执团队建设，进一步优化执行权配置。制定《关于速执团队建设运行的工作指南（试行）》，从收案范围、办理流程、简普转换、结案标准等方面规范速执团队建设和运行，推动"简案快执、难案攻坚"更加规范有序，快速兑现胜诉权益。建立健全执行信访案件"接访即办"工作机制。全市法院均设立信访专岗和接访团队，明确信访责任和办理时限，工作质效水平持续提升。建立天津法院执行工作单独考核体系，制定《天津法院执行绩效考核工作办法（试行）》，进一步加强执行管理工作，从执行质效和管理指标、落实重大工作部署、执行信息化规范化管理、执行队伍建设和保障四个方面加大考核力度，充分发挥"指挥棒"作用，提升全市法院执行质效和管理水平。

5.加强智慧司法建设

天津市推动网络司法高质量发展取得丰硕成果，10项指标位列全国首位，"行政审判信息化平台"项目获2022年度人民法院重大科技创新成果一等奖。着力提升信息化项目建设和管理工作规范化水平，出台《天津市高级人民法院信息化项目建设管理办法》及配套管理制度。研发上线"天津法院一站式诉讼服务数据平台"，为加强诉讼服务管理提供信息化支撑。搭建政法机关协同办案平台。在跨部门大数据办案平台上线换押、变更羁押期限、线上申请提讯提解等功能，提高政法机关协同办案质效。升级完善天津法院涉诉信访系统。对接最高人民法院网上申诉信访平台，建设完成诉类申请内网立案审核、视频接谈审核、在线信访终结报备等功能，进一步便利人民群众依法行使申诉信访权利。

（三）不断加强信访法治化建设，保障群众意见表达渠道畅通

完善《信访工作条例》配套措施。全年共制定、修改《关于加强信访督查工作的意见》等配套文件11件，废止《天津市信访工作若干规定》地方性法规1件，确保《信访工作条例》新规定、新要求落地见效。坚持依法按政策处理信访问题。依法分类处理信访诉求，对信访事项按照不同的法

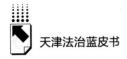

定方式，分别导入不同途径处理；健全涉法涉诉信访工作机制，把解决涉法涉诉信访问题纳入法治轨道；规范信访秩序，引导群众依法理性表达诉求、依法逐级走访，2022 年进京越级访同比下降 52.3%；坚持源头治理化解矛盾，通过网格员代办信访事项 35067 件，切实将群众身边问题解决在"家门口"。

大力开展信访普法工作。制定 2022 年度市信访办年度普法计划和普法责任清单，制定 9 项重点工作任务。开展《信访工作条例》《民法典》宣传月、宪法宣传周、全民国家安全教育日等普法宣传活动，组织专家讲座、宪法宣誓，通过微博、微信公众号等多种形式广泛宣传。将普法活动融入日常工作。用好接访窗口的法治宣传教育职能，在信访接待中为人民群众提供及时精准普惠的法治宣传教育，教育引导广大群众尊法、学法、守法、用法。

打造法治信访亮点品牌。推进律师参与信访工作。积极发挥"公益律师接待岗""郭文礼律师法治信访工作室"等律师参与信访工作平台的作用，2022 年，累计为来访群众提供法律服务 7600 多人次。加强天津法治信访研究基地建设。与天津工业大学深化"天津法治信访研究基地"项目合作，打造天津法治信访工作品牌，2022 年合作完成国家信访局信访系统内部理论研究课题 2 项，推动基地研究成果转化落地。深入推进"访调对接"，落实《天津市信访事项人民调解委员会调解规程》《天津市信访与信访事项人民调解对接工作规定（试行）》，用人民调解方式推动疑难信访问题"案结事了"。2022 年，共导入信访事项 1473 件，成功化解 1461 件，调解成功率 99.2%，群众满意率 100%。

（四）持续加大法治宣传教育力度，营造良好法治氛围

加强法治宣传教育基地、阵地建设。天津市 16 个区均至少建成一个区级法治宣传教育基地。2022 年，天津律师文史馆、天津市津南区海河故道公园法治宣传基地同时获评全国法治宣传教育基地。天津市法治宣传教育基地和阵地优秀品牌共计 58 个，包括天津市法治宣传教育基地 25 个，天津市法治宣传教育阵地优秀品牌 33 个，其中含 4 个全国法治宣传教育基地。

持续深化基层法治宣传教育。以"法律六进"为载体，依托"12·4"国家宪法日和宪法宣传周、农民丰收节等重要节点，深入学习宣传贯彻习近平法治思想，广泛开展宪法、民法典等法律法规学习宣传，推动法律进社区、进乡村。各单位各部门积极落实普法责任制，结合职能开展接地气、有特色的法治宣传活动。市农业农村委充分利用村村通"气象预警大喇叭"，围绕乡村振兴主题开展法治宣传。市公安局加大以案普法、以案释法和案例指导力度，发布经济犯罪预警提示，提升群众防范意识和能力。市法学会、市司法局、团市委联合开展青年普法志愿者法治文化基层行活动。

高质量推进基层法治创建活动，组织开展民主法治示范村（社区）创建评选和复核工作，"八五"普法以来创建"全国民主法治示范村（社区）"16个、"天津市民主法治示范村（社区）"70个。截至2022年，全市共有"全国民主法治示范村（社区）"62个、"天津市民主法治示范村（社区）"617个，有效催生了基层治理的内生动力。

高水平实施乡村（社区）"法律明白人"培养工程，全市已培养2万余名"法律明白人"，实现每村（居）3名以上"法律明白人"，并对天津市对口支援地区"法律明白人"实施培训机制共建共享。2021年，中宣部将天津市"法律明白人"培养工程列为全国文化科技卫生"三下乡"活动示范项目。通过培养更多更高水平的法律明白人，推进其在基层社会治理中积极发挥作用，助力提升基层依法治理工作水平。

六　加强高素质法治工作队伍建设

天津市牢牢把握社会主义法治工作队伍的鲜明政治属性，加快推进法治专门队伍革命化、正规化、专业化、职业化。将法治人才培养纳入全市人才总体规划，深入开展社会主义核心价值观和社会主义法治理念教育，加快发展律师、公证、司法鉴定、调解等法律服务队伍。

（一）突出抓好法治专门队伍教育培训

加强和改进专家学者参与地方立法工作，提升立法工作者能力和素质。组织全市新增行政执法人员公共法律知识考试，为2.4万余名执法人员更换全国统一执法证件。巩固政法队伍教育整顿成果，全面肃清流毒影响。加强律师、公证员、仲裁员等法律服务工作者教育管理，把拥护中国共产党领导、拥护我国社会主义法治作为从业基本要求。制定《关于党委法治建设议事协调机构的办事机构与法治部门建立联合培训法治工作人员机制的办法》，加强法治人才交流，提升法治素养和工作本领。开展全市基层法治工作队伍能力测评，促进基层法治工作队伍政治素质和业务能力进一步提升。加强各区委依法治区办建设，16个区均单独设立秘书科，人员编制不少于3人，共核定行政编制51人，全部配备到位，确保专门工作力量、高效规范运转、发挥职能作用，推动解决机构职能"虚化"、工作运行"空心化"问题。

（二）大力发展公共法律服务人才队伍

充分发挥高等院校、科研院所、行业协会、专业机构作用，探索创新公共法律服务人才培养模式。加强对公共法律服务人才教育培训的指导，定期开展政治轮训和业务培训，提高专业化水平。实施《天津市律师行业信用分级评价管理办法（试行）》，全面构建以信用为基础的新型监管机制，定期推送律师和律师事务所信用等级情况供相关部门和社会公众查询。组织实施《天津市律师行业领军人才培养工程实施方案》，完善人才选拔、管理、考核、评价、使用机制，逐步完善各业务领域领军人才库；建立以服务领域为导向的培养、资助机制，支持领军人才参与国内外培训考察，不断提升领军人才的专业能力。全面落实《关于扶持培养青年律师发展的指导意见》，设立青年律师培养工作专项基金，用于优秀青年律师的奖励、助学以及补贴，助力青年律师成长成才，助推行业可持续发展。

充分利用"海河英才"行动计划，加大公证员选拔、招录、招聘工作力度，提高公证从业人员待遇，吸引优秀人才从事公证工作。建设公证人才联合培养基地，推动建立公证行业就业见习基地，培育公证员后备人才。完善仲裁从业人员管理制度体系，加强仲裁从业人员职业道德和诚信教育，提升仲裁从业人员专业水准，推进仲裁秘书职业化和专业化建设。定期开展人民调解员等级评定工作。深化公共法律服务专业人员职称制度改革，促进职称制度与人才培养使用有效衔接。

针对群众关心、社会关注的热点问题，协调相关部门设立行业性、专业性人民调解组织，涵盖了保险、商事、婚姻家庭等多个领域。积极引导"五老"人员和律师、基层法律服务工作者等专业人士参与人民调解工作，调解员队伍不断壮大。截至2022年，全市共有人民调解组织6000余个，其中行业性专业性人民调解组织600余个，人民调解员共有2.1万余人。

（三）加强法学教育人才培养

加强法学师资队伍建设。2021年5~7月，天津市教委组织本市开设法学专业的各高校，参加教育部高教司组织的"习近平法治思想大讲堂"，覆盖全市开设法学本科专业的16所高校，500余位法学相关教师参加培训并取得培训证书。

加强法学教学人才成果培育。2022年，在高等教育天津市级教学成果奖评选工作中，天津大学的"铸魂立根　聚力赋能：'五新一体'的天津大学新法科建设"项目获评市级教学成果特等奖，中国民航大学的"学科引领、以本为本、特色发展、四维突破：航空法治人才培养的探索与实践"项目获评市级教学成果一等奖，南开大学的"信息安全—法学双学位班：复合型网络安全人才培养模式探索与实践"项目获评市级教学成果二等奖。

支持高校探索新型法律人才培养教学模式。2022年，市教委开展创新创业教育特色示范课程认定工作，天津师范大学"法律诊所教育"、天津财经大学"国际商务法律环境"2门课程被认定为天津市级创新创业教育示范课程。

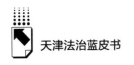

七 抓好"关键少数"，拧紧法治建设责任链条

天津市坚持抓住领导干部这个"关键少数"，不断完善全面依法治市长效机制，建立完善"述法"制度，推动各级党政主要负责人切实履行推进法治建设第一责任人职责，切实提升各级领导干部运用法治思维与法治方式深化改革、推动发展、化解矛盾、维护稳定、应对风险的能力与水平，拧紧法治建设责任链条。

（一）完善全面依法治市长效机制，强化督察考评

全市建立完善党委政府主责主抓、各部门齐抓共管、法治建设议事协调机构统筹协调推动的法治建设领导体系。制定出台《全面依法治市工作报告制度》，推进市委常委会、市委全面依法治市委员会谋划法治建设重大政策、解决法治领域重大问题、定期听取各区各部门法治工作汇报常态化，市、区两级党委法治建设议事协调机构及其工作机制不断健全。进一步明确市委依法治市委立法、执法、司法、守法普法四个协调小组职责定位，建立健全定期向委员会报告工作、在各自领域发挥作用制度。进一步强化市委依法治市办协调、督促、检查、推动职责，统筹整合各方面资源和力量推进全面依法治市。

强化督察考评问责。推动全面依法治市考评纳入全市年度督查检查考核计划，推动建立考核结果与干部评价相挂钩的工作机制，建立法治督察与纪检监察协作配合机制。制定印发《关于党政主要负责人履行推进法治建设第一责任人职责情况列入年终述职内容工作的实施方案》，推动各级党政主要负责人履行推进法治建设第一责任人职责。建立法治工作重点数据统计报送和全市通报制度。配合做好中央依法治国办法治政府建设督察，以市委依法治市委名义印发通报，对中央依法治国办法治政府建设督察组在津督察期间有关单位和人员严肃追责问责，倒逼全面依法治市任务落实。对16个区、108家市级部门开展法治建设"年终考核"。紧盯抓实各级干部，组织开展

"把法治素养和依法履职情况作为考核评价干部重要内容"试点,树立选人用人法治导向。

(二)抓好"关键少数",压实法治建设责任体系

坚持从市委常委会做起、从市级部门抓起,以"关键少数"带动"绝大多数",全面拧紧法治建设责任链条。市委书记带头扛起推进法治建设第一责任人职责,对法治建设重要工作亲自部署、重大问题亲自过问、重要环节亲自协调、重要案件亲自督办。市委印发《关于深入学习宣传贯彻党的二十大精神 奋力开创全面建设社会主义现代化大都市新局面的决定》,对"坚持全面依法治市,推进法治天津建设"作出部署。市委常委会和市政府常务会多次传达学习研究法治建设工作。市委全面依法治市委员会制定《关于党政主要负责人进一步履行推进法治建设第一责任人职责的意见》,细化18项重点任务,推动各区各部门制定出台党政主要负责人推进法治建设第一责任人职责清单,结合工作实际和职责特点,细化完善,推动第一责任人职责项目化、清单化、责任化管理。

(三)紧盯抓实"一把手",加强领导干部述法工作

天津市始终把述法工作摆在重要位置,把开展年度述法作为学习宣传贯彻党的二十大精神、贯彻落实习近平法治思想的重要任务。市委全面依法治市委员会将述法工作列入年度工作要点,压实法治责任,重点督促推进。市委依法治市办牵头推动,印发年度述法工作通知,部署工作任务,细化述法内容。各区各部门主要负责人切实发挥"关键少数"作用,带头学、主动抓、真落实,全面完成述法工作任务。

严格落实述法工作制度,扩展述法主体范围。明确区级以上党委、人大、政府、政协主要负责人和工作部门的主要负责人,乡(镇、街道)党政主要负责人,区级以上监察委员会、法院、检察院、人民团体、事业单位、国有企业的负责人及各级领导班子成员均开展述法,做到"应述尽述""有责必述"。严格落实《中央全面依法治国委员会关于印发〈关于党政主

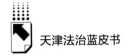

要负责人履行推进法治建设第一责任人职责情况列入年终述职内容工作的意见〉的通知》（中法委发〔2021〕2号）要求，推动述法与年终述职同部署、同要求、同督促、同落实。深化专题述法。64名市级部门"一把手"、32名区委区政府主要负责人均单独形成书面专题述法报告。市委书记主持召开全市"述法大会"，8个区和8个市级部门主要负责人现场述法，其他区和市级部门主要负责人书面述法，实现述法全覆盖。16个区全部召开专题述法会议，126名基层单位主要负责人向区委全面依法治区委员会专题述法。落实集中述法。和平、河西、河东等11个区组织基层单位主要负责人向区委依法治区办集中述法。

通过领导干部述法，进一步明确"关键少数"的法治工作责任，增强法治意识，压实法治责任链条，形成系统性、整体性的法治天津建设工作体系。

八　下一步法治天津建设重点任务及展望

未来几年，是天津市全面贯彻落实党的二十大精神的重要时期，也是天津全面建设社会主义现代化大都市的关键期，对全面依法治市提出新的更高要求。全市各区各部门要以习近平新时代中国特色社会主义思想为指导，深入学习贯彻党的二十大精神，全面贯彻落实习近平法治思想，深刻领悟"两个确立"的决定性意义，增强"四个意识"、坚定"四个自信"、做到"两个维护"，扎实推进法治建设"一规划两纲要"贯彻落实，依法服务保障"十项行动"组织实施，加强法治化一流营商环境建设，为全面建设高质量发展、高水平改革开放、高效能治理、高品质生活的社会主义现代化大都市提供坚强有力的法治保障。

（一）继续深入学习贯彻习近平法治思想，加大宣传阐释力度

紧紧抓住领导干部这个"关键少数"，继续建立健全党委（党组）理论学习中心组常态化学习机制，要把深入学习贯彻习近平法治思想作为做好法

治工作的首要任务，深刻领悟蕴含其中的真理穿透力、文化感召力和实践引领力，自觉用习近平法治思想引领新时代全面依法治市，加快打造法治建设先行区，以实际行动捍卫"两个确立"、做到"两个维护"。要深刻认识中国特色社会主义法治道路、法治体系、法治理论是中国式现代化在法治领域的具体体现，坚守政治原则，提高政治判断力、政治领悟力、政治执行力，毫不动摇坚持和加强党对法治建设的领导。要牢牢把握贯穿习近平法治思想的以人民为中心的执政理念，依法保障人民群众权益，让人民群众在每一项法律制度、每一个执法决定、每一宗司法案件中都感受到公平正义。

各级领导干部是学习贯彻习近平法治思想、推进全面依法治市的"关键少数"，要严格履行第一责任人责任，树牢法治思维，提高法治能力，自觉做尊法学法守法用法的模范。要进一步巩固政法队伍教育整顿成果，着力打造革命化、正规化、专业化、职业化法治工作队伍。

（二）坚持科学立法，着力建设高质量发展的制度体系

要紧紧围绕高质量发展"十项行动"，以法治方式服务保障经济社会高质量发展。加强经济发展、科技创新、公共服务等重点领域和新兴领域政府立法，推动"小切口"立法解决实际问题，以良法促进发展、保障善治。确保政策措施符合公平竞争审查原则，防止出台排除限制竞争、与优化营商环境精神实质不符的政策措施。坚持立改废释并重，切实保障法治体系的完备性，不断完善商事法律制度，健全规范执法、知识产权保护、纠纷解决等体制机制。在制定涉企政策时，要科学合理选择征求意见的对象，运用多种方式听取意见，完善意见研究采纳反馈机制，加强制度出台前后的联动协调，注重收集企业对制度建设的诉求信息，切实提升制度文件的民主化水平。严格履行规范性文件合法性审查程序，确保相关政策合法合规。

（三）坚持严格执法，着力构建包容审慎的执法监管格局

坚持依法行政，积极推进行政执法"三项制度"在全市落地生根，着力解决执法不严格、不规范、不文明、不透明等突出问题。不断加大安全生

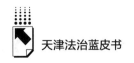

产、食品药品、环境保护、人力社保、医疗卫生等关系群众切身利益的重点领域执法力度，加强隐患排查治理，持续提升群众的获得感、幸福感、安全感。强化行政执法协调监督机制和能力建设，督促严格规范公正文明执法。建立行政处罚裁量基准，解决行政处罚裁量明显不当、处理畸轻畸重、同案不同罚等合法但不合理问题。充分运用"双随机、一公开"监管、信用监管和包容审慎监管等方式开展工作，实现从管理逻辑到治理逻辑的转变。对新技术、新产业、新业态、新模式，按照鼓励创新原则，留足发展空间，同时坚守质量和安全底线，严禁简单封杀或放任不管。把简政放权、放管结合、优化服务与优化营商环境有机结合起来，厘清权力边界，深入推进政府职能转变，打造依法有序公平竞争的市场环境。深入推进政务公开，更好发挥以公开促落实、强监管功能，让权力在阳光下运行。

（四）坚持公正司法，努力提升社会治理法治化水平

通过法院对刑事、民商事和行政案件的公正审判，切实保障各类市场主体法律地位平等、权利保护平等、发展机会平等，推动形成平等有序、充满活力的投资经营环境和社会环境。健全解决执行难长效机制，推进执行工作部门协作联动，健全繁简分流、事务集约的执行权运行机制，完善失信惩戒机制。促进破产案件繁简分流，提高破产清算效率。建立完善府院联动机制，促进破产案件办理协调联动。充分发挥破产法庭作用，提升破产审判专业化水平。建立"执行转破产"机制，使资不抵债的"僵尸企业"及早退出市场。加大破产重整、和解力度，完善破产保护制度，维持企业营运价值。

推进多层次多领域依法治理，提升社会治理法治化水平。持续加强社会矛盾纠纷排查化解工作，及时制止苗头性、趋势性问题。深入推进多元化纠纷解决机制，充分发挥调解、仲裁、行政复议、行政裁决等方式在定分止争中的作用。持续推动行政机关负责人出庭应诉，促进行政争议高效实质性化解。健全突发事件应对体系，增强应急处置的针对性实效性，切实保护人民生命财产安全。

（五）坚持开展法治宣传教育，努力营造诚实守信的社会氛围

加强政府诚信建设，建立有效的约束机制和问责机制，对发生政策承诺不履行、合同协议不遵守和拖欠账款等行为，依法追究责任。通过政府诚信带动引导企业守法经营，为形成诚信守法的良好社会风尚树立表率。推动企业诚信建设，将市场主体信用状况与企业开办、招标投标、政府采购、贷款融资等活动挂钩，不断推动信用分级监管工作，为诚实守信的企业提供便利。加大政策文件宣传解读力度，惠企便民举措出台以后，通过文字解读、图片解读、专家解读等多种方式，让企业群众知晓、看懂、会用。加快建设现代公共法律服务体系，做好服务民营企业专线、信箱的咨询转办工作，积极开展公益法律服务，让企业群众切实感受到法律服务更加便捷。

下一步，全市将深入学习贯彻习近平法治思想，按照中央依法治国办的各项部署要求，坚持"实"字当头、"干"字为先的工作理念，锚定法治建设先行区目标，坚持依法治市、依法执政、依法行政共同推进，法治天津、法治政府、法治社会一体建设，狠抓法治建设"一规划两纲要"落地见效，推动党政主要负责人切实履行推进法治建设第一责任人职责，努力开创新时代新征程全面依法治市工作新局面。

分 报 告
Sub-reports

B.2
天津市以高质量立法推动
高质量发展研究

张宜云*

摘　要：　2021~2022年，天津市人大及其常委会在市委领导下，创造性开展立法工作，以创制性立法保障高质量发展、推进生态文明建设、增进民生福祉，积极探索丰富立法形式，开展"小切口"立法，在立法工作中践行全过程人民民主，培育和践行社会主义核心价值观，创新立法工作机制，确保立法质量，立法质效不断提升，形成了重要立法成果和经验做法。未来五年，天津地方立法工作将坚持围绕中心，服务大局，紧紧围绕市委贯彻落实党中央大政方针的决策部署和组织实施"十项行动"，进一步加强重点领域、新兴领域立法，进一步丰富和创新立法形式，进一步增强立法的系统性、整体性、协同性、时效性，为全面建设社会主

---

* 张宜云，天津市人大立法研究所副研究员。市委全面依法治市委员会立法协调小组提供相关资料。

义现代化大都市提供有力的法治保障。

关键词： 地方立法 创制性立法 高质量立法 全过程人民民主

"立善法于天下，则天下治；立善法于一国，则一国治。"2021年10月13日至14日党中央召开人大工作会议，习近平总书记发表重要讲话，强调在全面建设社会主义现代化国家新征程上，要毫不动摇坚持、与时俱进完善人民代表大会制度，加强和改进新时代人大工作。时代在进步，实践在发展，不断对法律体系建设提出新需求，法律体系必须与时俱进加以完善。党的二十大报告在立法工作方面提出：完善以宪法为核心的中国特色社会主义法律体系，加强重点领域、新兴领域、涉外领域立法，统筹推进国内法治和涉外法治，以良法促进发展，保障善治。2021～2022年，天津市人大及其常委会在市委领导下，认真贯彻落实中央人大工作会议、党的二十大对立法工作的部署要求，充分发挥人大在立法中的主导作用，创造性开展立法工作，突出地方特色，不断丰富立法形式，努力做到立好法、立良法、立务实管用之法，取得了显著成效。

一 立法工作新探索新经验

天津市人大常委会紧跟党中央决策部署和市委工作要求、紧贴人民美好生活需要、紧扣推进国家治理体系和治理能力现代化和全面建设社会主义现代化大都市的需求，坚持质效并重，注重创制性立法（见表1），在重点领域、新兴领域取得一批重要立法成果，为天津改革发展稳定提供了有力的法治保障（见附件）。

（一）以创制性立法推动高质量发展

1. 贯彻新发展理念，立法引领保障高质量发展

习近平总书记指出，"新时代新阶段的发展必须贯彻新发展理念，必须

是高质量发展"①。天津市人大常委会坚持完整准确全面贯彻落实新发展理念，立足天津"一基地三区"功能定位，以立法推动制度创新、巩固改革成果、破解发展难题，为实现天津高质量发展、高水平改革开放注入法治力量②。制造业是构筑未来发展战略优势的重要支撑。2021年9月，天津市人大常委会在全国率先制定出台《天津市促进智能制造发展条例》，聚焦推进制造业数字化转型、网络化协同、智能化变革，提升智能制造创新能力、供给能力、支撑能力和应用水平，明确相应支持和激励措施，为推动"天津制造"向"天津智造"转变提供法治保障。立足全国先进制造研发基地的功能定位，天津市人大常委会于2022年3月进一步作出了《天津市人民代表大会常务委员会关于促进和保障制造业立市　推动高质量发展的决定》，发挥立法的引领推动作用，推动产业链升级、产城融合水平提升，运用法治力量助推加快制造强市建设。

天津市第十二次党代会明确提出，大力实施制造业立市战略，以生物医药等战略性新兴产业为重点，深入打好重点产业链攻坚战。2021年天津市人大常委会在全国省级层面率先启动了制定基因和细胞产业促进条例的立法工作。天津作为滨海城市，发展海水淡化利用是增加水资源供给、优化供水结构的重要手段。2022年1月，天津市人大常委会在全国率先制定出台《天津市促进海水淡化产业发展若干规定》，作为全国首部促进海水淡化产业发展的地方性法规，通过完善海水淡化产业链，强化海水淡化科技创新，促进海水淡化综合利用，为全面提升产业集聚和协同创新能力，推动建设全国海水淡化产业先进制造研发基地和海水淡化示范城市提供法治支撑。

天津市委立足新发展阶段，从优化城市空间布局、打造京津冀世界级城市群的高度，作出构建"津城""滨城"双城发展格局的重大决策。2022年3

---

① 《习近平：关于〈中共中央关于制定国民经济和社会发展第十四个五年规划和二〇三五年远景目标的建议〉的说明》，民主与法制网，http://www.mzyfz.com/html/2330/2021-12-28/content-1549069.html，2021年12月28日。

② 张宜云：《推动政府高质量立法　以良法促发展保善治》，《天津日报》2022年12月2日，第9版。

月，天津市人大常委会通过了《天津市人民代表大会常务委员会关于促进和保障构建"津城""滨城"双城发展格局的决定》，将这一重大决策的总体要求和方向目标转化为有力的法规制度，推动市委工作要求落实落细，促进城市健康宜居安全发展。2022年7月，天津市人大常委会在全国率先作出《天津市人民代表大会常务委员会关于加强城市重点区域天际线管控的决定》，创造性地以营造优美城市天际线为切入点，明确从城市设计、建筑设计等方面加强城市重点区域天际线管控，对建筑空间形态进行整体管控，透过高低结合、疏密得当、错落有致的建筑，增强景观资源的可达性、可视性。

2021～2022年，天津市人大常委会还制定出台了《天津市推进北方国际航运枢纽建设条例》《天津市乡村振兴促进条例》《天津市旅游促进条例》《天津市标准化条例》《天津市市场主体登记若干规定》，修改了《天津市土地管理条例》《中国（天津）自由贸易试验区条例》《天津市促进科技成果转化条例》《天津市科学技术普及条例》《天津市科学技术进步促进条例》等地方性法规。

2. 推进生态文明建设，立法促进经济社会发展全面绿色转型

习近平总书记强调指出，生态文明建设是关系中华民族永续发展的千年大计，必须站在人与自然和谐共生的高度来谋划经济社会发展。天津市人大常委会坚持人与自然和谐共生、"绿水青山就是金山银山"的理念，用最严格制度、最严密法治保护生态环境，努力以地方立法推进生态文明建设。实现碳达峰、碳中和，是党中央统筹国内国际两个大局作出的重大战略决策，是实现可持续发展、高质量发展的内在要求和必然选择，是一场广泛而深刻的经济社会变革。2021年9月，天津市人大常委会在全国率先制定出台了《天津市碳达峰碳中和促进条例》，以地方性法规的形式贯彻落实习近平总书记关于碳达峰、碳中和工作的重要指示精神和中央决策部署，明确管理体制、基本管理制度和绿色转型、降碳增汇的政策措施，推动天津经济社会发展全面绿色转型、实现高质量发展。

2022年9月，天津市人大常委会在全国率先制定《天津市生态文明教育促进条例》，充分调动社会各界的积极性和创造性，促进生态文明建设融

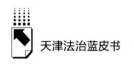

入经济建设、政治建设、文化建设、社会建设各方面与全过程。此外,天津市人大常委会还修改了《天津市绿化条例》等法规。

3. 着力保障和改善民生,立法增进民生福祉

天津市人大常委会把握人民至上的深层意蕴,通过地方立法推动解决群众关心的实际问题,让群众看到变化、得到实惠。民以食为天、食以粮为先。习近平总书记多次强调粮食安全是战略问题,保障粮食安全是实现经济发展、社会稳定、国家安全的重要基础。仓廪实,天下安。粮食储备是保障国家粮食安全的重要物质基础。2021 年 5 月,天津市人大常委会制定出台了《天津市地方粮食储备管理条例》,对保障粮食供给安全具有重要意义。2021 年 7 月,天津市人大常委会制定出台了《天津市反食品浪费若干规定》,把体现中华民族传统美德和社会主义核心价值观的要求转化为法律规范,运用法治力量在全社会树立厉行勤俭节约、反对浪费的文明新风尚。

"国以安为宁,民以安为乐。"天津市人大常委会采取"1+N"立法模式,着力加强安全领域地方立法。平安建设事关人民安居乐业、社会安定有序、国家长治久安。立足大平安建设,筑牢首都政治"护城河"。2022 年 7 月,天津市人大常委会制定出台了《天津市平安建设条例》,将近年来天津平安建设的成熟经验、创新做法上升为法律规范,在维护政治安全、防范社会风险、保障公共安全等方面明确相关制度措施。将《天津市平安建设条例》作为平安天津建设的一部"母法",再根据需要制定相关专门地方性法规。2021~2022 年,天津市人大常委会还制定了《天津市矛盾纠纷多元化解条例》《天津市轨道交通运营安全条例》《天津市石油天然气管道保护条例》,修订了《天津市动物防疫条例》《天津市燃气管理条例》《天津市消防条例》等地方性法规,与之前制定出台的道路交通安全若干规定、预防和治理校园欺凌若干规定、学校安全条例、医院安全秩序管理条例、安全生产条例等法规,共同形成建设更高水平平安天津的系统法规制度。

习近平总书记十分关心卫生与健康事业,多次强调人民至上、生命至上,提出加快提高卫生健康供给质量和服务水平。院前医疗急救是卫生健康事业的重要组成部分,在医疗急救、重大活动保障、突发公共事件紧急救援等方面发挥着重要作用。2021 年 7 月，天津市人大常委会制定出台了《天津市院前医疗急救服务条例》，通过立法规范院前医疗急救服务行为，提高院前医疗急救服务水平，促进院前医疗急救服务事业发展，保障人民群众生命安全和身体健康。家庭医生是我国基层医疗卫生服务体系中的重要组成部分，是助推"健康中国"建设、努力实现全方位全周期保障人民健康目标的重要抓手。2022 年 12 月，天津市人大常委会在全国率先制定出台《天津市家庭医生签约服务若干规定》，对推进分级诊疗、提高基层医疗服务能力、更好满足人民群众医疗卫生和健康需求具有重要意义。2021~2022 年，天津市人大常委会还制定了中医药条例等地方性法规，修改了人口与计划生育条例、全民健身条例、消防条例、燃气管理条例等地方性法规，努力通过立法使人民群众的获得感成色更足、幸福感更可持续、安全感更有保障。

表 1　2021~2022 年天津首创性法规

序号	法规名称
1	《天津市促进智能制造发展条例》
2	《天津市碳达峰碳中和促进条例》
3	《天津市促进海水淡化产业发展若干规定》
4	《天津市生态文明教育促进条例》
5	《天津市人民代表大会常务委员会关于加强城市重点区域天际线管控的决定》
6	《天津市家庭医生签约服务若干规定》

资料来源：天津市人大常委会法制工作委员会。

（二）践行全过程人民民主，厚植立法民意基础

天津市人大及其常委会以实际行动践行全过程人民民主理念，完善相关立法工作制度机制，出台一系列创新举措，深入推进科学立法、民主立法、依法立法，更好体现人民意志、保障人民权益、激发人民创造活力。第一，拓展人大代表参与立法的广度深度。多措并举服务代表更好审议法规草案，实行代表分专题全程参与立法工作机制，畅通代表深度参与立法调研、起草、决策等工作渠道；发挥人民代表大会立法职能，将生态环保等领域的重要法

规草案提交代表大会审议。第二，拓展公众有序参与立法的途径。通过座谈、论证、听证等多种方式，征集、吸纳社会各方面意见。通过面对面交流沟通、发函、媒体公示法规草案、设立热线电话等方式，充分征求各方面意见，使地方立法更加接地气。第三，进一步加强基层立法联系点建设，完善立法机关直接联系基层人民群众的渠道。目前已建成基层立法联系点数量达到17个，涵盖区人大常委会法制室、基层行政机关、基层司法机关、人大街道工委或街道乡镇人大、社区、人大代表联络站、行业协会、企业，既体现了基层性、广泛性，又兼顾了专业性、代表性（见表2）。先后就50余部地方性法规征求意见和建议200余条，许多好的意见建议被吸收采纳。2021年7月，天津小白楼街道办事处获批全国人大常委会法工委基层立法联系点，成为继上海市长宁区虹桥街道办事处后第二个设在街道的全国性基层立法联系点。各基层立法联系点发挥自身优势，将老百姓关于法律法规的"街谈巷议""家长里短"原汁原味记录下来、传递上来，打通了立法机关直接联系基层人民群众的渠道，实现了两者在立法全过程中的民主参与、民主表达、民主决策"声气相通"。

不断健全全过程人民民主法治保障。通过地方立法完善相关机制度程序和保障措施，推动全过程人民民主制度化、规范化、法治化，使人民群众真正参与到事关自身切身利益重大事项的决策、管理和监督中来。2021～2022年，天津市人大常委会通过制定《天津市区级以下人民代表大会代表选举实施办法》《天津市人民代表大会街道工作委员会工作条例》等法规，修改《天津市人民代表大会议事规则》《天津市人民代表大会常务委员会议事规则》《天津市人民代表大会代表议案条例》《天津市人民代表大会代表建议、批评和意见工作条例》等多部地方性法规，将"坚持和发展全过程人民民主"明确为基本原则。

表2　天津市人大常委会基层立法联系点

序号	第一批（2015年）	第二批（2017年）	第三批（2021年）
1	和平区人大常委会法制室	西青区杨柳青镇人大	河东区向阳楼街道办事处
2	河西区人大常委会法制室	武清区下伍旗镇人大	河北区司法局

序号	第一批（2015 年）	第二批（2017 年）	第三批（2021 年）
3	北辰区人大常委会法制室	市律师协会南开区工作委员会	和苑街道人大工委
4	蓟州区人大常委会法制室	天津市康科德科技有限公司	蓟州区人民法院上仓人民法庭
5			西青区中北镇假日润园社区
6			海颂园社区人大代表联络站
7			天津市中小企业协会
8			中国铁路物资天津有限公司
9			京津中关村科技城发展有限公司

资料来源：天津市人大常委会法制工作委员会。

（三）立法形式更加丰富，针对性、适用性和可操作性不断增强

天津市在丰富立法形式上下真功夫、做好文章，紧紧围绕实际问题采用"小快灵"立法方式，受到人民群众的认可和欢迎，真正做到立得住、行得通、真管用。

1. 通过"小快灵"立法破解专项问题

相对于立法结构完整、调整内容广泛的"大块头"立法，"小快灵""小切口"立法题目小、条文少、内容精、措施实，灵活高效，需要几条就定几条。做好"小快灵""小切口"立法，关键就是要切小题目、切细内容、切准特色、切实措施，这种立法思路使解决问题的制度更加清晰、重点更加突出，可以有效推动解决治理难题。2021 年制定实施的《天津市反食品浪费若干规定》以解决食品浪费问题为切入点，在全社会营造爱惜粮食、厉行节约、反对浪费的社会风尚。2022 年制定实施的《天津市促进海水淡化产业发展若干规定》针对海水淡化产业发展存在的问题和当前需求，明确相关制度措施，推动海洋经济高质量发展。《天津市市场主体登记管理若干规定》从简化流程、优化服务角度精准切入，回应市场主体的呼声和期待，提高登记效率，降低办事成本，将实践中行之有效的经验做法上升为法规规定，确保市场主体登记更便利，满意度获得感更强，更大程度激发市场

活力和竞争力，培育发展新动能。《天津市家庭医生签约服务若干规定》通过"家庭医生签约服务"这一"小切口"，推动医疗资源向基层下沉，解决人民群众看病难这一大问题。

2. 通过"小快灵"立法加快工作步伐

2023 年修改后的《立法法》增加规定，"全国人民代表大会及其常务委员会作出有关法律问题的决定，适用本法的有关规定"。天津市人大常委会灵活利用"决定"方式，通过作出法规性决定的方式，立法工作质效显著提升。例如，2021 年制定实施了《天津市人民代表大会常务委员会关于天津市契税适用税率和减征免征办法的决定》《天津市人民代表大会常务委员会关于授权市人民政府为保障冬奥会举办规定临时性行政措施的决定》等 2 件，2022 年制定实施了《天津市人民代表大会常务委员会关于促进和保障制造业立市推动高质量发展的决定》《天津市人民代表大会常务委员会关于促进和保障构建"津城""滨城"双城发展格局的决定》《天津市人民代表大会常务委员会关于加强城市重点区域天际线管控的决定》《天津市人民代表大会常务委员会关于京津冀协同推进大运河文化保护传承利用的决定》《天津市人民代表大会常务委员会关于加强新时代检察机关法律监督工作的决定》等 5 件。

3. 通过"小快灵"立法推动法规及时更新

天津市人大常委会建立常态化法规清理机制，努力使每一件地方性法规都符合宪法精神，符合经济社会发展需要，反映人民群众意愿。通过专项清理、集中打包等"小快灵"立法方式，及时清理不合时宜的法规，使法规更新实现常态化、规范化。2021 年分两批集中修改了《天津市节约用水条例》等 3 件地方性法规，《天津市促进科技成果转化条例》等 5 件地方性法规，废止了《天津市盐业管理条例》等 5 件地方性法规。2022 年修改了《天津市人民代表大会代表议案条例》《天津市人民代表大会代表建议、批评和意见工作条例》，废止了《天津市信访工作若干规定》。

（四）立法培育和践行社会主义核心价值观

天津有光荣的革命传统，有大量宝贵的物质和非物质红色资源。2021

年，在建党百年之际，制定《天津市红色资源保护与传承条例》，促进天津红色资源的充分发掘和利用，推动弘扬伟大建党精神，传承光荣传统、赓续红色血脉。以《推进红色资源立法，健全长效保护机制》为题，条例内容被收录在中央党史学习教育领导小组办公室编的《百年初心成大道——党史学习教育案例选编》中。2021年，市人大常委会还修订通过了《天津市实施〈中华人民共和国红十字会法〉办法》，将"发扬人道主义精神，培育和践行社会主义核心价值观"作为立法的根本宗旨，凸显了社会主义核心价值观在红十字会事业发展中的统领作用，明确了本市各级红十字会是从事人道主义工作的社会救助团体，以法治引领、推动全社会弘扬人道、博爱、奉献精神。此外，还制定反食品浪费若干规定、矛盾纠纷多元化解条例、生态文明教育条例，修改未成年人保护条例、预防未成年人犯罪条例等地方性法规，通过立法使社会主义核心价值观融入社会生活各方面。

（五）服务重大国家战略，为京津冀协同发展注入强大法治动力

天津市与北京市、河北省携手推动区域协同立法工作不断向纵深发展。重点立法项目协同取得实质性成果。2021年，京津冀立法协同工作机制第八次会议讨论通过了《京津冀三地人大常委会关于协同推进冬奥会法治保障工作的意见》，三地人大常委会分别通过了《河北省人民代表大会常务委员会关于授权省人民政府为保障冬奥会筹备和举办工作规定临时性行政措施的决定》《北京市人民代表大会常务委员会关于授权市人民政府为保障冬奥会筹备和举办工作规定临时性行政措施的决定》《天津市人民代表大会常务委员会关于授权市人民政府为保障冬奥会举办规定临时性行政措施的决定》，为保障冬奥会圆满顺利进行提供了有效的法治保障。2022年，北京市、河北省、天津市人大常委会相继通过了《关于京津冀协同推进大运河文化保护传承利用的决定》，为协同推进大运河文化保护传承利用提供法治保障。这些协同立法项目实现了协同起草、同步审议、同时实施，标志着协同立法工作在协同立法工作机制和协同立法成果上都取得了突破性进展。

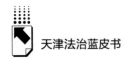

二 创新工作机制，推动高质量立法

新时代新任务新要求倒逼工作机制创新。天津市坚持党委领导、人大主导、政府依托、各方参与的立法工作格局，充分发挥人大在确定立法选题、组织法案起草、审议把关等方面的主导作用，开辟新思路，采取新举措，努力因需、应时、统筹、有序做好立法工作。

（一）完善立项机制

依法治国、依法治市不断深化，对法治建设提出了更高的要求。在地方立法工作中，"立法需求旺盛"与"立法资源有限"成为一对较为突出的矛盾。完善立法规划、立法计划的项目论证机制，是处理好矛盾，保证整体性、系统性、协调性推进地方法治建设的关键。天津市人大常委会坚持并不断完善项目论证工作机制，在探索实践中总结和把握规律，逐步形成了"六个统一"立项标准，即将中央部署的、市委要求的、群众期盼的、实践急需的、条件成熟的、协调平衡的这六个方面统一的项目优先立项。通过完善立项机制，明确立项标准，较好处理了"立法需求旺盛"与"立法资源有限"的关系，保证了地方立法工作高效有序推进。

（二）创新起草模式

做好法规起草工作，是立良法立好法立务实管用之法的起点，也是重要基础。天津市人大常委会高度重视法规起草工作。对市委部署的重大和重点项目，常委会主要负责同志定期听取立法工作推进情况汇报，切实推动起草工作提质增效。天津在坚持和深化常委会工作机构提前介入法规起草工作机制的同时，注重探索创新法规起草工作模式。一是形成了重大立法项目联合攻关、联合起草工作模式。对市委部署的高质量发展、生态文明建设、民生保障等方面的重大立法决策，由人大主导，各有关方面共同参与，围绕理顺关系、打通堵点、保障落地等关键问题，开展高强度集中攻关。通过这种集中力量办大事的模式，高质高效完成了《天津市推进北方国际航运枢纽建设条例》《天津市碳达峰碳中和促进条例》等立法任务。二是不断完善法规起草双组长制。对于涉及部门多、综合性强、协调难度大的重点项目，实行由市人大常委会相关分管领导和市政府相关分管领导共同牵头的"双组长制"，在充分发挥人大主导作用的同时，更好地发挥政府依托作用。通过不断完善这一工作模式，高质量完成了《天津市红色资源保护与传承条例》等立法任务。

（三）提高审议质量

保证审议充分，是提高审议质量的关键，也是保证立法质量的关键。天津市人大常委会高度重视审议地方性法规案的质量，常委会坚持采用分组审议的方式，为常委会组成人员充分发表意见创造了条件，同时要求常委会相关工作机构认真记录梳理审议意见，并与提出意见的本人进行核实，保证审议意见的充分性和完整性，为法规案的修改完善奠定基础。健全审议意见吸收采纳的反馈机制，通过点对点反馈、集中反馈等多种方式，对所提意见的采纳情况进行反馈，在常委会二次审议中，对意见吸收落实情况作充分的说明。此外，还积极运用多种形式，加强对法规草案中关键制度的可行性、法规的出台时机、法规实施的社会效果进行论证评估，力争法规制度设计经得起时间和实践的检验。

（四）主导推动法规宣传实施

注重把宣传立法贯穿于立法工作的全过程，让法治精神深入人心。立法过程中，向社会征求意见的同时开展法治宣传教育，引导树立法治思维，增强法治意识，使征求意见的过程同时成为普法宣传的过程。法规通过后，综合运用新闻发布会、宣传贯彻推动会、执法人员培训、媒体法规解读等形式，把法规制度宣传好、解读好，使法规内容为人民群众所了解、所熟知、所掌握，为执法、司法、守法奠定坚实的基础，为法律法规实施营造了良好的社会环境。在法规审议通过后第一时间召开新闻发布会成为常态化工作机制。重要法规实施后，及时组织开展监督工作，统筹运用执法检查、专题询

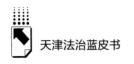

问等方式，确保法规制度落实。2019 年 5 月，《天津市文明行为促进条例》生效后，天津市人大常委会即对条例组织开展执法检查，针对条例实施中的突出问题进行专题询问。2020 年、2021 年和 2022 年，接连对该条例贯彻实施情况开展了执法检查。连续四年的执法检查，增强了地方性法规实施的刚性和硬度，使法规文本的内容切实成为社会普遍遵守的规范。

三　下一步地方立法工作展望

未来五年是天津全面建设社会主义现代化大都市的关键时期。为落实党的二十大确定的目标任务，市委作出未来五年天津将围绕全面建设社会主义现代化大都市的目标导向、聚焦天津长远发展的重点领域、组织实施"十项行动"的决策部署。未来五年，天津地方立法工作任务繁重艰巨，要坚持围绕中心，服务大局，紧紧围绕市委贯彻落实党中央大政方针的决策部署，组织实施"十项行动"，为全面建设社会主义现代化大都市提供及时有力的法治保障。

（一）坚持科学立法、民主立法、依法立法

坚持科学立法。科学编制立法规划计划，不断健全完善立法质量保障机制。要从地方实际出发，找准"小切口"，突出"小快灵"，统筹立改废释，在提高精细化、精准度、针对性上下功夫，解决突出问题，突出实施性、补充性、试验性，制定更多务实、管用、行得通、有特色之法。

坚持民主立法。要深入践行全过程人民民主，夯实地方立法民意基础。一要拓展代表参与立法的深度广度。深化代表分专题全程参与立法工作机制，邀请代表深度参与立法调研、起草、决策等。对于提交代表大会审议的法规草案，组织代表进行会前集中研读，为代表解疑释惑，听取代表意见，广泛凝聚代表共识。二要拓展公众参与立法的途径和方式。在编制立法规划和计划、起草和修改法规草案的全过程和各环节，持续畅通和拓宽倾听民意的渠道。对于提请常委会审议的法规草案，在常委会会议后通过天津人大网向社会公开并征求意见。通过面对面交流沟通、发函、媒体公示法规草案、

设立热线电话、座谈、论证、听证等方式,充分征求各方面意见,使地方立法更加接地气。三要进一步加强基层立法联系点建设。要进一步健全基层立法联系点建设、运行、管理工作制度,细化工作流程,延伸立法触角,确保法规草案在立项、起草审议等全过程都能听到基层的意见和群众的声音①。做好第四批增设基层立法联系点工作,推动基层立法联系点在全市 16 个区全覆盖,进一步探索丰富基层立法联系点的类型,健全立法征集意见工作机制,推动基层立法联系点不断健全完善工作机制,进一步更好地发挥"民意直通车"作用,真正实现立法从酝酿到通过实施全过程的民主参与、民主表达、民主决策,体现全过程人民民主坚实的民意基础②。

坚持依法立法。要遵循立法程序、严守立法权限,对涉及全面深化改革、推动经济发展、完善社会治理、保障人民生活、维护国家安全的法律抓紧制定、及时修改。明确立法权力边界,从体制机制和工作程序上有效防止部门利益和地方保护主义法律化。要围绕贯彻落实党中央大政方针和决策部署做好地方立法工作,着力解决实际问题。

(二)明确未来立法的重点领域和主要任务

要紧紧围绕市委部署实施的"十项行动",以法治方式服务保障经济社会高质量发展。围绕完整准确全面贯彻新发展理念,推动构建新发展格局,作出关于促进和保障国际消费中心城市建设的决定,推动制定道路运输条例。围绕实施科教兴市、人才强市行动,制定人才发展促进条例、职业教育产教融合促进条例,修改职业教育条例。围绕实施高品质生活创造行动,制定食品安全条例。围绕实施绿色低碳发展行动,作出关于加强生态保护红线管理的决定,推动修改湿地保护条例、城市排水和再生水利用管理条例。围绕培育和践行社会主义核心价值观,制定法治宣传教育条例、家庭教育促进

---

① 喻云林:《全面贯彻党的二十大精神　深入践行全过程人民民主》,《习近平法治思想研究与实践》专刊 2023 年第 5 期(《民主与法制》2023 年第 21 期)。

② 《加强基层立法联系点建设　发挥好"民意直通车"作用》,天津人大微信公众号,2023 年 5 月 12 日。

条例、全民阅读促进条例。围绕推动京津冀协同发展走深走实行动，加强与北京市、河北省人大法制工作机构的工作协同，推动京津冀区域协同立法不断向纵深发展①。要加快推进基因和细胞产业、数字经济、大数据、自动驾驶、人工智能、云计算、区块链等新兴领域的立法步伐。

要进一步完善地方立法程序和工作机制制度。按照 2023 年新修改的《立法法》的要求，及时修改《天津市地方性法规制定条例》，完善地方立法程序、工作机制制度。党的二十大报告提出，完善和加强备案审查制度。全国人大常委会法工委 2022 年备案审查工作情况报告指出，2023 年将研究出台关于完善和加强备案审查制度的决定，进一步健全备案审查制度体系。国务院 2023 年立法工作计划明确要对《法规规章备案条例》进行修订。要密切跟进全国人大和国务院立法进程，及时修改完善天津市备案审查相关地方性法规规章。

（三）增强立法系统性、整体性、协同性、时效性

党的二十大报告强调，增强立法系统性、整体性、协同性、时效性，全面推进国家各方面工作法治化，为做好新时代立法工作指明了方向、提供了遵循。编制并实施立法规划，是发挥人大在立法工作中的主导作用，增强立法系统性、整体性、协同性、时效性的重要举措。科学编制未来五年立法规划意义重大。2022 年，天津市启动了十八届人大常委会五年立法规划的编制工作，目前已形成立法规划草案征求意见稿，正在广泛调研征求意见。下一步要紧跟十四届全国人大常委会立法规划的编制进程，不断对标对表，使立法规划既立足天津实际，又保持与全国人大立法规划的密切衔接。为推动区域协同立法系统性、前瞻性，在编制各自立法规划的同时，京津冀三地人大还可以探索编制京津冀协同立法五年规划，推动在协同立法工作机制会议上讨论通过后，分别纳入各自的立法规划协同完成。要统筹立法规划和立法计划的实施工作。

---

① 《市人大法制委　市人大常委会法工委：为实施"十项行动"提供法治保障》，天津人大微信公众号，2023 年 2 月 3 日。

附件

2021～2022 年天津市人大及其常委会通过的法规及有关法规性决定目录

序号	通过时间	法规/决定名称
		2021 年
1	2021 年 3 月 15 日	《天津市区级以下人民代表大会代表选举实施细则》
2	2021 年 5 月 26 日	《天津市实施〈中华人民共和国红十字会法〉办法》
3	2021 年 5 月 26 日	《天津市地方粮食储备管理条例》
4	2021 年 5 月 26 日	《天津市人民代表大会常务委员会关于天津市契税适用税率和减征免征办法的决定》
5	2021 年 7 月 30 日	《天津市推进北方国际航运枢纽建设条例》
6	2021 年 7 月 30 日	《天津市院前医疗急救服务条例》
7	2021 年 7 月 30 日	《天津市动物防疫条例》（修订）
8	2021 年 7 月 30 日	《天津市反食品浪费若干规定》
9	2021 年 7 月 30 日	《天津市人民代表大会常务委员会关于授权市人民政府为保障冬奥会举办规定临时性行政措施的决定》
10	2021 年 7 月 30 日	《天津市人民代表大会常务委员会关于修改〈天津市节约用水条例〉等三部地方性法规的决定》
11	2021 年 9 月 27 日	《天津市促进智能制造发展条例》
12	2021 年 9 月 27 日	《天津市碳达峰碳中和促进条例》
13	2021 年 9 月 27 日	《天津市石油天然气管道保护条例》
14	2021 年 9 月 27 日	《天津市中医药条例》
15	2021 年 9 月 27 日	《天津市乡村振兴促进条例》
16	2021 年 9 月 27 日	《天津市消防条例》（修订）
17	2021 年 11 月 29 日	《天津市红色资源保护与传承条例》
18	2021 年 11 月 29 日	《天津市燃气管理条例》（修订）
19	2021 年 11 月 29 日	《天津市土地管理条例》（修订）
20	2021 年 11 月 29 日	《天津市人民代表大会常务委员会关于修改〈天津市人口与计划生育条例〉的决定》
21	2021 年 11 月 29 日	《天津市人民代表大会常务委员会关于修改〈天津市科学技术普及条例〉的决定》
22	2021 年 11 月 29 日	《天津市人民代表大会常务委员会关于修改〈天津市促进科技成果转化条例〉等五部地方性法规的决定》
23	2021 年 11 月 29 日	《天津市人民代表大会常务委员会关于废止〈天津市盐业管理条例〉等五部地方性法规的决定》

续表

序号	通过时间	法规/决定名称
		2022 年
24	2022 年 1 月 7 日	《天津市促进海水淡化产业发展若干规定》
25	2022 年 1 月 7 日	《天津市市场主体登记管理若干规定》
26	2022 年 2 月 14 日	《天津市人民代表大会议事规则》(修订)
27	2022 年 3 月 30 日	《天津市人民代表大会常务委员会关于促进和保障制造业立市　推动高质量发展的决定》
28	2022 年 3 月 30 日	《天津市人民代表大会常务委员会关于促进和保障构建"津城""滨城"双城发展格局的决定》
29	2022 年 3 月 30 日	《天津市人民代表大会常务委员会关于修改〈天津市绿化条例〉的决定》
30	2022 年 7 月 27 日	《天津市区人民代表大会常务委员会街道工作委员会工作条例》
31	2022 年 7 月 27 日	《天津市平安建设条例》
32	2022 年 7 月 27 日	《天津市旅游促进条例》
33	2022 年 7 月 27 日	《天津市人民代表大会常务委员会关于加强城市重点区域天际线管控的决定》
34	2022 年 9 月 27 日	《天津市人民代表大会常务委员会关于修改〈中国(天津)自由贸易试验区条例〉的决定》
35	2022 年 9 月 27 日	《天津市标准化条例》
36	2022 年 9 月 27 日	《天津市生态文明教育促进条例》
37	2022 年 9 月 27 日	《天津市未成年人保护条例》(修订)
38	2022 年 9 月 27 日	《天津市预防未成年人犯罪条例》(修订)
39	2022 年 12 月 1 日	《天津市人民代表大会常务委员会议事规则》(修订)
40	2022 年 12 月 1 日	《天津市轨道交通运营安全条例》
41	2022 年 12 月 1 日	《天津市科学技术进步促进条例》(修订)
42	2022 年 12 月 1 日	《天津市矛盾纠纷多元化解条例》
43	2022 年 12 月 1 日	《天津市华侨权益保护条例》
44	2022 年 12 月 1 日	《天津市家庭医生签约服务若干规定》
45	2022 年 12 月 1 日	《天津市全民健身条例》(修订)
46	2022 年 12 月 1 日	《天津市人民代表大会常务委员会关于京津冀协同推进大运河文化保护传承利用的决定》
47	2022 年 12 月 1 日	《天津市人民代表大会常务委员会关于加强新时代检察机关法律监督工作的决定》

续表

序号	通过时间	法规/决定名称
48	2022 年 12 月 1 日	《天津市人民代表大会常务委员会关于修改〈天津市人民代表大会代表议案条例〉〈天津市人民代表大会代表建议、批评和意见工作条例〉的决定》
49	2022 年 12 月 1 日	《天津市人民代表大会常务委员会关于废止〈天津市信访工作若干规定〉的决定》

资料来源：天津市人大常委会法制工作委员会。

参考文献

［1］天津市人民代表大会常务委员会法制工作委员会编《天津市地方性法规汇编（2018～2022）》，天津人民出版社，2022。

［2］天津市人大常委会党组理论中心学习组：《发展全过程人民民主：马克思主义人民民主思想的重大突破》，《天津日报》2021 年 8 月 17 日。

［3］天津市人大常委会党组理论中心学习组：《全过程民主——人民民主的时代命题》，《天津日报》2021 年 8 月 26 日。

［4］《天津市人民代表大会常务委员会工作报告——2022 年 2 月 13 日在天津市第十七届人民代表大会第六次会议上》，《天津日报》2022 年 2 月 24 日。

［5］《天津市人民代表大会常务委员会工作报告——2023 年 1 月 13 日在天津市第十八届人民代表大会第一次会议上》，《天津日报》2023 年 1 月 18 日。

B.3
天津市推进行政执法创新实践与展望

天津市推进行政执法创新研究课题组*

摘　要： 严格执法是建设法治政府的核心命题和中心任务。近年来，天津市以习近平法治思想为指导，全面落实执法相关制度，聚焦执法工作落实、完善执法体制机制、加强行政执法监督等多举措并行。在全面建设社会主义现代化法治国家、法治政府、法治社会的新征程上，以全面推进严格执法为重点，以解决法治领域突出问题为着力点，在法治轨道上推进城市治理体系和治理能力现代化，加快打造法治建设先行区，为全面建设社会主义现代化大都市提供有力的法治保障。

关键词： 依法治市　严格执法　法治保障

近年来，天津市坚持以习近平新时代中国特色社会主义思想为指导，认真学习宣传贯彻党的二十大精神，全面深入践行习近平法治思想，扎实推进法治政府建设，完善执法制度体系，规范执法程序，严格落实执法责任制，为保障经济发展打造一支敢做事、敢干事、敢承担的执法队伍。同时，加强执法监督，严厉杜绝执法不透明、"一刀切"、层层加码、懒政惰政等破坏党和政府公信力的问题，让法治成为天津的城市核心竞争力。

---
* 执笔人：段威，天津社会科学院政府治理和公共政策评估研究所副所长，副研究员。市委全面依法治市委员会执法协调小组、市司法局及市政府相关部门提供资料。

一 充分发挥组织领导作用，推动各项制度落实落细

执法是把"纸面上的法"真正落实为"行动中的法"的关键环节。政府能否切实将执法各环节制度落实到位，体现了一座城市乃至一个国家的法治文明程度，更关系着中国式现代化法治建设成效。天津市充分发挥领导组织作用，推进各项执法工作制度落实。

（一）深化行政体制改革，提升行政执法效能

一是持续深化"放管服"改革。全面实行行政许可事项清单管理，推动市政务服务中心综合窗口"一门一窗办事"，推出53项"免申即享"惠企便民政策，推动新生儿出生等13个个人场景和企业开办等10个企业场景"一件事、一次办"。12345政务服务便民热线"护航企业"行动受理企业诉求10.3万件，评价满意率99.4%。形成"津城""滨城"知识产权双保护中心格局，快速调解知识产权纠纷300余件。宣传落实《天津市关于维护新就业形态劳动者劳动保障权益的实施意见》，加强新业态用工法治保障。"安全生产运输风险预警模型""慧治网约车""虚开发票涉税风险模型"等多个"互联网+监管"典型应用案例向全国推广。二是持续深化行政审批制度改革。实行政务服务事项动态管理，梳理公布天津市政务服务事项目录，明确各层级实施的政务服务事项。落实证明事项告知承诺制，对55个证明事项实施告知承诺，切实解决企业群众办证多、办事难、多头跑等问题，有效推进"减证便民"。印发"证照分离"改革实施方案和有关事项清单，公布天津市涉企经营许可事项437个[①]。制订"网上办""一次办"负面清单和"就近办""马上办""零跑动""全市通办"清单，134个高频政

[①] https：//gyxxh.tj.gov.cn/ZTZL7953/ZTZL1511/YHYSHJ346/202201/t20220127_5791480.html，市政务服务办关于印发2021年工作总结和2022年工作要点的通知，天津政务网，2022年1月27日。

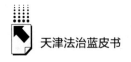

务服务事项实现"跨省通办"①。三是不断提升政务服务效能。42 个市级部门的 1429 个事项开展集中受理办理；印发《加强基层政务服务工作方案》，推动区级一窗综合受理改革。加强对市、区政务服务中心窗口首问负责制和一次性告知的检查指导，将结果纳入月度考核，督促提高政务服务水准。推行智能服务，拓展网办深度，网站无障碍、适老化服务能力明显提升，推动"一网通办"由"可办"向"好办""易办"转变。

（二）加强系统化体系化建设，提升执法精准度及有效性

深化执法系统化信息化建设，不断提高执法精准度和有效性，以精准高效执法，助力市场环境优化。市知识产权局做好知识产权培训工作，积极推进中国（天津）知识产权保护中心业务开展，完成备案创新主体 1000 余家，获得国家知识产权局授权专利 300 多件；成立天津市知识产权保护中心人民调解委员会，建立天津市知识产权保护中心人民调解委员会工作制度。市市场监管委与京冀两地市场监管部门签订知识产权、价格、食品安全、反垄断等领域协议，在全国率先将公平竞争审查纳入市级政府部门绩效考核体系。市委网信办建立网络数据安全执法体系，建成数据安全监督管理平台，印发网络数据安全监督检查工作规范，助力营造风清气正的网络环境。

（三）打造严格规范公正文明执法队伍，夯实一线执法力量

一方面，要突出抓好法治专门队伍教育培训，加强和改进专家学者参与地方立法工作，提升立法工作者能力素质。组织全市新增行政执法人员公共法律知识考试，为 2.4 万余名执法人员更换全国统一执法证件。印发《天津市综合行政执法制式服装和标志管理实施办法》，面向社会发布采购公告，以"统筹采购、分别签约"的方式，指导 5 个领域行政执法部门完成执法服装和标志采购工作。巩固政法队伍教育整顿成果，全面肃清流毒影

---

① 《对市十七届人大六次会议第 0292 号建议的答复》，天津市人民政府政务服务办公室，https：//zwfwb. tj. gov. cn/zwgk/jytabl/202205/t20220523_ 5887693. html，2022 年 5 月 23 日。

响。加强律师、公证员、仲裁员等法律服务工作者教育管理，把拥护中国共产党领导、拥护我国社会主义法治作为从业基本要求。制定《关于党委法治建设议事协调机构的办事机构与法治部门建立联合培训法治工作人员机制的办法》，加强法治人才交流，提升法治素养和工作本领。另一方面，制订天津市应急管理综合行政执法改革实施方案，扎实推进应急管理综合行政执法改革。推动人力资源和社会保障、水务、农业领域综合行政执法队伍组建工作，16个区均已印发人力资源和社会保障综合行政执法支队组建方案并完成机构挂牌，各涉农区均完成水务综合行政执法支队和农业综合行政执法支队机构挂牌，区级农业综合行政执法改革任务全面完成。市生态环境保护综合执法总队为一线执法人员配备250台执法记录仪、60架小型无人机、4架大型无人机、30套防毒面罩，提升了执法效率。市人力社保局向各区人社执法机构印发《关于进一步加强对街道（乡镇）综合执法工作指导的通知》，进一步压实工作责任，加强对街道（乡镇）综合执法工作的指导，不断提升基层行政执法能力水平。

（四）加强行政权力制约监督，扎实推进科学民主依法决策

坚持以党内监督为主导，落实促进各类监督贯通协调要求，不断增强监督治理效能。自觉接受人大监督、民主监督，完成全国"两会"建议提案9件，市"两会"建议提案1608件。市政府门户网站发布各类政务信息1.5万余条，持续提升工作透明度和政府公信力。对市领导同志重点强调的事项、群众反映强烈的线索、长时间挂账无法解决的问题等开展政府专项督查。新收行政复议案件2796件，办结2637件，纠错率11.61%，行政争议实质化解率76.37%，行政机关负责人出庭应诉率99.44%，行政复议化解行政争议主渠道作用进一步发挥。同时，加强重点领域、新兴领域立法，提请市人大常委会审议地方性法规草案10件，制定、修改市政府规章7件。制定出台《天津市重大行政决策公众参与工作规则》等5个配套制度，为决策规范运行铺设完备"制度轨道"。加大政府事务智力支持和法治保障，

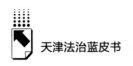

聘任 136 人为市政府第一届重大行政决策咨询论证专家库专家①，公职律师、法律顾问共处理各类法律事务 9.5 万余件。

二　完善执法体制机制，有效提升执法质效

在执法理念上，奉行法治精神与法治原则，执法人员严格执法、公正执法、廉洁执法、文明执法，有效预防随意执法、粗放执法等，属于法定职责的，要勇于负责、敢于担当，超出法定职责的，不得乱作为、滥用权。

（一）加强重点领域执法，解决人民群众急难愁盼问题

在 3 轮次夏夜治安巡查宣防集中统一行动中，检查行业场所 1.5 万余家次，整改隐患 2000 余处，破获案件 130 起，抓获涉案人员 227 人，有力维护社会治安大局稳定有序。深化开展城镇燃气安全隐患排查整治"百日行动"，全力推动"6 个 100%"燃气户内设施提升改造工作，集中力量解决全市燃气安全领域突出问题。开展"守底线、查隐患、保安全"专项行动，检查食品生产经营主体 19.3 万户次，发现食品安全风险隐患 73559 个，查处违法案件 4330 件。持续开展根治欠薪专项执法行动，向社会公布重大欠薪违法行为案件 14 起，为农民工追回工资共计 666.08 万元，欠薪案件结案率达到 100%。同时，落实行刑衔接制度，形成打击违法犯罪合力。创新行政执法方式，提升执法服务水平。充分发挥科技监管优势，开展港区无人机安全辅助巡查，构建"陆海空"立体巡查模式，全面、实时掌握重点企业作业全过程。推进跨区域跨领域联合执法，开展"党的二十大保电暨特高线路巡查专项行动"和"重点企业用电安全整治专项行动"，在中高考期间对地铁 8 号线鞍山道站等 3 个在建项目现场开展联合突击检查。推行柔性执法，市场监管领域办理免罚案件 511 件，免于强制案件 67 件；文化旅游领

---

① 《天津市人民政府关于第一届重大行政决策咨询论证专家库名单的公告》，市司法局，https：//www.tj.gov.cn/sy/tzgg/202208/t20220817_ 5960420.html，2023 年 7 月 25 日。

域轻微违法立案8起，其中7起通过普法教育和责令整改纠正了违法行为，让行政执法既有刚性又有温度。

（二）加强系统化体系化建设，着力营造有序高效的营商环境

深化执法系统化信息化建设，不断提高执法精准度和有效性，以精准高效执法，助力市场环境优化。市知识产权局做好知识产权培训工作，积极推进中国（天津）知识产权保护中心业务开展，完成备案创新主体1000余家，获得国家知识产权局授权专利300多件；成立天津市知识产权保护中心人民调解委员会，建立天津市知识产权保护中心人民调解委员会工作制度。市市场监管委与京冀两地市场监管部门签订知识产权、价格、食品安全、反垄断等领域协议，在全国率先将公平竞争审查纳入市级政府部门绩效考核体系。市委网信办建立网络数据安全执法体系，建成数据安全监督管理平台，印发网络数据安全监督检查工作规范，助力营造风清气正的网络环境。市市场监管委、市税务局、市人社局、市公积金中心联合印发《关于扩大简易注销试点　完善企业注销便利化的通知》，在全市范围推广企业简易注销登记试点改革，通过提高企业注销便利化水平，降低企业注销成本，压减注销周期，促进营商环境优化。以债券管理为重点，市金融局、市财政局配合天津证监局建立覆盖市、区两级国资系统企业债券监测预警机制，通过对监管企业发行债券实施全生命周期管理，筑牢防控债务风险基础，提升防控债务风险能力，助推化解金融风险。市市场监管委有效摸排、收集、分析、研判重点领域涉嫌垄断案件线索，强化反不正当竞争执法，严厉打击虚假宣传、商业混淆等不正当竞争行为，维护正当有序竞争环境。

（三）有效推进执法协同配合，不断强化行刑衔接制度

市公安局、市农业农村委等部门联合印发《天津市公安局等五部门关于印发天津市森林和野生动物保护行政执法与刑事司法衔接工作办法的通知》等文件3件，实现品种权保护、非法捕捞等执法领域行刑衔接全覆盖。市农业农村委严厉打击渔业捕捞领域的犯罪行为，向公安机关移送涉嫌犯罪案件4

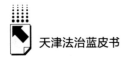

起；为海警、公安机关提供渔船、渔业船员信息查询 14 次。加强工作联动，开展专项执法治理。市市场监管委会同市公安局、市商务局等部门打好保健食品行业专项清理整治行动收官战；组织对获证食品生产企业实施风险分级监管，累计检查企业 6580 家次。市农业农村委和天津市海事局签订《天津市海事局天津市农业农村委安全和执法工作合作框架协议》，在执法、培训、避免商渔船碰撞等领域全面开展合作；开展京津冀水产养殖联合执法行动，对天津蓟州区、北京房山区、河北省涿州市进行联合检查。召开天津市 2022 年度安全生产行政执法与刑事司法衔接工作联席会。完善城市管理、食品药品、知识产权、社会保险等领域案件移送渠道。依托天津市行政执法监督平台，推动行刑衔接案件线上统计查询，全年办理行刑衔接案件 110 件。

三 加强行政执法监督，有效规范执法行为

在执法监督上，科学设定监督职责，严密规范监督程序，加强党内监督、人大监督、民主监督、行政监督、司法监督、审计监督、社会监督、舆论监督等各监督主体的协调配合，形成"优势互补、监督有力、富有实效"的监督体系，充分发挥整体监督效能。

（一）持续推进行政执法"三项制度"落实

为及时了解掌握天津市推进行政执法"三项制度"工作情况，对全市落实"三项制度"情况进行专项调研，形成《市司法局关于全面推进天津市行政执法"三项制度"工作相关情况的报告》，根据发现的短板问题，督导相关执法部门改进工作。有效发挥市级行政执法监督平台作用，组织各区、各市级部门行政执法监督机构利用天津市行政执法监督平台对行政执法案卷开展评查，全市累计评查案卷 16780 件。针对发现的问题，要求相关执法部门立即进行整改，不断推进严格规范公正文明执法。全市 2.4 万余名行政执法人员启用统一样式的行政执法证"亮证执法"，33 个市级执法部门修订完善本系统行政执法文书，印发街镇行政执法文书参考样式（2022 版），

重大执法决定法制审核事项清单实现市区两级全覆盖，执法规范化建设提质增效。围绕行政执法"三项制度"落实，组织开展 2022 年度行政执法案卷评查，评查 7539 件行政执法案件的案卷质量。

（二）有效发挥行政复议化解行政争议主渠道作用

加快推进行政复议体制改革任务落地见效，市区两级复议机构设置和人员编制批复到位，行政复议职责全面整合，16 项改革任务顺利完成。紧紧围绕习近平总书记关于"充分发挥行政复议公正高效、便民为民的制度优势和化解行政争议的主渠道作用"① 重要指示，将案件调解作为工作重点，力争实质化解行政争议，做到"案结事了"，坚决纠正违法及不当行政行为。开展"复议为民促和谐"专项行动，2022 年全市调解和解行政复议案件 651 件，调解和解率为 20.5%。做好行政应诉季度通报，全市行政机关负责人出庭率达到 95.23%，以市政府为被告的应诉案件继续保持"零败诉"。

（三）不断深化行政执法监督方式

建立行政执法"月告知+季通报"和安全生产执法周通报制度，印发安全生产执法周通报 5 期，印发全市行政执法月提示 1 期，起草全市行政执法季通报 1 期，及时督促各区各部门强化履职担当，切实维护人民群众生命财产安全。升级完善天津市行政执法监督平台，开展监督平台案件质量专项整治工作，构建全市行政执法监督人员信息库，进一步提高行政执法监督信息化水平。滨海新区政府完成司法部省市县乡四级行政执法协调监督工作体系建设试点工作，形成具有天津特色的"扁平化、一竿子插到底"的行政执法协调监督体系和模式创新。组织做好全面依法治市考评行政执法和行政执法监督部分，以考评倒逼责任落实。

---

① 《真正发挥行政复议公正高效、便民为民的制度优势——全国人大常委会会议分组审议行政复议法修订草案三审稿》，中国法院网，https：//www.chinacourt.org/article/detail/2023/08/id/7504694.shtml.2023 年 8 月 31 日。

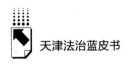

四 执法中需进一步破解的难点

随着依法治国进程的不断深入，行政机关执法能力不断增强，但综合实践而言，目前执法人员法治意识不足、法治素养不高、法治能力短板等突出问题仍然存在，行政执法规范化建设有待进一步提升。

（一）部分领导干部法治意识不足

第一，单位履行推进法治建设第一责任人职责有待加强。中央全面依法治国委员会办公室来津督察期间，暴露出个别单位对法治建设重视程度不够、第一责任人责任压得不实、学习宣传贯彻习近平法治思想工作不到位等问题。第二，没有从全局和战略高度认识到法治工作的重要性，运用法治思维和法治方式应对新问题、新情况的能力还需进一步提升，在年度述职报告中没有述法，或者述法的篇幅过少。第三，对公职律师以及法律顾问制度未能充分重视，导致本单位重大行政决策事项缺乏合法性论证，进而滋生行政执法违法行为。

（二）基层执法人员法治素养和法治能力不足

首先，执法人员力量不足，装备配备不到位，不能适应新时代依法行政工作的新要求；其次，培训力度不够，对培训效果的监督检查不够，导致执法人员法律知识储备不足，证据意识、程序意识欠缺，存在随意执法现象；再次，基层执法队伍干部老龄化，专业人员不足；最后，部分单位未设置专门法制部门，法制审核力量相对薄弱。部分执法人员法律业务知识储备不足，执法能力和执法水平与建设法治政府目标要求还有一定差距。

（三）行政执法规范化建设有待进一步提升

对食品安全、公共卫生、自然资源、生态环境、安全生产、劳动保障、城市管理、交通运输、金融服务、教育培训、知识产权、野生动物保护、公民个人信息保护等重点领域执法的预防预警、先期处置、监管等力度不足。在实践中,一些行政执法不规范、不到位现象仍不同程度存在。例如,法律文书制作不够严谨、执法程序不够规范、适用法律不当等,如选择性、逐利性、运动式、"一刀切"执法问题屡治不绝,暴力执法等现象仍有发生,严重影响行政执法公信力。问题的解决亟须执法部门进一步加强规范化建设,切实提高行政执法能力。

五 下一步工作重点与展望

行政执法是全面依法治市的重要内容,为全面提升行政执法质效、落实严格执法,必须全面学习贯彻落实党的二十大精神,坚持以习近平新时代中国特色社会主义思想为指导,深入学习宣传贯彻习近平法治思想,认真落实中央和天津市法治建设"一规划两纲要",紧盯法治建设先行区目标,高标准高质量谋划全市行政执法工作,切实加强指导、协调、检查、考核。

(一)完善政府组织结构,优化政府行政职能

坚持问题导向,抓实主体责任,确保责任落实到位、问题整改到位,为全面建设社会主义现代化大都市提供有力的法治保障。一方面,进一步深入学习宣传习近平法治思想,将习近平法治思想全面贯彻落实到法治政府建设全过程和各方面。贯彻落实中央和天津市法治建设"一规划两纲要",全面推进法治政府建设。结合天津市法治政府建设实施纲要117项任务分工,组织各区各部门建立和落实2023年法治政府建设年度重点工作台账,全力推动法治政府建设取得突破。抓实中央法治政府建设实地督察发现问题整改长效机制,补短板、强弱项,锻长板、扬优势,确保整改见行见效。另一方面,完善经济调节、市场监管、社会管理、公共服务、生态环境保护等职能,同时继续深化"放管服"改革,更大力度培育和激发市场主体活力。加强经济发展、科技创新、公共服务等重点领域和新兴领域政府立法。全面落实重大行政决策程序规定和9个配套文件,促进科学民主依法决策。推进

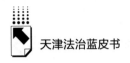

多层次多领域依法治理，提升社会治理法治化水平。增强应急处置的针对性实效性，切实保护人民生命财产安全。加强行政复议信息化建设，促进行政争议高效实质性化解。

（二）夯实基层执法能力建设，加强法治人才培养

首先，紧盯基层法治建设薄弱环节，推动基层配齐配强执法人员，增强培训实效，提升执法水平。组织做好全市执法人员法律知识和业务知识培训，严格执法人员资格审核，把好执法人员"入口关"。其次，依托天津市行政执法监督平台，试点推动移动执法，逐步实现"掌上执法"全过程记录、全过程监督。深化街镇综合执法改革，探索完善街镇综合执法事项清单评估调整机制，确保下放给基层的执法事项放得下、接得住、管得好、有监督。配合依法治市办做好督察发现问题整改工作，坚持问题导向，抓实主体责任，确保责任落实到位、问题整改到位，为全面建设社会主义现代化大都市提供有力的法治保障。最后，推进法治专门队伍革命化、正规化、专业化、职业化。深入推进执法队伍建设，强化执法人员培训，培养执法骨干人才。

（三）持续强化严格规范公正文明执法，加强行政执法案例指导

利用市行政执法监督平台持续做好新增行政执法人员公共法律知识培训及考试。严格执法人员资格审核，严禁无证人员上岗执法，从人员"入口"上坚决杜绝滥权执法。充分发挥行政执法业务骨干示范作用，针对行政执法热点、难点问题，不定期开展执法业务培训，提高执法队伍整体水平。不断加大安全生产、食品药品、环境保护、人力社保、医疗卫生等关系群众切身利益的重点领域执法力度，加强隐患排查治理，持续提升群众获得感、幸福感、安全感。继续推动落实行政处罚法，结合全市立法后评估工作，部署并试点推动开展行政处罚后评估。统筹推动行政裁量权基准制定和管理，确保 2023 年底前行政裁量基准制度普遍建立。严格执行行政执法"月告知+季通报"，推动各相关单位全面整改、及时反馈，并定期

统计通报本地区、本系统执法情况，压实各级执法主体责任。加强行政执法案例指导，推广规范行政执法经验做法，督促和引导执法质量和效能有效提升。

参考文献

［1］习近平：《坚定不移走中国特色社会主义法治道路 为全面建设社会主义现代化国家提供有力法治保障》，《求是》2021年第5期。

［2］江必新、黄明慧：《习近平法治思想研究之研究》，《法学评论》2022年第2期。

［3］秦前红、陈家勋：《论行政执法外部监督中正式监督机关的确立》，《行政法学研究》2022年第1期。

［4］章志远：《新时代行政审判因应诉源治理之道》，《法学研究》2021年第3期。

［5］叶必丰：《执法权下沉到底的法律回应》，《法学评论》2021年第3期。

［6］刘国乾：《法治政府建设：一种内部行政法的制度实践探索》，《治理研究》2021年第3期。

B.4
天津市以严格公正司法守护
社会公平正义实践与展望

天津市公正司法研究课题组 *

摘　要： 严格公正司法是维护社会公平正义、推进全面依法治国建设的必然要求。近年来，天津市围绕本地司法职能和业务工作特点，对推进公正司法工作进行了专门部署和明确安排，全方位提升司法质效，在司法体制改革、强化司法监督、智慧司法建设等方面成果显著，促进了审判体系和审判能力现代化。下一步，深入推进公正司法应当狠抓司法改革成果落地，对改革过程中的突出问题进行整改，提升人民群众的司法满意度和认同感。

关键词： 司法改革　司法监督　智慧司法

公正司法是维护社会公平正义的最后一道防线，也是法治中国建设的重要环节。近年来，天津市坚持以习近平新时代中国特色社会主义思想为指导，深入学习宣传贯彻习近平法治思想，坚持司法为民工作主线，不断深化司法体制综合配套改革，从多方面加快建设公正权威的司法制度，高质高效依法解决纠纷，努力让人民群众在每一个司法案件中感受到公平正义，为天津加快建设社会主义现代化大都市提供坚实有力的司法保障。

　＊ 执笔人：王彬，南开大学法学院教授。课题组成员：董焱焱、冯勇、陈汉睿、赵恬静。市委依法治市办、市委全面依法治市委员会司法协调小组、市高级人民法院、市检察院提供相关材料。

一 深化司法改革，提升司法质效

深化司法改革是保障社会公平正义、推进审判体系和审判能力现代化的重要举措。天津市司法机关积极开展司法改革工作，以实现公正司法为目标，不断推进司法机构改革和队伍建设、推进诉讼制度机制改革、全面贯彻落实司法责任制、推动执行能力建设，进一步深入参与社会治理，着力解决司法实践中的突出问题，提升司法裁判质效，为"法治天津"建设提供强大动力。

（一）推进司法机构改革和队伍建设

一是扎实推进司法机构改革。一方面，天津市开展司法督查机构建设，三级法院监察室统一更名为督查室，坚决落实党对司法工作的绝对领导，明确其工作职责，以督查促质量，强化全市法院党风廉洁建设，提高了司法的公信力。另一方面，通过深入推进审判专项建设，提升司法服务水平。在天津市高级人民法院第一审判法庭加挂环境资源审判庭牌子，提升环境资源案件审理专业化水平；在3个基层法院加挂少年法庭牌子，滨海新区人民法院成立审理涉未成年人案件"三合一"专门审判庭（大沽法庭），推动涉未成年人案件审理；在天津市滨海新区人民法院民事审判第四庭加挂国际商事审判庭牌子，依法集中审理应当由天津市滨海新区人民法院管辖的第一审涉外民商事案件，从多方面强化专门法庭审判职能。

二是加强司法队伍建设。一方面，规范司法人员遴选及退出机制。天津市法院加强员额法官常态化遴选及人员配备，2022年全年共确定入额法官和递补入额法官232名，逐级遴选法官8名，招录聘用制书记员98名，通过科学、专业的准入制度优化法官队伍结构。修订《天津法院法官员额退出实施办法》，进一步完善能进能出的法院员额管理机制。天津市检察院坚持以革命化、正规化、专业化、职业化为方向，定期开展检察官遴选工作，科学设置各类人员的员额比例，提升检察官队伍的整体素质。同时，严格落实最高人民检察院《人民检察院检察官员额退出办法》，明确员额制检察官的退出情形及程序，实现对入额检察官的动态高效管理。另一方面，加强政治过硬的政法队伍培养。天津市持续以党建带队建审判，重视政治引领、提升政治意识。出台《推进机关党建和审判工作深度融合的意见》，落实支部建在庭上、党小组建在审判团队上，更好地发挥党建引领保障作用；深化落实"三个规定"等重大事项记录报告制度，为队伍建设提供政治纪律保障，营造良好的司法环境。

（二）推进诉讼制度机制改革

一是积极开展四级法院审级职能定位改革试点。为扎实推进四级法院审级职能定位改革试点工作，天津市成立四级法院审级职能定位改革试点领导小组，积极有序开展相关改革试点工作。市高院党组审议通过《天津法院关于完善四级法院审级职能定位改革试点的实施方案》，对改革试点涉及的相关工作任务进行细化分工，明确完成时限。对最高人民法院《关于完善四级法院审级职能定位改革试点的实施办法》进行细化，制订相关实施细则，对有关制度机制和诉讼程序进行完善。对改革可能涉及的问题进行调研，并对改革试点开展情况进行及时跟踪。同时，天津市基于司法大数据分析，深化人员分类管理改革，将员额法官向基层倾斜，并针对集中多发案件组建专业化审判庭，不断优化司法资源配置。深化案件繁简分流，完善案件"下沉"与提级管辖机制，将"放下去"与"提上来"相结合，发挥不同审级法院职能定位优势，促进纠纷解决的类型化、精细化和规范化。自试点以来，天津市基层法院共受理"下沉"民事一审案件 908 件，其上诉率为 9.56%，二审改发率为 1.63%，全市民事一审案件审判质效整体持续向好，司法公信力进一步提升①。

二是深化以审判为中心的刑事诉讼制度改革。明确侦查人员出庭的有关

---

① 白龙飞等：《促进基层法院民事一审案件提质增效——天津法院审级职能定位改革工作纪实》，《人民法院报》2022 年 8 月 29 日，第 4 版。

程序，通过印发《关于刑事诉讼中侦查人员出庭的工作指南（试行）》，推动庭审实质化，证人、鉴定人等出庭作证上升 73.91%，提升了司法裁判公信力。加强专门案件证据审查指导，通过出台《故意伤害案件证据审查指引》《常见毒品犯罪案件证据审查指引》，促进证据审查工作规范化。持续推进量刑规范化改革，结合司法实践的新情况、新问题，启动《〈关于常见犯罪的量刑指导意见〉实施细则（试行）》的修订工作，强化量刑指导，提升裁判质量。完善认罪认罚案件自愿性审查机制，进一步规范认罪认罚的告知程序、审查程序。2022 年，天津市法院一审适用认罪认罚从宽制度审理刑事案件 11951 件，涉及被告人 15143 人，约占同期审结一审全部刑事案件的 90%，实现认罪认罚案件公正和效率有机统一。

（三）贯彻落实司法责任制

从法院看，一方面，天津市着力完善院庭长办案常态化机制。天津市高级人民法院科学制订"正负清单"，对院庭长应当优先办理和不宜办理的案件加以明确，强化对重大、疑难、复杂案件的业务指导；通过院庭长直接办案进一步统一法律适用与裁判尺度，及时发现审判过程与综合配套保障中的问题；落实院庭长办案情况通报制度，按时通报全市法院院庭长办案数据，发挥示范引领作用。2022 年，全市法院院庭长共办理案件 188261 件，占全市法院结案总数的 39.02%，院庭长办案常态化机制成效显著，真正实现院庭长办案"分类有方、指标有据、分案有序、管理有力"。另一方面，完善员额法官惩戒制度。通过出台《天津市法官惩戒工作办法（试行）》，对应当追究法官责任的情形、程序以及惩戒决定的执行等内容作出详细规定，压紧压实法官责任，确保案件得到公正高效审理。

从检察院看，一方面，强化对检察官办案的监督制约。修订完善《天津市人民检察院关于完善司法责任制的实施意见及检察官办案权力清单（试行）》，完善明责、督责、追责机制，构建全面、高效、有力的司法责任体系；贯彻执行《检察官惩戒工作程序规定（试行）》，并起草完成《天津市人民检察院办理检察人员违反检察职责案件工作规程（试行）》，为落

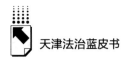
实司法责任制提供制度保障。另一方面，开展常态化追责惩戒。及时梳理解决考评过程中暴露的问题。2022 年，全市检察机关检务督察部门受理检察人员违反检察职责线索十余条，并视情形分别作出相应处理，真正将司法责任制落到实处。

（四）深入推进诉源治理

天津市大力开展诉源治理，积极构建多元纠纷调解工作格局，在全国率先成立三级社会矛盾纠纷调处化解中心，颁布实施《天津市矛盾纠纷多元化解条例》，不断探索推进"公调、诉调、访调、检调"对接。在"诉调对接"方面，建立并完善人民调解与司法调解衔接机制，实现矛盾纠纷"联动联调"。

天津市发挥区司法局、法院"司法为民服务指南双六条"机制，通过诉前引导、诉中委托、诉后确认等方式深化"诉调对接"，缓解法院办案压力。2022 年以来，全市 16 个基层法院及一中院、二中院、三中院普遍设立诉前人民调解委员会，共有诉前人民调解组织 35 个，近两年，接受法院委托调解 1.8 万件。建立人民调解与信访工作衔接机制，稳步推进"访调对接"。天津市积极运用人民调解方式柔性化解信访事项矛盾纠纷，充分发挥市区"两级"平台作用，初步形成广覆盖、专业强、成效高的信访事项人民调解模式。17 个访调委共接收信访部门委托移送信访事项 2200 余个。建立人民调解与检察工作衔接机制，持续推动"检调对接"。天津市搭建检调对接人民调解平台，建立健全互相衔接、紧密协作、良性互动、科学高效的矛盾纠纷调处机制，已推动成立 13 个检调对接调解组织①。天津市目前已基本形成以人民调解为基础，公调、诉调、访调、检调有机衔接，司法行政资源有效支撑，人民调解、行政调解、司法调解协调联动的多元解纷新格局。

---

① 《市司法局积极推进调解联动机制建设　不断扩大调解服务半径》，2023 年 2 月 16 日，天津市司法局网站：https：//sf.tj.gov.cn/XWDT5156/SFXZYW1929/202302/t20230216_6108098.html。

（五）推动执行能力建设

天津市不断深化执行体制机制改革，完善执行联动机制，打通维护当事人权益的"最后一公里"。认真贯彻落实《关于建立天津市司法裁判执行联动中心的实施方案》，以市级司法裁判执行联动中心为平台，建立执行工作长效机制，破解"执行难"问题。执行联动机制建设改变了法院单打独斗的困境，全市21家单位向法院执行部门提供帮助，形成执行合力，提高了司法裁判执行工作效率。比如，市高院与市公安交管局联合开发了涉机动车网上办案系统，通过专线网络，即可完成被执行人津籍机动车辆查封、解封、过户等程序。此外，各区法院开展专项执行行动，如滨海新区法院开展涉金融债权案件专项执行行动、南开区法院开展夏季腾房专项执行行动、宁河区法院开展涉民生案件专项执行行动等，切实解决执行难问题，保障人民合法权益，增强了群众的司法满意度。

二 强化司法监督，提高司法公信力

（一）法院履职评议全面试点

为积极响应中央对中国特色社会主义法治建设的要求，天津市先行试点，将法治素养和履职情况作为考核评议司法工作人员的关键部分，探寻法治评议的各种指标、考核办法，在法院全面开展试点，主要有如下方面。

1. 提高政治站位，加强组织领导

大力加强法院党的政治建设，不断提高政治判断力、政治领悟力、政治执行力，增强"四个意识"、坚定"四个自信"、做到"两个维护"。严格贯彻政法工作条例，充分发挥党组在推动司法改革过程中把方向、管大局、保落实的领导作用。法院工作人员法治素养和依法履职能力对法治建设意义重大，受到各级机关的高度重视。对法院工作人员的法治素养和依法履职能力考核评议主要涉及以下方面：法治理论学习水平、法治信仰程度、是否遵

纪守法、是否干预司法等，包含正反双向评价体系。同时，创新采用多种考核方式，如调研谈话、年度考核、组织考察、学法用法考试、动态监督等，在此基础上将考核指标量化形成年度考核测评表，完善机制常态化运行。

2. 强化日常监督，不断创新探索

一是严格落实党政主要负责人述法工作制度，将述法纳入考核体系；二是精准执行学法用法考法工作，完善任前学法用法考核制度，做到以考促学、以考促用；三是加强与区委组织部的沟通协作，及时收集法院领导干部政治素质档案，最大限度甄别法院工作人员的法治素养和依法履职情况；四是加强对政法系统干部队伍的管理使用，加强交流轮岗，锻炼干部依法履职能力；五是以案件评查促进依法履职，对"榜样好案"办案人员予以奖励激励，对"典型差案"办案人员依纪依法严格追究责任。

3. 注重结果运用，深化制度落地

推动法院履职评议制度完善，各级法院应紧盯责任落实，推动运用法治素养和依法履职考核评价取得实效。坚持把法治建设成效作为衡量各级法院工作人员实绩的核心内容，评议结果作为加强领导班子和领导干部队伍建设的主要依据。以红桥区为例，2022年7月以来，对提拔、晋升、试用期满转正的83名干部进行了法治素养和依法履职情况正反向测评，考核评价结果纳入干部政治素质档案。

（二）完善检务督察工作

为促进政治高度与业务能力有机融合，市检察院党组结合实际情况，制定了《天津市人民检察院政治督察工作办法（试行）》，为确保党的路线和重大部署在天津检察机关得到落实奠定基础。

1. 开展司法救助专项督察和司法救助金专项审计

2022年11月，市检察院依据检察业务攻坚调研督导工作情况，推进全市检察机关司法救助工作展开专项整治督察，同时对司法救助金展开专项审计，大力推动党中央和最高人民检察院、市委、市委政法委关于司法救助的重大决策部署要求在天津检察机关稳步落地，更有效地提升司法救助办案规模和办案质量。

2. 推动落实防止干预司法"三个规定"，筑牢廉洁司法"防火墙"

2021～2022 年，市检察院多次召开会议规划部署防止干预司法"三个规定"，各级院党组积极响应，推动全市检察机关深化"三个规定"持续取得新进展、新突破，坚决落实中央和最高人民检察院、市委部署要求。两年间共填报过问或干预、插手检察办案等重大事项 5046 个。落实"三个规定"主要体现在四个方面。一是强化宣传教育引导。将"三个规定"纳入理论学习中心组、各支部、新入职人员学习内容，做到以考促学，让检察人员明确"权力"的界限。大力推动新媒体平台建设，积极推动社会监督司法廉洁情况。二是增强制度执行刚性。完善内部通报制度，记录人员分布情况，在此基础上形成分析报告，定期开展数据分析，及时找到落实"三个规定"工作不到位、不均衡的地方，有效提高解决问题效率。三是加强问题线索甄别研判。对通报系统关注的重点人员采用甄别处理，违法违纪倒查常态化推进，深挖一切违反规定行为。四是加强督促指导检查。"三个规定"专项督导常态化组织，指导问题单位发现问题原因，点对点帮助解决问题。将落实"三个规定"情况提升为重大情况，定期向地方党委政法委报告，纳入全市检察机关相关指标评价体系。

（三）构建新型审判权力制约监督机制

1. 严格执行合议庭工作制度

严格执行合议庭工作制度，对构建新型审判权力制约监督机制至关重要。天津市各级法院推动合议庭成员评议案情、签署法律文书、交叉查阅案卷等有关制度建立，保障合议庭各成员地位平等、协调处理，每个成员都有充分、独立的机会发表意见，解决"陪而不议""浑水摸鱼"等问题，完善庭内制约监督机制。此外，各级法院致力于搭建监督管理技术平台，采用自动化技术方法，促使各类案件管理合理化，对主要办案程序采取监控、动态管理等措施，所有关键节点纳入信息化办案平台，并添加全程留痕、定时提醒等功能。通过自动标记、短信等方式对案件审限自动预警，对审限变更实

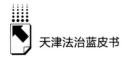

现线上审批。

2. 全面推开检察听证

全面推开检察听证，助力建立刑事案件侦查与执法监督衔接机制，主要体现在两方面。一是在全国率先完成三级听证员库建设。天津市在落实最高人民检察院《人民检察院听证员库建设管理指导意见》基础上，制定了《天津市检察机关听证员选任工作方案》。全市各级法院统一部署，一体化参与听证员库建设进程，推进检察听证制度完善成型。截至 2022 年 6 月 30 日，全市三级检察院全部建设完成听证员库。二是注重发挥"头雁效应"，努力践行"应听证、尽听证"工作要求。2022 年，全市通过检察听证审查案件千余件次。在处理案件过程中，天津市检察机关坚持领导带头办案，从而激发"群雁活力"，邀请人大代表、政协委员、人民监督员及市检察院听证员库成员广泛参与听证过程，保障听证各方能够充分讨论，当事人能够完整表达诉求，真正将检察听证工作做实做深。

三 加强司法信息化建设，推进智慧司法

智慧司法是司法机关以先进信息技术和智能化数字系统为辅助，对司法过程和结果进行统一管理和严格监督，服务于司法人员和社会公众需求的组织和运行模式。司法的信息化智能化建设是实现司法公正的重要物质载体和创新抓手。智慧司法对司法公正的影响主要体现在以下三个方面。首先，智慧司法能够提高法律适用的标准统一性，规范司法权力运行。在类案裁判标准数据库的支持下，法官决策时能够与类案判决书相互比对、主动分析，减少类案异判情况。其次，智慧司法能够提高司法效率，减少"久拖不决"。通过高度的信息化、无纸化办公极大提高了立案、审判、检察、执行的效率，优化司法资源配置。最后，智慧司法能够提高司法办案和司法服务质量，促进司法为民和司法公正。随着裁判说理分析推理、裁判偏差预警、自动化审判质效评价等新技术、新方法在司法全领域的深度应用，法院和检察院的业务质量明显上升，司法公信力和公正性提高。

天津市司法机关高度重视信息化智能化建设，围绕本地司法职能和业务工作特点，打造智慧司法的"天津特色"：不断完善智慧司法基础设施和体系架构，实现司法办案全流程信息化运行；不断汇集司法大数据资源，实现全平台一体化建设；不断优化开放、透明、便民的司法机制，实现全流程智能化服务。

（一）全流程信息化运行

司法办案全流程信息化是智慧司法的技术基础和基本功能。市各级司法部门积极推进特色信息化建设工作，减轻司法部门的压力，促进矛盾纠纷高效化解；为审判检察工作赋能，形成了"以法官需求为主导、以人民利益为中心"的全流程信息化体系。

在立案环节，借助信息化平台形成诉前调解和立案衔接的整体机制，推动矛盾纠纷更高效化解。一是调解信息化，依托信息技术形成多部门深度线上协同的前置解纷机制。例如，滨海新区"东疆多元化纠纷共治中心"将多方调解组织与多元调解方法通过互联网聚合起来：融资租赁合同纠纷在线立案后，直接对接人民法院诉前调解平台，由第三方专业调解人员远程对接调解，并借助互联网法庭在线确认诉前调解协议。二是立案信息化。天津市各级法院对接人民法院调解平台、市高院办案系统进行信息化升级，基层法院能够做到200个案件批量立案和互联网远程立案。

在审理环节，以信息化技术提高当事人参与诉讼的能力和效率，推动案件集约智能高效办理。一是开庭信息化。天津市各级法院为解决当事人居住地空间距离远的问题，着力打造信息化智能法庭，通过共享屏幕、语音识别技术线上开庭，节约当事人诉讼成本。同时，针对各区的现实需要，成立"数智金融审判巡回法庭"等不同的特色信息化法庭。二是审判信息化。天津市高级人民法院推出电子证据交换服务，各方当事人可以通过天津法院诉讼服务网进行电子证据交换。在审判人员的指导下，双方可以在线自助举证质证，极大减少了庭审流程的烦琐耗时，也为在线诉讼提供了信息化存证。三是文书信息化。天津市高级人民法院全面推进智慧法院信息化水平提升，

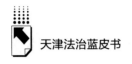

不断升级电子卷宗随案同步生成和深度应用技术，减少法官工作量、提升裁判的准确度和法律适用的稳定度，提高司法效能。

在执行环节，应用大数据等新兴技术积极打造高效执行程序。一是送达信息化。天津市各级法院坚持数据共享、服务需求、安全可控原则，积极推行送达事务集约化改革，在整合现有送达方式基础上，上线全流程、一体化集约送达平台，建立"集约管理+协同运作"工作模式，将送达周期由5天优化至1.3天。二是执行信息化。建立天津市司法裁判执行联动中心，健全网络执行查控系统，建立健全查找被执行人协作联动机制，加快推进失信被执行人信息共享工作，完善失信被执行人联合惩戒机制，强化对公职人员的信用监督，加大对拒执罪行为的打击力度。

在审判监督环节，实现检察工作全流程信息化和法律监督信息化。一是检察工作信息化。市检察院"全·时·空"智慧检务系统对检察工作的全流程进行信息化改造，能够实现远程信访、远程提讯、远程宣告、远程送达、远程公益诉讼线索采集等功能。二是法律监督信息化。市检察院大力开发"恶意偷逃高速通行费大数据法律监督模型""套现型非法经营类案监督""前科财产刑未执行类案监督"等大数据法律监督模型，大数据模型对同类型案件进行数据归集和分级整理，监督公安机关及时立案、移送线索。

（二）全平台一体化建设

天津市检察机关以全市一盘棋、一张网的顶层设计为指导，推进全平台一体化建设。全平台一体化建设达到了数据共用、模型共享、集约建设的效果，为人工智能、大数据智能分析技术搭建了完备的平台，助力有效监督司法运行、实现司法公正。全平台一体化建设主要体现在以下几个方面。

架构一体化。天津"检察大数据仓库"从全国检察业务应用系统1.5版和2.0版、智慧检察官平台等平台和系统中收集全市范围内检察办案的实体和程序数据，整合在顶层平台中，为全市基层检察院业务提供数据库和技术支持。

业务一体化。全市检察机关统一部署的"管理视角决策分析系统"以检察大数据为基础，统合刑检部门、公益诉讼部门、刑事执行检察部门等不同职能部门的内部数据，由系统智能推送案件线索给具体办案部门。在具体领域，以"公益诉讼数据中台"为代表的一体化平台改变了以往孤岛式、碎片化的办案模式，集成了全市的资源和数据，节约了大量的时间和成本。

管理一体化。管理视角决策分析系统能够结合各院工作综合评价指标，从宏观和微观、长期和短期、横向和纵向等全角度分析和解读各项考核指标数据、分别评估各院工作情况，及时为检务工作提供预警和指导。

安全一体化。市检察院打造全市统一的安全防护体系，全面落实网络安全等级保护、涉密信息系统分级保护制度和关键信息基础设施安全保护制度的一体化制度设计，明确数据权属和安全责任，为打破数据壁垒的一体化平台建设保驾护航。

（三）全方位智能化服务

天津市各区司法机关、司法局高度重视司法为民、司法便民，将提供每个人都能便捷获取的法律服务作为实现司法公正的重要保障。通过硬件和软件的研发改造，打造全方位"一站式"智能服务中心，真正实现让"数据多跑路、群众少跑腿"。

诉讼服务智能化。天津市基层法院打造"12368滨法智服"等智能诉讼服务系统，畅通诉讼过程中的沟通渠道，及时解决群众问题。天津市高级人民法院大力拓展诉讼"云空间"，研发上线"天津法院一站式诉讼服务数据平台"，实现与最高人民法院12个在线诉讼服务平台对接联通，有效监测管理诉讼服务。

法律服务智能化。各级法院着力建设"互联网+公共法律服务"，为不同群体提供智能精准的公共法律服务。通过公共法律服务智能终端设备这一硬件设施的推广，以自助服务、智能服务、语音连线等方式方便群众就近获

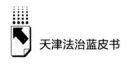

取公共法律服务，将智能法律服务延伸到"最后一公里"。

检察服务智能化。天津检察机关打造"全·时·空"智慧检务系统项目，该系统深度统合12309检察服务大厅和智慧检务系统的功能，为辖区群众提供24小时预约、工作时间即时受理的视频会面、法律咨询、检务问答、便民服务、案件查询、普法宣传等服务。

四 推进公正司法工作展望

（一）持续深化司法改革，狠抓改革落地见效

天津司法机关应加强宣传教育，强化政治担当，培养讲政治、能力强的高素质司法人才。要紧盯司法改革进程，高站位部署改革任务，明确改革方向与内容；要聚焦改革重点难点，立足司法实践，创新方式方法，着力打通改革关键点；要制订相关评价体系，定期分析研判司法改革结果，以评审促质量、促效率，提升案件审理质量；要紧抓问题整改，对考察、评价中发现的突出问题及时整改，明确责任部门，确立整改时限，满足人民群众的多元司法需求，确保司法改革能够真落地、见实效。

（二）完善司法监督体系

加强对司法活动的监督，是司法领域践行执政为民宗旨、把权力关进制度笼子的必然要求，是解决司法突出问题、完善中国特色社会主义司法制度的必经之路。针对当前存在的司法责任管理不够完善、法律监督线索管理机制不健全、检察一体化建设不充分等问题，可通过构建司法权限全程留痕制度、规范线索发现移送操作流程、强化横向沟通、科学细化内部任务分工进一步解决。

（三）继续加强智慧司法建设

天津市的智慧司法建设具有全流程信息化运行、全平台一体化建设、全

方位智能化服务等特色，但也存在线上庭审诉讼规则尚不清晰、信息化智能化建设成果难以惠及老年人等数字弱势群体的问题。未来应坚持高位推动，健全智慧司法组织领导机制，由天津市高级人民法院和天津市人民检察院统筹主导，不断进行技术升级和制度优化，系统推进司法信息化、智能化、便捷化建设。还应坚持效果导向和问题导向，从顶层设计和基层探索双向互动中不断反馈整改实践中出现的问题，最终落实以人民为中心理念和司法为民宗旨，实现智能互通的公平正义。

B.5

天津市推进全民守法　拓展社会
参与法治实践研究

天津市守法普法研究课题组*

摘　要： 全民守法是科学立法、严格执法、公正司法的归宿与落脚点。天津市坚持以习近平法治思想统领推动全民守法工作，将深入推动全市居民守法作为法治天津建设的基础性工程，在法治宣传教育、基层依法治理、法治文化建设方面成效显著。在制度层面，天津市加强组织保障，推动守法工作制度机制不断健全，紧抓关键少数，加强国家工作人员学法用法工作，推动落实普法责任制并不断创新普法形式。在实践层面，天津市各区各部门积极推进全民守法制度创新，并转化为实践探索，不断增强普法工作的针对性、实效性。深度拓展全民守法工作，进一步推进全社会参与法治实践，构建完备的法律服务体系，促进法治信仰植根人民心中。

关键词： 全民守法　普法责任制　"八五"普法　法治文化

全民守法是依法治国战略中的重要一环，是社会文明程度和公民基本素养的体现，也是科学立法、严格执法、公正司法的归宿与落脚点。全民守法既包含了行为规范层面对法律的遵守与维护，也涵盖意识观念层面对法律精神的信仰与崇敬。习近平总书记对"全民守法"的内涵作出明确阐释："全

＊ 执笔人：赵希，天津社会科学院法学研究所副研究员。本文系天津社会科学院 2021 年重点研究项目（21YZD-06）的阶段性成果。市委依法治市办、市委全面依法治市委员会守法普法协调小组、市司法局提供相关资料。

民守法，就是任何组织以及个人都必须在宪法和法律范围内活动，任何公民、社会组织和国家机关都要以宪法和法律作为行为准则，依照宪法和法律行使权利或权力、履行义务或职责。"① 党的二十大报告进一步强调："全面推进科学立法、严格执法、公正司法、全民守法"，"加快建设法治社会"，"努力使尊法学法守法用法在全社会蔚然成风"。天津市认真贯彻落实党的二十大关于全面依法治国的重要决策部署，将深入推进全民守法作为法治天津建设的基础性工程，求深求实、求新求效、统筹协调、开拓进取，不断推动新时代守法普法工作创新发展。"八五"普法启动以来，天津市积极探索开展守法普法示范城市建设，不断加强制度保障，深入推进普法责任制落实，大力提升公民法治素养，深化基层法治创建，持续丰富法治文化成果。

一　深入推进全民守法的主要成效

天津市加强"八五"普法规划的组织实施，高水平高质量谋划守法普法工作，取得了阶段性成果。在全市形成了五大项"共性普法责任清单"和 105 家单位"个性普法责任清单"相衔接的清单体系。连续 9 年组织开展国家工作人员网上学法考法，覆盖国家工作人员 12 万余人，累计突破 74 万余人次，更好地服务保障学法用法考法。目前，天津市法治宣传教育基地和阵地优秀品牌共计 58 个，包括天津市法治宣传教育基地 25 个，天津市法治宣传教育阵地优秀品牌 33 个，其中含 4 个全国法治宣传教育基地。2022 年，天津市同时获评两个全国法治宣传教育基地，即天津律师文史馆、天津市津南区海河故道公园法治宣传基地，法治宣传教育基地和阵地作用不断加强。

（一）坚持以习近平法治思想统领全民守法推动工作

2014 年 1 月 7 日，习近平总书记在中央政法工作会议上指出，法律要

---

① 习近平：《在十八届中央政治局第四次集体学习时的讲话》，2013 年 2 月 23 日。

发挥作用，需要全社会信仰法律①。法治建设需要全社会的共同参与，只有群众怀有对法治的共同信仰，国家和社会才有可能真正在法治轨道上前进。全国"八五"普法规划首次强调，要以习近平法治思想引领全民普法工作。在推进全民守法工作中充分认识、学习、研究习近平法治思想，以习近平法治思想武装头脑、指导实践，深入贯彻习近平法治思想，认真落实习近平总书记对天津工作"三个着力"重要要求和一系列重要指示批示精神，增强"四个意识"、坚定"四个自信"、做到"两个维护"。将习近平法治思想作为"八五"普法工作的重中之重，重点阐释习近平法治思想"十一个坚持"的核心要义，不断推动学习宣传贯彻工作走深走实。积极组织开展相关层面、领域的学习培训工作，组织全市"八五"普法骨干培训班，邀请中央党校专家专题讲授习近平法治思想；积极利用各级各类法治宣传教育基地（阵地），专栏专题宣传阐释习近平法治思想；在全市国家工作人员和"法律明白人"学习培训中重点学习习近平法治思想，持续推动习近平法治思想入脑入心。

（二）法治宣传教育成效显著

习近平总书记在党的二十大报告中强调："弘扬社会主义法治精神，传承中华优秀传统法律文化，引导全体人民做社会主义法治的忠实崇尚者、自觉遵守者、坚定捍卫者。""深入开展法治宣传教育，增强全民法治观念。"②新时代法治宣传教育必须大力弘扬以宪法为中心的社会主义法治精神，不断增强人民群众的宪法意识，广泛深入开展《民法典》普法工作，引导群众认识到《民法典》既是保护自身利益的法典，也是全体社会成员应当遵守的规范。天津市大力开展"宪法宣传周"法治宣传教育活动。组织宪法进企业、进机关、进农村、进校园、进军营、进社区、进网络等七项主题学习

---

① 王晓光：《培育人们的法律信仰》，《学习时报》2017年1月16日。
② 习近平：《高举中国特色社会主义伟大旗帜 为全面建设社会主义现代化国家而团结奋斗——在中国共产党第二十次全国代表大会上的报告》，人民网，http://cpc.people/com.cn/n1/2022/1026/c64094-32551700.html，最后访问日期：2022年10月16日。

宣传，取得良好效果。连续组织开展"美好生活·民法典相伴"主题法治宣传教育活动。通过"民法典七进"、以案释法、原创普法作品征集、主题普法产品展播、法治实践体验，持续推动《民法典》法治宣传教育工作不断深入。推出民法典短剧、微视频等430余部，通过津云、学习强国天津学习平台等宣传阵地密集推送，推进《民法典》宣传广域覆盖。此外，各相关部门利用"3·15"消费者权益保护日、"3·22"世界水日、"3·8"国际妇女节、"4·26"知识产权宣传周等重要节点，开展形式多样的系列主题宣传活动。

（三）基层依法治理取得新成果

基层社会治理是法治城市建设的微观基础，在全面依法治国中具有不可或缺的作用和地位。作为深入推进全民守法的主要切入点和具体作用场域，创建"人人守法、事事依法"的微观环境，有利于化解各类社会矛盾冲突，更好地为经济社会发展保驾护航。天津市司法局、市普法办联合开展"法律明白人"网上学习培训活动，遴选审核学习视频，依托国家工作人员学法用法考试系统对全市近2万名"法律明白人"和对口支援地区3185名"法律明白人"开展网上学习培训；共享普法资源，开展对口支援地区线上《民法典》培训活动，同时制作《民法典》网络课程、"法律明白人"视频培训教材，持续开展对全市及对口支援地区"法律明白人"的培育。在全市部署开展第九批"全国民主法治示范村（社区）"命名推荐工作和第五批"天津市民主法治示范村（社区）"创建评选工作，通过查阅档案、座谈交流、实地走访等多种形式，开展实地评估，深入了解村（社区）在组织领导、基层民主依法推进、深化法治建设、经济社会发展等方面的实际情况。严格公示等程序要求，向司法部推荐16个"全国民主法治示范村（社区）"，评选产生70个"天津市民主法治示范村（社区）"。通过各种举措制度推动基层依法治理取得新成效、新成果。

（四）法治文化建设开辟新境界

形成全社会对法律的尊崇和信仰，要重视法律制度和法律运行背后所蕴

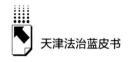

含的价值理念，推进全民守法与建设社会主义法治文化密不可分。这就需要将法治文化融入人们的日常生活，在潜移默化中强化人们的法治认同感，使民众在理解和接受法律治理逻辑的基础上形成稳定的心理认同和行动自觉。天津市加强法治文化基地（阵地）建设，致力于提升法治文化阵地质量，充分发挥法治宣传教育基地（阵地）品牌作用，将条件成熟的法治宣传教育基地推荐申报第四批全国法治宣传教育基地，天津市有 2 个基地成功入选，努力打造本地法治文化品牌。此外，鼓励和引导法治文化作品创作推广，积极传承中华优秀传统法律文化，推进优秀法律文化传承与创新。天津市组织开展法治动漫微视频作品征集，发布 42 件优秀作品，并对优秀作品集中推荐参加由中央宣传部、中央网信办、司法部、全国普法办开展的第十八届全国法治动漫微视频作品征集活动。

二　深入推进全民守法的主要举措

深入推进全民守法有赖于健全完善、持续有效的运行制度，涵盖守法工作的组织、运行、监督各环节的基本规则和运行秩序。天津市创新推进全民守法的制度设计，不断创新工作理念、机制和方法，切实增强法治宣传教育的针对性、时代性、实效性，在组织保障、紧抓关键少数、落实普法责任制以及创新普法宣传形式等方面持续探索。

（一）加强组织保障，推动守法工作制度机制不断健全

天津市多举措推进全民守法工作体制机制不断健全。在组织保障方面，2019 年，为适应法治建设和机构改革的需要，天津市成立市委全面依法治市委员会守法普法协调小组和市普及法律常识办公室，由市司法局承担守法普法协调小组联络员和办公室职责，多次组织召开守法普法协调小组会暨落实普法责任制联席会议，研究部署全市普法工作重大问题，确保守法普法工作高效运行、实体运作。各区、各部委办局也相应调整机构，全市初步形成党委领导、人大监督、政府施行、政协支持、职能部门各尽其职、全社会齐

抓共管、民众广泛参与的大普法工作格局。在考核制度化方面，天津市推进普法工作纳入市绩效考核指标体系，实现对各区、市级政府部门和党群组织的全覆盖，以"硬指标"强力推进普法质效全领域提升。在普法队伍建设方面，推进普法队伍专业化建设，提高开展群众普法工作的能力和水平。组织开展"八五"普法骨干培训，联合市委宣传部在中共天津市委党校举办天津市"八五"普法骨干培训班。

在常态化组织制度保障基础上，"八五"普法期间，针对社会热点难点和人民群众普遍关心的问题，为了更好地广泛开展学习宣讲，推动全社会牢固树立社会主义法治观念，天津市委宣传部、市司法局、市普法办联合组建成立市级"八五"普法讲师团。讲师团由95名天津政府法治智库专家、中青年法学专家学者、法治实务部门领导和业务骨干、法律从业人员组成，涵盖各个研究领域和工作领域，承担法治宣传教育理论研究、调研、宣讲等重要职责。讲师团围绕习近平依法治国思想、《宪法》、《民法典》以及中国特色社会主义法律体系等方面，持续开展普法宣传和实践指导，充分发挥了专家学者的优势作用，促进宣讲资源和法治需求精准对接，推动普法工作守正创新、提质增效、全面发展。

（二）紧抓关键少数，加强国家工作人员学法用法工作

深入推进全民守法必须抓住国家工作人员特别是领导干部这个关键少数。天津市以建立落实国家工作人员学法用法清单制度为切入点，开启国家工作人员学法用法新实践，推进学法用法工作重点突出、服务实践，推进各级领导干部不断提高运用法治思维和法治方式的能力，切实发挥带头示范作用。其中多项创新工作走在全国前列，在全国受到宣传推广。

市司法局牵头编制国家工作人员应知应会"共性学法清单"，各市级部门精准编制"个性学法清单"，着力构建"一个共性清单+各领域个性清单"的"1+N"多层次、多角度、立体化学法用法清单制度体系。其中，"共性学法清单"突出学习习近平法治思想，涉及12个重要领域重点法律法规57部，遴选重点内容和重要条文700余条，"共性题库"共计700余道，推送

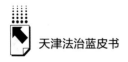

至各区各部门供全市国家工作人员学习使用。同时，推进有关市级部门国家工作人员"个性学法清单"和"个性题库"编制工作。此外，持续推进国家工作人员网上学法考法。连续9年组织开展国家工作人员网上学法考法，覆盖国家工作人员12万余人，2014年以来累计突破74万余人次，更好地服务保障学法用法考法。

（三）推动落实普法责任制

实行"谁执法谁普法"普法责任制，是党的十八大以来普法工作的重要顶层设计和制度创新。"八五"普法期间是贯彻"谁执法谁普法"普法责任制的攻坚时期，针对普法责任制落实中的问题，天津市把建立"谁执法谁普法"普法责任制的制度约束机制作为重点，切实将普法责任制这一软任务变成硬指标。

第一，修订完善普法责任清单。2018年天津市第一次制定《天津市普法责任清单》，实现了普法责任主体全覆盖。2022年，为深入贯彻落实习近平法治思想，全面实施"八五"普法规划，对普法责任清单进行了第二次修订，此次修订进一步充实了普法内容，明确了普法责任，健全了工作机制，也为法治宣传教育立法工作提供了重要制度基础。第二，全面推行"谁执法谁普法"履职报告评议制度。2021年9月，市委全面依法治市委员会守法普法协调小组、市普法办印发《天津市国家机关"谁执法谁普法"履职报告评议活动实施办法》。2022年，市普法办启动天津市首次国家机关"谁执法谁普法"履职报告评议活动。通过社会评议活动，倒逼普法责任单位严格落实普法责任清单，自觉推行普法责任制，进一步压实各部门、各单位普法主体责任。第三，深入推进法治实践中的以案释法工作。建立健全法官、检察官、行政执法人员、律师等以案释法制度，精心筛选关注度高、具有普遍意义的典型案例，通过主流媒体、门户网站、微信公众号等各级各类平台常态化向社会发布，并向司法部司法行政案例库报送，案例质量位列全国前十名。

（四）创新普法形式，形成全媒体普法合力

天津市综合运用"报、网、端、微、屏"等资源平台，建立全媒体法治传播体系，促进单向式传播向互动式、服务式、场景式传播转变，增强受众参与感、体验感、获得感，使普法更接地气、更为群众喜闻乐见。致力于打造"津门普法"基层普法平台，加强普法产品推送和供给，形成多级互动传播新样态。加强天津广播电视台、《天津日报》、《今晚报》和"津云"新媒体平台普法专题专栏建设，打造法治宣传矩阵。加强对优秀法治类栏目节目的培育和评选，打造知名媒体普法品牌。把法治公益广告纳入媒体公益广告内容。加强对法治案件、法治新闻的刊发报道力度，提升全社会的关注度。

天津市委网信办积极探索创新，打造"五个一"天津网络普法特色品牌，即一个"天津网络法治时间"动漫视频、一个"天津网络法治频道"、一个"天津网络法治云电台"、一个"天津网络法治大讲堂"、一个"天津故事双语网络法治国际传播专栏"，全方位多角度引领网民同心共振。目前，天津网络法治频道充分发挥津云大数据平台的优势，已逐步打造成为国内省级网络媒体首档网络法治平台和天津学习宣传贯彻习近平法治思想的网上权威平台①。

结合新媒体蓬勃发展的趋势，天津市加大新媒体法治宣传力度。依托"天津政务服务"微信公众号，积极转发市司法局、市普法办打造的天津市"八五"普法讲师团成员线上"微课堂"，有针对性地释法说理，进一步提升普法工作的精准性和实效性。为加强公众参与，鼓励公众创作个性化普法作品，加强对优秀自媒体制作普法作品的引导。另外，探索运用人工智能、大数据、云计算等现代科技手段，赋能智慧普法建设。推动普法大数据研判机制建设，特别是深入民生服务、社会管理等领域普法需求的研判分析，把

---

① 《天津市委网信办：创新网络普法路径，凝聚依法治网共识，全力打造天津网络法治频道》，天津市人民政府合作交流办公室，天津政务网，https://hzjl.tj.gov.cn/ZWGK2985/pfxc/202306/t20230627_6332306.html，最后访问日期：2023年7月18日。

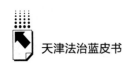

握普法工作的重点、热点，形成以问题为导向、以需求定题材，精准识别、精准施策、精准推送的普法模式。构建并完善全市"法治宣传教育发展测评数据库"，持续开展对重要人群、重大事件、重要节点的普法工作动态评估，提高普法的准确性和有效性。

三　推动全民守法创新实践的典型经验

天津市各区各部门将推进全民守法的制度创新积极落实、转化为实践探索，统筹配置、细化任务、整合资源、加强联动，通过形式多样、丰富多彩的法治宣传活动让法律服务真正走到百姓身边，不断增强普法工作的针对性、实效性，为天津高质量发展营造良好的法治氛围。

南开区将青少年普法宣传教育作为"八五"普法的重点工作，纳入普法责任清单内容，将法治教育融入学校教育的每个阶段，逐步健全学校法治教育内容及体系，充分利用法治副校长等优质专业普法资源，统筹推进学校法治教育工作，形成了"区委领导、政府部门主责、各方合力推动"的青少年法治宣传教育工作格局。南开区每年制发的《南开区普法依法治理工作意见》及《南开未成年人思想道德建设工作实施方案》等文件都对青少年法治宣传教育工作作出专门部署，指导督促各有关单位开展形式多样、成效显著的青少年法治宣传教育主题实践活动①。2022年，南开区"青春与法　护航成长"青少年法治宣传教育工作被评为第二批全国法治政府建设示范项目，成为天津市普法工作的一大亮点。

和平区司法局围绕重点群体开展了系列宣传服务活动，打造具有鲜明特色的公共法律服务产品和阵地，擦亮和平区公共法律服务品牌，为辖区单位、企业、社区、居民提供优质的公共法律服务，为高质量发展"十项行动"、为全区大服务大招商活动等中心工作提供有力的法治保障。其中"法护四季"

---

① 《为青少年种下法治信仰的种子，天津南开区打造立体式法治宣传教育格局》，《法治日报》2023年4月10日。

系列法治宣讲活动，分为"春风送法""法护清凉""秋色润法""法治暖冬"四个阶段，深入社区、企业、校园等重点场所为居民群众提供现场法律咨询服务，向社会各界广泛宣传政法工作①。

"八五"普法规划实施以来，河西区扎实推进"谁执法谁普法""谁管理谁普法""谁服务谁普法"普法责任清单制度，通过针对性地开展"以案说法""以案释法""以案普法"工作，探寻法理人情、普及法律常识，传播法治力量、弘扬法治精神，回应社会关切，合力打造河西普法新模式。目前全区形成了以"司法、执法单位为主，相关职能部门为辅，涵盖社会不同群体受众，覆盖各行各业"的以案释法宣传矩阵，法治宣传输出力度不断加大。区司法局联合区融媒体中心全力打造的电视栏目《法治视界》，最大限度地发挥电视台传播优势，强化普法功能，讲好法治故事，成为全区广大人民群众了解法律知识的窗口。此外，通过公众号、视频号、抖音号、自媒体平台等全媒体方式，全方位、多平台、多手段呈现具有河西特色的法治文化品牌栏目②。

河东区开展了一系列特色亮点法治宣传活动。区普法办联合区法院组织开展旁听庭审活动，全区各单位副处级以上领导干部百余人参加，通过"零距离"观摩，近距离接受法治教育，感受法律的威严。开展新业态劳动者法律知识培训活动，有效引导新业态从业者提升法律意识，增强法治素养，提高依法维护自身合法权益的能力。开展2023年"安全生产月"宣传活动。播放宣传视频，展出安全生产月和安全生产事故隐患排查治理展牌，发放了法律法规、安全常识、重大事故隐患排查等安全宣传材料。开展《反有组织犯罪法》主题宣传活动，多层次、多角度宣传《反有组织犯罪法》中与基层和居民息息相关的要点知识，向居民

---

① 《"法护四季"民园首秀——和平区司法局开展法律宣传服务月主题宣传活动》，澎湃新闻，https://m.thepaper.cn/baijiahao_23400310，最后访问日期：2023年7月10日。
② 《普法宣传有实招，以案释法见成效——河西区全力打造以案释法特色品牌》，天津市河西区人民政府网站，https://www.tjhx.gov.cn/hxxw/hxdt/202212/t20221228_6063323.html，最后访问日期：2023年7月18日。

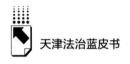
阐述有组织犯罪的基本特征、常见作案手法，动员广大群众积极参与扫黑除恶工作，勇于检举提供黑恶势力违法犯罪线索，并公开街道、社区扫黑除恶举报渠道①。

河北区司法局持续推动"八五"普法工作走深走实。打造金汤桥红色法治文化宣传阵地，依托"点单式"精准普法平台开设"云普法"课堂，综合运用"线上+线下"媒体平台和普法阵地，推动习近平法治思想家喻户晓、深入人心。推动《宪法》宣传，开展《宪法》"六进"活动，努力使尊法学法守法用法蔚然成风。推进《民法典》宣传，推出"普法菜单""以案释法""书画作品""新媒体矩阵"等《民法典》系列栏目，掀起学习宣传热潮。此外，积极宣传运用。与"创文"相结合，参与新时代文明实践活动，采取"普法实践+文明宣讲""1+1"工作法，深入推进社区普法工作，努力培育和践行社会主义核心价值观的良好法治环境②。

红桥区检察院推出以案普法宣讲、检民共建等多种形式的普法宣传活动，以群众喜闻乐见的形式推进普法活动进社区。通过法庭现场实况展示等方式，既能够让百姓了解庭审过程，也能够通过这种方式学习法律知识。工作人员通过PPT课件等形式为社区居民现场开展普法宣讲，用通俗易懂的语言讲解案件涉及的法律知识，解答居民提出的常见法律问题，引导居民养成办事依法、遇事找法、解困用法、止争靠法的法治观念③。

西青区切实推动《民法典》实施，努力提高广大农村干部、村民的法治思维和法治意识，持续推进法治乡村建设，西青区开展了多层次、全方位的《民法典》专项法治教育宣传活动。普法志愿者们以法治讲座、法律咨询、普法宣传等形式，围绕农业农村相关法律法规，以典型案例为切入点，

---

① 《河东区六月普法宣传活动》，天津市河东区人民政府网站，https://www.tjhd.gov.cn/xxfb/hdyw/202307/t20230706_6345473.html，最后访问日期：2023年7月19日。
② 《河北区司法局推动八五普法工作走深走实》，天津市河北区人民政府网站，http://www.tjhb.gov.cn/xwzx/hbxw/202304/t20230424_6214196.html，最后访问日期：2023年7月19日。
③ 《红桥区检察院：联合普法进社区，绘就法治同心圆》，澎湃新闻，https://www.thepaper.cn/newsDetail_forward_23480528，最后访问日期：2023年7月19日。

对《民法典》的合同、继承、侵权责任等内容展开宣讲解读，进一步提高了广大村民的法治素养，以法治建设加快农村振兴步伐①。

滨海新区司法局全面执行党中央和天津市关于法治宣传教育的决策部署，以落实"谁执法谁普法"普法责任制为重点，不断增强普法工作的实效性、针对性。组织全区国家工作人员参加天津市国家工作人员网上学法用法考试和拟提拔干部任前法律知识考试，充分发挥领导干部"关键少数"作用，以上率下，带动引领全区依法行政。依托滨海新区文化中心的资源优势和先进科技平台，建立区级法治宣传教育基地，开展法治书画摄影作品展、法治文艺演出等形式多样的普法宣传教育活动。结合区域特色，鼓励、指导各街镇创建不同主题的法治文化阵地②。

四　持续推进全民守法的深度拓展

全民普法和守法是全面依法治国蓝图中的长期性基础性工作。根据天津市"八五"普法规划，力争到 2025 年公民法治素养显著提升，全社会尊法学法守法用法的自觉性和主动性显著增强。社会治理法治化水平显著提高，多层次多领域依法治理深入推进，全社会办事依法、遇事找法、解决问题用法、化解矛盾靠法的法治环境显著改善，制度完备、实施精准、评价科学、责任落实的全民普法工作体系更加健全，形成具备天津特色的重要标志性普法成果。《天津市法治宣传教育条例》于 2023 年 9 月 1 日起施行，为天津市不断深化法治宣传教育工作提供更为有力的法治保障，推动全社会尊法学法守法用法，让法治成为社会共识和基本准则。下一步，需要在如下层面深度探索。

---

① 《西青区司法局：法暖人心，"典"亮农村》，天津市法学会网站，https://www.tjsfxh.com/yjzz/qxfxh/xqq/22945.html，最后访问日期：2023 年 7 月 20 日。
② 《滨海新区司法局多措并举推动"谁执法谁普法"普法责任制落实》，天津市滨海新区司法局网站，https://sfj.tjbh.gov.cn/contents/88/546867.html，最后访问日期：2023 年 7 月 20 日。

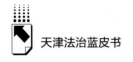

（一）进一步推进全社会参与法治实践

全民守法是一项系统工程，与立法、执法、司法过程密不可分。进一步推进全民守法，需要从守法过程的源头即科学立法、严格执法和公正司法入手，将全民守法置于法律实施的全过程，全方位、整体性、系统性展开。积极推动全社会参与立法过程，完善人民群众参与立法机制。信任立法是全民守法得以实现的基本前提，配合执法是全民守法的内在要求，倚赖司法是全民守法的重要实现方式①。

天津市始终坚持以习近平法治思想为指引，全面发展全过程人民民主，推动法治天津、法治政府、法治社会一体建设。自天津市第十一次党代会以来，共通过 98 件地方性法规、法规性决定；疏通社会各界参与立法的渠道，共设立 17 个基层立法联络点，贯彻落实市人大代表分专题全程参与立法机制。建立科学民主依法决策机制；颁行重大行政决策程序规定；市级党政机关全部设置公职律师，区级党政机关全部实现公职律师工作全覆盖，促进政府各部门依法合规办事，打造高效规范阳光政府②。进一步保障和促进全社会参与法律实施监督，督促执法机关严格执法，司法机关公正司法，公职人员依法履职。

（二）进一步构建更为完备的法律服务体系

2019 年 1 月，习近平总书记在中央政法工作会议讲话中指出，要深化公共法律服务体系建设。2019 年 7 月，中共中央办公厅、国务院办公厅印发的《关于加快推进公共法律服务体系建设的意见》指出，"推进公共法律服务体系建设"。党的二十大报告指出，"建设覆盖城乡的现代公共法律服务体系"。公共法律服务是保障和改善民生的重要措施，是政府公共职能的

---

① 参见陆幸福、郭秉贵《新中国守法理论的发展脉络与观念变革》，《西南政法大学学报》2020 年第 5 期。

② 《见证天津：一场"法"与"治"的创新实践》，天津文明网，http://wenming.enorth.com.cn/system/2022/05/16/052660127.shtml，最后访问日期：2023 年 7 月 20 日。

重要组成部分，也是全面依法治国的基础性、保障性、服务性工作。通过完备的法律服务体系帮助人民群众运用法律，逐渐培养依法维权的正确行为方式。

为推动公共法律服务体系高质量发展，天津市制定了《天津市公共法律服务体系建设规划（2021～2025 年）》。规划明确了"十四五"时期公共法律服务工作的主要指标以及主要工作任务，致力于推动公共法律服务均衡发展，建成覆盖全业务全时空的法律服务网络，提高全民法治意识和法治素养等。进一步扩大法律援助范围，实现法律援助工作的制度化、规范化和法治化，引导和支持人民群众理性表达诉求，依法维护权益，不断满足人民群众多元化的法律服务需求，不断提升公众的法治获得感。

（三）进一步促进法治信仰植根人民心中

守法不仅是对法律规则的尊重与认同，更是对法律背后蕴含的价值观念和治理逻辑的尊重，由"遵法守法"转变为"尊法守法"意味着更高的全民守法目标，即在理解和接受法律价值理念的基础上形成内心对法律的崇尚和一以贯之的行为自觉①。习近平总书记指出："只有铭刻在人们心中的法治，才是真正牢不可破的法治。"②

法治信仰需要法治文化的支撑，天津市深入挖掘优秀法治文化资源，促进社会主义法治文化建设，打造富有天津特色的法治文化精品。广泛开展群众性法治文化活动，引导社会力量参与法治文化建设。推动法治文化与传统文化、红色文化、地方文化、行业文化、企业文化深度融合。进一步加强法治文化场所建设，丰富公共区域法治元素，重点打造一批法治宣传教育基地和阵地品牌。

法治信仰需要融入道德建设，法律是成文的道德，道德是内心的法律。

---

① 参见陆幸福、郭秉贵《新中国守法理论的发展脉络与观念变革》，《西南政法大学学报》2020 年第 5 期。

② 习近平：《各级领导干部要做尊法学法守法用法的模范》，《论坚持全面依法治国》，中央文献出版社，2020，第 135 页。

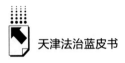

深入推进全民守法，进一步促进法治信仰同道德观念融合，使守法意识深入民心，成为一种主动自觉而非被动遵守。通过大力培育和弘扬社会主义核心价值观，进一步深化《天津市志愿服务条例》《天津市促进精神文明建设条例》《天津市文明行为促进条例》等精神文明建设领域地方性法规的宣传阐释和贯彻落实，引导市民把社会主义核心价值观融入日常生活，成为日用而不觉的道德规范和行为准则。

参考文献

［1］李林：《建设法治社会应推进全民守法》，《法学杂志》2017 年第 8 期。
［2］钱锦宇、孙子瑜：《论党的领导与全民守法：以党的治国理政领导力为视域的阐释》，《西北大学学报》（哲学社会科学版）2021 年第 5 期。
［3］李楠：《浅析法治社会建设背景下的全民守法》，《西部学刊》2020 年第 9 期。
［4］杨春福：《全民守法的法理阐释》，《法制与社会发展》2015 年第 5 期。

专 题 报 告
Special Reports

B.6
统筹推进依法治市与依规治党深度融合

依法治市与依规治党深度融合研究课题组*

摘　要： 天津市在学懂弄通做实习近平法治思想上见实效，健全党领导依
法治市制度和工作机制，党的领导的制度优势向治理效能转化更
加顺畅，依法治市与依规治党深度融合，国家治理体系和治理能
力现代化水平不断提升。未来发展建议从五个方面推进：与中央
党内法规规划纲要同向部署、优化党领导依法治市工作制度、对
标党和国家机构改革、创新从严治党与依法治市结合机制、推进
新型法治智库建设。

关键词： 依法治市　依规治党　党的领导制度　党内法规

习近平总书记在《关于〈中共中央关于全面推进依法治国若干重大问

---

* 执笔人：董向慧，天津社会科学院舆情研究所副研究员。市委办公厅、市纪委监委、市司法
局提供相关资料。

题的决定〉的说明》中指出：全面推进依法治国，必须努力形成国家法律法规和党内法规制度相辅相成、相互促进、相互保障的格局①。坚持依法治国和依规治党有机统一，是以习近平同志为核心的党中央在治国理政实践中探索的新经验、创新发展的新理论、形成完善的新方略，是习近平法治思想的核心要义之一②。近年来，天津市以习近平新时代中国特色社会主义思想和党的创新理论尤其是习近平法治思想推动法治天津、法治政府、法治社会一体建设，党的领导的制度优势向治理效能转化更加顺畅，依法治市与依规治党深度融合，国家治理体系和治理能力现代化水平不断提升。

一　在学懂弄通做实习近平法治思想上见实效

党的十八届四中全会通过的《中共中央关于全面推进依法治国若干重大问题的决定》指出：党的领导是中国特色社会主义制度最本质的特征，是社会主义法治最根本的保证。党是最高政治领导力量，维护习近平总书记党中央的核心、全党的核心地位，维护党中央权威和集中统一领导，是党的最高政治原则和根本政治规矩③。天津市在统筹推进依法治市与依规治党深度融合过程中，坚持以政治建设为统领，坚决做到"两个维护"，始终做习近平法治思想的坚定信仰者和忠实实践者。

全市以党的二十大精神为指引，坚持学思用贯通、知信行统一，聚焦学习宣传贯彻习近平法治思想和中央全面依法治国工作会议精神，坚持学习、宣传、贯彻、实践一体化推进。市委印发《关于深入学习宣传贯彻党的二十大精神　奋力开创全面建设社会主义现代化大都市新局面的决定》，对"坚持全面依法治市，推进法治天津建设"作出部署。市委全面依法治市委

---

① 习近平：《关于〈中共中央关于全面推进依法治国若干重大问题的决定〉的说明》，《求是》2014年第12期。
② 张文显：《坚持依法治国和依规治党有机统一》，《政治与法律》2021年第5期。
③ 中共中央印发《中央党内法规制定工作规划纲要（2023～2027年）》。

员会出台工作要点，市委依法治市办印发《天津市学习宣传贯彻习近平法治思想工作方案》、深入学习贯彻习近平法治思想的若干措施等文件，提出具体任务，推动学习宣传贯彻习近平法治思想走深走实。围绕学习贯彻习近平法治思想召开全市座谈会，为学习宣传贯彻习近平法治思想见实效夯实基础、凝聚共识。

抓住领导干部在法治政府建设中的"关键少数"作用，各级党委（党组）理论学习中心组定期开展习近平法治思想学习。在党校（行政学院）和干部学院教育培训计划中，把习近平法治思想纳入必修课。在市管干部、政法系统干部中率先开展学习贯彻习近平法治思想专题研讨班，300 余名局级领导干部参加培训，市、区两级党校累计培训 3000 余人。创新用好"学习强国""天津干部在线""国家工作人员网上学法考试系统"等平台，分别开设习近平法治思想专题，推动全员参与、全域覆盖。认真学习《习近平法治思想概论》《习近平法治思想学习纲要》等权威著作。推进学法用法考法"全覆盖"，出台《关于进一步加强国家工作人员学法用法考法工作的实施意见》，把习近平法治思想作为首要内容，全市统一编制"共性学法清单"，分行业分领域分岗位编制"个性学法清单"，每年抽选国家工作人员开展法律知识考试，全面提升学习质效。

二　健全党领导依法治市制度和工作机制

推进依法治市与依规治党深度融合，制度和工作机制是载体和顶层设计。为完善全面依法治市长效机制，天津市加强党委对全面依法治市的领导，制定出台《全面依法治市工作报告制度》，推进市委常委会、市委全面依法治市委员会谋划法治建设重大政策、解决法治领域重大问题、定期听取各区各部门法治工作汇报实现常态化，市、区两级党委法治建设议事协调机构及其工作机制不断健全。进一步明确市委依法治市委立法、执法、司法、守法普法四个协调小组职责定位，建立健全定期向委员会报告工作、在各自领域发挥作用制度。进一步强化市委依法治市办协调、督促、检查、推动职

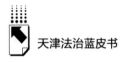
责，健全落实市委依法治市办与市司法局一体化办公机制，统筹整合各方面资源和力量推进全面依法治市。

（一）加强市委领导依法治市工作制度建设

《法治天津建设规划（2021～2025年）》提出：坚持党领导立法、保证执法、支持司法、带头守法，加强市委领导依法治市工作制度建设。各级党委将法治建设纳入地区发展总体规划和年度工作计划，与经济社会发展同部署、同推进、同督促、同考核、同奖惩。研究制订法治天津建设指标体系，健全完善全面依法治市考核标准。加强对重大法治问题的法治督察。建立健全法治建设情况年度报告机制，各区党委和政府每年向市委、市政府报告法治政府建设推进情况，各区委全面依法治区委员会和市有关部门每年向市委全面依法治市委员会报告法治建设推进情况。

天津市建立完善党委政府主责主抓、各部门齐抓共管、法治建设议事协调机构统筹协调推动的法治建设领导体系。紧盯抓实"一把手"，市委书记主持召开全市"述法大会"，8个区和8个市级部门主要负责人现场述法，其他区和市级部门主要负责人书面述法，实现述法全覆盖。紧盯抓实有关部门，把全面依法治市考评纳入全市年度督查检查考核计划、全市绩效考评指标体系，对16个区、108个市级部门开展法治建设"年终考核"。紧盯抓实各级干部，组织开展"把法治素养和依法履职情况作为考核评价干部重要内容"试点，树立选人用人法治导向。

（二）发挥市委全面依法治市委员会作用

《法治天津建设规划（2021～2025年）》明确了市委全面依法治市委员会、协调小组和办事机构的职责定位。一是市委全面依法治市委员会加强对法治天津建设的牵头抓总、运筹谋划、督促落实等工作，研究解决全局性战略性长远性、跨领域跨地区跨部门的法治工作重大问题，定期听取各领域法治工作情况汇报，审议市人大常委会立法规划和年度立法计划、市政府立法计划、重大立法项目。二是推进立法、执法、司法、守法普法协调小组实体化运作。三是市（区）委全面依法治市（区）委员会办事机构推进统筹协调、决策参谋、督察督办、信息联络等工作。

1. 完善党领导立法工作的体制机制

抓住立法质量这个关键，把党的领导贯穿始终，加强市委和市委全面依法治市委员会对人大立法规划、立法计划及政治性强、敏感度高的重要立法项目审核把关。发挥市委依法治市委立法协调小组职责，进一步完善党领导立法工作机制，确保党中央和市委的方针政策、决策部署贯彻落实。加快推进科技创新、营商环境、生态文明、社会治理等重点领域立法和大数据、网络安全等新兴领域立法，制定和修订包括全国首部促进海水淡化产业发展若干规定、关于加强城市重点区域天际线管控的决定等在内的26件地方性法规。

2. 深入推进严格执法

深入推进严格执法，把法治政府建设作为主攻方向，对标对表中央依法治国办法治政府建设督察的指导，对25个市级政府部门和16个区进行法治政府建设"第三方评估"，组织开展法治政府建设示范创建活动。出台重大行政决策程序规定和"四项制度"。市级党政机关实现公职律师全覆盖。以加强行政执法协调监督工作体系建设为重点，开展行政执法体制改革，落实行政执法"三项制度"（行政执法公示、行政执法全过程记录、重大执法决定法制审核）。行政复议体制改革持续深化、纠错作用明显。深入开展行政执法"典型差案"评查和"示范优案"评选，在全市评出行政执法10件"典型差案"和10件"示范优案"，以奖优罚劣促进公正文明执法。建立行政执法"月提示+季通报"制度和护航党的二十大安全生产执法周通报制度，重大执法决定法制审核事项清单实现市、区两级全覆盖。

3. 深化司法体制综合配套改革

不断深化司法体制综合配套改革，打造市、区改革亮点。加快以审判为中心的刑事诉讼制度改革，开展完善法院审级职能定位改革试点。推进"四大检察"全面发展，建立以"案件比"为核心的检察机关案件质量评价体系。全面加强执法规范化建设。深化减刑、假释、暂予监外执行制度改革。发挥大数据技术优势，建立政法跨部门办案平台，以先进技术手段助推

执法司法制约监督和责任体系。同时，通过建章立制将执法司法各个环节和过程置于有效监督下。

4.守法普法协调小组推进普法规划

落实实施市委全面依法治市委员会守法普法协调小组会议暨落实普法责任制联席会议制度。全市上下深入学习贯彻习近平法治思想，坚持全民守法与科学立法、严格执法、公正司法一同部署、一同谋划、一体推进，坚持全民普法与突出重点对象相结合、覆盖基层与突出重点内容相结合、法治宣传教育与服务中心工作相结合、营造法治氛围与创建法治品牌相结合、提升法治观念和培育法治文化相结合，"七五"普法工作取得明显成效。按阶段按步骤推进"八五"普法规划落实，举办天津市"八五"普法骨干培训班。各区委宣传部、区司法局，各部委办局党委宣传部门、普法依法治理部门普法骨干参加培训，推进普法队伍专业化建设，提高开展群众普法工作的能力和水平。

三　加强党内法规制度建设，提升法治能力

习近平总书记在十九届中央政治局第三十五次集体学习时强调，要发挥依规治党对党和国家事业发展的政治保障作用，形成国家法律和党内法规相辅相成的格局。《法治天津建设规划（2021~2025年）》明确将党内法规制度建设作为"十大工程"之一，将加快形成完善的党内法规体系，坚定不移推进依规治党作为重要目标。

（一）推进市委党内法规制度建设

聚焦做到"两个维护"，抓好建章立制工作。坚持把坚定拥护"两个确立"、坚决做到"两个维护"作为党内法规制定修订的"准绳"，全面完成市委党内法规制定工作五年规划和年度计划，进一步扎紧管党治党的制度笼子。

做好党内法规和规范性文件审核和备案审查工作。坚决把好市委党内法

规和规范性文件政治关、发文研判关、政策法律关，有力维护政策体系的协调统一。健全市委、区委和市级部门、街道（乡镇）和区级部门三级备案审查工作体系。严格落实有件必备、及时报备、应备尽备的要求，做好市委党内法规和规范性文件报请党中央备案工作。大力开展党内规范性文件备案工作，建立分组负责、专人对接机制，开展抽查调阅，推动各区各部门各单位党委（党组）切实履行备案工作主体责任。

严格落实《中国共产党党内法规执行责任制规定（试行）》。建立健全党委统一领导、党委办公厅（室）统筹协调、主管部门牵头负责、相关单位协助配合、党的纪律检查机关严格监督的党内法规执行责任制，强化监督检查和追责问责。将党内法规执行情况作为各级党委（党组）督促检查、巡视巡察的重要内容，严肃查处违反党内法规的各种行为。将党组织和党员领导干部履行执规责任制情况纳入领导班子和领导干部考核内容，与党风廉政建设责任制、党建工作、法治建设等考核结合进行。建立党内法规实施评估制度，根据需要进行专项评估或一揽子评估，推动党内法规有力实施。

（二）狠抓党内法规实施和学习宣传

《法治天津建设规划（2021~2025年）》对党内法规学习、宣传、理论研究、人才培养作出明确规划。一是坚持以各级领导机关和党员领导干部带头尊党规、学党规、守党规、用党规为重点，带动全市各级党组织和全体党员遵规守纪。建立党内法规学习培训制度，将党内法规列为党委（党组）理论学习中心组学习和党员干部教育培训的重要内容，列入法治宣传教育规划重要任务。深入学习宣传党内法规，建立党内法规学习宣传责任制。把学习掌握党内法规列入党组织"三会一课"和党员日常考核内容。二是加强党内法规理论研究，重点建设一批党内法规研究智库和研究教育基地，发挥党内法规研究中心作用，推动形成一批高质量研究成果。健全党内法规后备人才培养机制，鼓励有条件的高校开设党内法规研究方向的专业课程，为党内法规事业持续发展提供人才支撑。2020年11月，中共天津市委办公厅与

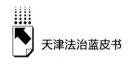

南开大学签署共建协议，成立天津市首个党内法规研究机构——南开大学党内法规研究中心。

四　从严治党与依法治市互相促进

（一）加强党对法治监督工作的集中统一领导

《法治天津建设规划（2021～2025年）》提出：加强党对法治监督工作的集中统一领导，保证行政权、监督权、审判权、检察权得到依法依规行使，保证公民、法人及其他组织的合法权益得到切实保障。推进国家机关监督、民主监督、群众监督和舆论监督形成合力，发挥整体监督效能。推进执纪执法贯通、有效衔接司法。加强人大及其常委会对"一府一委两院"的监督，健全专题询问、质询、特定问题调查等制度。坚持公开常态化，全面推进立法公开、执法公开、司法公开，逐步扩大公开范围，提升公开服务水平，主动接受社会监督。党委政法委健全完善政治督察、综治督导、执法监督、纪律作风督察巡查等制度机制。

把全面依法治市考评列为全市年度督查检查考核计划，推动建立考核结果与干部评价相挂钩的工作机制，从制度设计上促进法治督察与纪检监察协作配合。制定印发《关于党政主要负责人履行推进法治建设第一责任人职责情况列入年终述职内容工作的实施方案》，推动各级党政主要负责人履行推进法治建设第一责任人职责。建立法治工作重点数据统计报送和全市通报制度。配合做好中央依法治国办法治政府建设督察，首次以市委全面依法治市委员会名义印发通报，对中央依法治国办法治政府建设督察组在津督察期间发现的有关单位和人员严肃追责问责，倒逼全面依法治市任务落实。

（二）增强党内监督协同性，夯实基层法治机构力量

市纪委监委、市委依法治市办、市委巡视办联合制定法治督察与纪检监察监督协作配合工作办法，形成监督合力，增强党内监督严肃性、协同性、

有效性。深入开展习近平法治思想和社会主义法治理念教育，开展"新四史"学习教育；坚决反对和抵制西方"宪政""三权鼎立""司法独立"等错误观点。按照党中央部署开展诠释政法队伍教育整顿，建设忠诚于党和人民事业的政法队伍。

开展全市基层法治工作队伍能力测评，促进基层法治工作队伍政治素质和业务能力进一步提升。加强各区委依法治区办建设，16 个区均单独设立秘书科，人员编制不少于 3 人，共核定行政编制 51 人，全部配备到位，确保专门工作力量、高效规范运转、发挥职能作用，推动解决机构职能"虚化"、工作运行"空心化"问题。进一步强化人才、科技、信息等各项保障，努力打通全面依法治市工作落地落实"最后一公里"。实施法治信息化工程，进一步加强信息互联和数据共享。

五　未来展望

（一）与中央党内法规规划纲要同向部署

2023 年 4 月，中共中央印发了《中央党内法规制定工作规划纲要（2023~2027 年）》，对今后五年中央党内法规进行顶层设计。天津市推进依法治市与依规治党深度融合，首先要以该规划纲要为参照和指引，通过党内法规制度和工作机制建设，完善"两个维护"制度，健全用习近平新时代中国特色社会主义思想和党的创新理论武装头脑的制度。其次，发挥好"关键少数"学习贯彻习近平法治思想的示范带动作用，以"述法"工作制度建设为抓手，推动法治建设与本地区、部门中心工作深度融合，突出法治建设第一责任人职责，突出述法工作识别度；完善述法评议、评测反馈和运用程序等机制；切实提升领导干部法治意识、法治能力和法治思维，推动新工作、新创作，解决新问题、新情况。

（二）优化党领导依法治市工作制度

加强党对全面依法治市的领导，充分发挥市委全面依法治市委员会牵头抓总作用，建立健全市委依法治市办协调、督促、检查、推动制度机制。将加强党的全面领导同支持政府机关依法履职统一起来，明晰权力边界、明确任务分工、加强流程衔接。立法协调小组既要加强地方党内法规制度的规划和完善，也要重点解决"立法需求"与"立法资源"的矛盾，发挥立法保障经济社会发展和人民美好生活需要的首要功能。执法协调小组重点提升基层执法人员法治素养和法治能力、开展高质量行政执法规范化建设。司法协调小组侧重引导政法各单位牢固树立谦抑、审慎、善意、文明、规范的执法司法理念，健全完善产权执法司法保护制度，依法协调督办涉企重大敏感事件，依法平等保护各类市场主体合法权益。守法普法协调小组探索以提升领导干部法治思维、法治能力、法治意识为工作重点，创新工作模式，将核心价值观建设与普法工作高效结合起来。

（三）对标党和国家机构改革，进行前瞻性规划

加强依法治市与依规治党的前瞻性规划，对标党和国家机构改革，提前谋划布局。围绕《党和国家机构改革方案》，就金融、科技等领域机构改革，提前进行立法评估，重点围绕金融监管、数据产权、数据保护等领域，提升制度优势转化为治理效能的效率。以社会工作部组建为契机，推动党建与基层治理创新、基层治理法治化深度衔接，基层治理体系和治理能力现代化与治理法治化互相促进，提升法律维护社会公平正义和公序良俗的效率和认同度。

（四）创新从严治党与依法治市结合机制

一是政治监督与法治督察有机结合，推动政治监督精准化、常态化、具体化，形成巡视、巡察、督察联动机制。把学习贯彻习近平法治思想的成效机制常态化，发挥巡视整改"以案促改"和"四个融入"对法治建设、制度建设的促进作用，由市纪委监委、市委依法治市办、市委巡视办联合建立法治督察与纪检监察监督协作配合工作制度。二是要抓住"关键少数"，把

党风廉政建设与法治能力、法治思维、法治意识建设融为一体。党员领导干部既要做廉洁奉公的表率，更要善于掌握和运用党内法规、国家法律，一体推进廉洁用权、依法用权、公正用权。三是要健全解决形式主义突出问题为基层减负长效机制，尤其是要着重达到"程序正义与实体正义"统一的效果，使得立法、司法、行政、监察机构工作人员把心思和精力放在干实事、出实效上。

（五）推进新型法治智库建设

在推进国家治理体系和治理能力现代化中，新型智库是智囊团和思想库。依法治市与依规治党深度融合，需要一批与之相匹配的新型法治智库。一是要加强党内法规研究智库和研究教育基地建设。立足党内法规作为中国之治、中国之路、中国之理的重要制度优势和制度形态，把握党内法规研究学科交叉的特点，从天津市党内法规建设的经验和实践出发，总结和提炼党内法规制度建设的内在机理、学理，对党内法规制度的规划和设计提出可行性对策建议，丰富和拓展中国特色社会主义法治理论。二是要加强基层治理法治化智库建设。基层治理法治化是基层治理现代化的保障，基层治理现代化是基层治理法治化的目标。要以社会工作部的建立为契机，建设和加强一批基层治理法治化智库，探索基层治理现代化与法治化的协作、保障机制和方式。鼓励学者、社工、基层干部参与基层治理智库建设，通过基层治理法治化创新方案评选、优秀案例表彰、先进人物宣传等形式推广基层治理法治化的方案和经验。同时，以项目、课题等方式鼓励智库参与基层治理法治化实践。三是要加强涉法舆情智库建设。发挥舆情智库服务涉法涉诉重大舆情应对处置与舆论引导功能，发挥舆情智库"晴雨表"和"瞭望哨"作用，把舆情智库专家纳入涉法舆情应对处置工作队伍，提升天津市法治建设成效与法治环境传播效果。

B.7

天津市法治政府建设重点信息
公开公示工作实践

法治政府建设重点信息公开研究课题组 *

摘　要： 近年来，天津市政务服务信息、行政许可信息、权责清单信息公开公示工作成效显著。通过线上线下相结合实现信息全方位公开公示，运用"专栏""集成系统"等信息公开公示手段体现便民服务，以互动式信息公开公示保障公众充分参与法治政府建设，动态调整、及时更新，确保信息公开公示时效性，纳入绩效考评督促推动信息全面公开公示。下一步，要继续增强公开主动意识，提高公开内容质量，丰富公开方法形式，强化公开督促考评，切实提高法治政府建设过程中重点信息的公开公示水平。

关键词： 法治政府建设　信息公开公示　公众知情权

公开透明，是法治政府的基本特征，全面推行政务公开，是促进政府职能转变和确保依法行政的重要制度安排，对推进国家治理现代化、加快法治政府建设具有重要意义。习近平总书记指出，政务公开是建设法治政府的一项重要制度，要以制度安排把政务公开贯穿政务运行全过程，权力运行到哪

---

　　* 执笔人：魏建新，天津师范大学法学院教授；许畅，天津师范大学法学院硕士研究生。本文系天津市哲学社会科学规划重点项目"重大疫情防控信息主动公开问题研究"（课题编号：TJFX20-010）阶段性成果。市委依法治市办提供相关资料。

里，公开和监督就延伸到哪里①。近年来，天津市不断拓展政务公开的广度和深度，努力保障人民群众的知情权、参与权、表达权和监督权，持续促进透明履职、依法行政，为持续推进天津市法治政府建设提供了有力支撑。

一 天津市法治政府建设重点信息公开公示的总体情况

课题组对现行 15 部党内法规和法律法规、部门规章、行政规范性文件及法治政府建设重点文件进行了梳理，归纳出 9 类各法律法规及政策文件反复提及且政府及其部门普遍需公开的法治政府建设重点信息，分别为法治政府建设年度报告、权责清单信息、基层政务信息、政务服务信息、重大行政决策信息、行政规范性文件信息、行政许可信息、行政执法信息、行政复议信息。这 9 类信息均为中国社会科学院国家法治指数研究中心、中国政法大学法治政府研究院等专业第三方评估机构重点关注、重点开展评估的指标，且公众参与频次较高、群众在生产生活中较为关切。课题组通过采用政务网站查询和信息检索等方式，对天津市 16 个区和 37 个有政务网站的市政府部门 2020~2022 年第三季度 9 类重点信息公开公示情况进行了调研，发现天津市政务服务、行政许可、权责清单等 3 类信息的公开公示情况较好。以下主要对 9 类重点信息公开公示情况进行总结分析。

（一）法治政府建设年度报告

天津市积极做好法治政府建设年度报告公开公示工作，近三年来取得了明显进步。2020 年度的法治政府建设报告，一些部门未按时公示。天津市252 个街（乡、镇）公示率为 71%。《法治政府建设与责任落实督察工作规定》要求，上一年度法治政府建设年度报告应当于本年度 4 月 1 日前向社会公开。通过在天津市及各区政务官网下载法治政府建设年度报告，观察各个

---

① 《〈人民日报〉：政府要做啥，晒单告诉咱》，中央人民政府官网：https：//www.gov.cn/xinwen/2018-02/08/content_ 5264982. htm，最后访问日期：2023 年 10 月 3 日。

报告的发布时间可知，2021 年度、2022 年度法治政府建设报告，天津市各区、市政府各部门均能于规定发布日期前完成公示，进步较为明显。

（二）权责清单信息

推行地方政府工作部门权力清单、责任清单制度，是党中央、国务院部署的重要改革任务，是推进国家治理体系和治理能力现代化建设的重要举措，对深化行政体制改革，建设法治政府、创新政府、廉洁政府具有重要意义。实行政府部门权责清单制度，主要是将政府部门直接向公民、法人和其他组织行使的各项行政职权及其依据、行使主体、运行流程和相应的责任列明，并向社会公布，接受社会监督。天津市法治政府建设中的政府权责清单公开公示工作主要体现为三个方面。一是集中公开情况。目前，天津市各区、市政府各部门均设置了"权责清单"专栏，各类信息统一集成在天津市人民政府政务网站。二是形式统一情况。天津市按照统一格式标准，公开了权责清单的建立、编制和实施情况。三是规范公开情况。各类信息按照职权属性划分为行政许可、行政处罚、行政强制、行政征收、行政给付、行政检查、行政确认、行政奖励、行政裁决、其他类别共 10 类，逐一明确实施主体、责任方式等，实现同一事项分类明确，并落实了信息动态调整。

（三）基层政务信息

天津市 16 个区实行政务信息清单化管理，并按照要求及时动态更新。一是专栏公开情况。各区政府政务网站均设置"基层政务公开"专栏，位置醒目，格式统一，实现了各类信息醒目公开。例如，西青区政府 2021 年持续优化政府网站栏目设置，按照《西青区基层政务公开标准化规范化目录》，由各单位持续做好目录内认领事项信息公开。二是分类规范情况。各区结合实际情况，对基层政务事项按条目逐项细化分类，实现了分类科学、名称规范、指向明确，保障了公众能够快速检索到其所需信息。三是及时更新情况。各区对具体事项的公开标准实行动态管理并实时更新，为群众办事提供更为便捷的信息获取方式。

（四）政务服务信息

天津市政府及各区政务网站有关政务服务信息公开公示工作做得有特色，主要体现为三个方面。一是一个平台管所有。天津市所有政务服务信息均集成在天津网上办事大厅系统，实现了政务服务"一网通办"。例如，河北区政府 2022 年结合工作实际，紧贴公众需求，重点公开了重大建设项目立项批准、环评审批、医疗机构执业登记审批等相关信息。通过天津网上办事大厅发布河北区政务服务事项实施清单，公开发布申请条件、申请材料、办理时限、咨询电话、办理地点等信息，实现同一事项同标准受理、无差别办理。所有政务服务办件结果均通过区政务服务中心大屏幕及天津网上办事大厅公开。二是审批中介服务清单化管理。系统设置的"中介服务网上超市"即行政审批中介服务事项公示平台，全面公示了行政审批中介服务机构清单，项目单位发布需求公告，行政审批中介服务的办理时限、工作流程、申报条件等内容。三是普遍设立"好差评"端口。设置了"好差评"用户端口，动态公示了全市的评价数量、差评数量、差评反馈率。设置了网上办事大厅、津心办、线下服务大厅、自助服务终端等 4 个评价渠道。方便公众反馈服务体验和意见，推动以评促改，倒逼提供更有温度的"好评"服务。

（五）重大行政决策信息

重大行政决策信息公开对公众积极了解决策信息并参与决策具有重要意义。一是设置专栏公示。截至 2022 年底，天津市有 13 个区设置了"重大行政决策"专栏，专栏设置率为 81%。16 个市政府部门设置了"重大行政决策"专栏，专栏设置率为 43%。二是保证公示公开信息的完整度。2022 年，16 个区均公示了重大行政决策事项目录，共 143 个决策事项。27 个有重大行政决策事项的市政府部门公示了重大行政决策事项目录，共 72 个决策事项。同时，2021 年还发布《天津市重大行政决策事项目录管理办法》等 4 个重大行政决策程序规定配套文件，公开市政府 2021 年度重大行政决策事

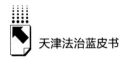

项目录；2022年发布《天津市重大行政决策公众参与工作规则》等5个重大行政决策程序规定配套文件，公布市政府第一届重大行政决策咨询论证专家库名单，公开市政府2022年度重大行政决策事项目录。三是严格规范公示情况。2021年，天津市各部门的年度决策事项目录普遍于下半年公示。经过督察整改，2022年天津市重大行政决策公示情况有了明显改观，各区、市政府各部门年度决策事项目录均于4月30日前公示。

（六）行政规范性文件信息

2022年，天津市梳理公开现行有效市政府规章160部、行政规范性文件7842件。行政规范性文件信息公开公示工作的具体情况如下。一是专栏公开情况。共7个区设置了"行政规范性文件"专栏，专栏设置率为44%。天津市仅市教委、市工信局、市民族宗教委、6个市政府部门设置了"行政规范性文件"专栏，专栏设置率为16%。大多数市政府部门的行政规范性文件散落在政策文件或信息发布栏目内。二是完整公开情况。天津市有14个区和25个市政府部门能够完整公开行政规范性文件、征求意见情况及清理情况等信息。各区、市政府各部门完整公示率分别为88%、68%。三是征求意见情况。16个区中仅1个区全面集中公开了行政规范性文件的公开征求意见情况，有2个区无公开征求意见情况。市政府各部门行政规范性文件公开征求意见率为100%。

（七）行政许可信息

行政许可信息的公开公示主要包括行政许可的办理、查询以及结果公示。一是行政许可办理。天津市行政许可信息全部集中在天津网上办事大厅系统进行公示，各类信息按服务类型和主体，分转所涉区或市政府部门具体负责。二是行政许可查询。各区、市政府各部门政务网站公示了行政许可目录，并注明了依据、条件、程序等，公开的信息明确、详细。同时各类信息已统一归集至天津网上办事大厅系统。三是许可结果公示。天津市行政许可结果除了天津网上办事大厅系统公示外，各区、市政府各部门的政务网站也对信息进行了公示。2022 年，天津市发布了《天津市人民政府关于公布天津市行政许可事项清单（2022 年版）的通知》，同年天津市主动公开行政许可处理决定数量为 8011899 项。

（八）行政执法信息

天津市各级政府部门行政执法信息通过市司法局"行政执法公示"系统，集中公开了执法案件、执法人员及行政处罚信息，各区行政处罚公开率为 100%，市政府部门公开率为 98%。天津市积极推行行政执法公示制度，行政执法公示制度旨在打造阳光透明政府，主动接受人民与社会的监督，增进公众对行政执法工作的认可度和满意度，极大提升了政府工作的透明度。为全面落实好行政执法公示制度，严格按照"谁执法谁公示"原则，天津市结合政府信息公开现状，通过政务网站等平台主动向社会公众公示执法信息并根据调整变化情况及时进行动态调整。

（九）行政复议信息

按照中央和天津市行政复议体制改革方案，市区两级人民政府各保留一个行政复议机关，由司法行政部门代表各级人民政府统一行使行政复议职责。市区两级行政复议信息已通过市司法局政务网站专栏公开，各区行政复议信息通过区政务网站进行公开。有 11 个区设置了"行政复议"专栏，并全面公开行政复议的受理范围、条件、程序、申请书格式等内容，公开完整率为 69%。同时，为进一步将行政争议实质化解贯穿行政复议全过程，提出减少经行政复议后被诉案件数量、减少经行政复议后败诉案件数量的"双减目标"，天津市司法局于 2023 年出台《天津市关于开展行政复议质量提升年专项行动的实施方案》。

二　法治政府建设重点信息公开公示的主要经验

天津市在法治政府建设重点信息公开公示实践中积累了一些重要工作经

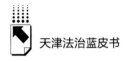

验，形成了一批特色典型，起到了很好的示范带动作用。这些实践经验也为不断完善法治政府信息公开公示打下了良好基础。

（一）线上线下相结合实现信息全方位公开公示

天津市着眼拓展更加便捷的信息公开公示渠道，利用官方微博、微信公众号、报纸媒体等线上线下相结合的方式，深入推进政务信息公开，实现重点信息线上线下全方位公开公示。

一方面，充分发挥线上公开渠道的快捷优势，为法治政府建设重点信息公开公示工作赋能。积极利用"津心办""天津网上办事大厅系统"等政务门户网站，在公开时严格做好信息的主题分类工作，规范、及时发布信息。为促进线上公开渠道充分发挥作用，天津市委网信办依托政府新媒体传播影响力分析平台，对天津市各区、各委办局政务新媒体进行分析和客观评价，对各区前五名政府新媒体和前十大委、局、人民团体进行综合评价。

譬如，天津市交通运输委员会政务新媒体以"天津交通运输"微信公众号、官方微博为龙头，按照"推动政务信息公开、加强发展成果宣传、树立天津交通形象"的定位，秉持"聚焦领域、服务民生、回应关切"的总体思路，日益成为市民了解交通政策、共谋行业发展的重要渠道。在"双微"平台不断发力的基础上，"天津交通运输"新媒体矩阵不断发展，陆续开通抖音、今日头条、津云等新媒体平台账号，组织下属单位开设"津门交通铁军""天津高速公路""天津高速 ETC"等特色新媒体账号共29 个，总粉丝量超过 200 万。

另一方面，进一步加强线下公开公示渠道建设，推动法治政府建设重点信息公开公示。在线下设立政务公开查阅点，明确政务公开专区、查阅点建设标准，为企业和群众提供"一站式"政策咨询、服务指导、信息公开公示申请指导等服务。依托街道综合便民服务中心、政务服务大厅等，积极运用街道大厅 LED 显示屏、政务一体机、政务公开专区做好各项重点信息的公开公示，不断深化线上线下融合联动，拓展公开渠道，进一步提高政务公开的含金量、覆盖面、参与度，实现法治政府建设重点信息全方位公开公示。

（二）运用"专栏""集成系统"等手段体现便民服务

天津市坚持"公开政府信息，应当遵循公正、公平、便民的原则"，充分发挥网站政务公开第一平台作用，通过合理设置专题专栏、集成系统等手段，方便公众查询获知，实现法治政府建设重点信息公开公示利企便民"零距离"。一方面，以设置专栏形式，通过政务网站公开相关信息，提供便民服务。目前，天津市各区、市政府各部门均设置了"权责清单"专栏，各类信息统一集成在天津市人民政府政务网站。天津市按照统一格式标准，公开了权责清单的建立、编制和实施情况。另一方面，通过天津网上办事大厅这一集成系统，实现政务服务信息公开工作由"一个平台管所有"。天津市所有政务服务信息均集成在天津网上办事大厅系统，各区、市政府各部门统一接入，共13项特色服务、22个服务主题、80项政务服务业务，网上办理率达到了98%，实现了政务服务"一网通办"。各区、市政府各部门政务网站公示了行政许可目录，并注明了依据、条件、程序等，公开的信息明确、详细。同时，各类信息已统一归集至天津网上办事大厅系统。

（三）互动式信息公开公示保障公众参与

公众参与有利于深入推进政务公开工作，提升政务工作透明度，加强政府与公众的沟通互动，提高政府工作的公信力和满意度，切实保障广大人民群众的知情权、参与权和监督权。天津市政府积极组织相关职能部门进农村、进企业、进社区、进广场，开展互动式"政务公开主题日"活动。同时，推动12345热线开通政策咨询和服务指引，与企业群众"面对面""零距离"交流。在政务服务信息公开工作中，普遍建立"好差评"端口。这些参与式、互动式的信息公开公示，保障了公众的知情权、参与权，有利于公众参与法治政府建设，推动法治政府建设。

（四）动态调整、及时更新，确保时效性

天津市政府积极推行信息公开动态调整制度，进一步加强政府信息公

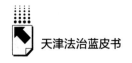

开管理，确保政府信息公开及时、准确，推动政府信息管理动态调整制度化、规范化，切实保障公民、法人和其他组织的知情权。天津市积极健全权责清单动态调整机制，2020 年印发《天津市政府工作部门权责清单动态管理办法》，编制相应的政府权责清单动态管理方案，定时集中对权责清单进行调整，并结合具体情况改进不足与问题，使计划调整与动态调整有效结合。同时，基层政务信息公开中，对具体事项的公开标准实行动态管理并实时更新，为群众办事提供更为便捷的信息获取方式。

（五）纳入绩效考评，督促推动信息全面公开公示

天津市将政务公开工作纳入政府绩效考评体系，结合年度政务公开工作要点，优化考评内容，发挥导向作用。组织开展政务公开第三方评估反馈意见整改和政府信息公开保密审查自查自纠工作，按季度对政府网站和政务新媒体进行专项检查，并在市政府门户网站公开检查结果，督促相关单位抓好整改落实，进一步提升政务公开标准化、规范化、法治化水平。2020 年度，天津市 12 个区、24 个市政府部门公开的内容不符合要求，各区、市政府部门完整公示率分别为 25%、35%。后经督促整改，各区、市政府各部门均完整并按时公示了 2021 年度、2022 年度的法治政府建设报告。

三 存在的问题与分析

当前天津市法治政府建设重点信息公开公示工作与更好地服务经济社会高质量发展、不断满足人民群众新期待、建设社会主义现代化大都市的要求仍然存在一定差距，需全面提升信息公开质量和实效，促进法治政府建设率先突破。

（一）信息主动公开公示的意识有待进一步加强

对于政务信息公开服务的重要性认识不足、对政务信息公开服务的意义认识不到位，导致一些重点信息的公开公示率较低。多数部门把公开公示工

作视为一般事务性工作、一项阶段性任务，往往是上级有检查、领导有要求时才公开，存在"说起来重要，做起来次要，忙起来不要"认识误区，没有从转变政府职能、提升政府公信力、保障公众知情权、加强党执政能力建设的高度来认识。

（二）信息公开公示的内容系统完整性有待补强

公开公示法治政府建设信息不完整的情况仍然存在。有些政府部门虽然设置了信息公示公开专栏，但有的法治政府建设年度报告内容不完整，部分区虽公示了法治政府建设年度报告，但报告内容不完整。部分市级部门在重大行政决策、行政规范性文件公开公示上普遍存在内容不完整问题，公开公示工作的专业性欠佳，不能准确把握各类应完整公开的内容。还有就是行政决策信息公开不到位。在实践中，重大行政决策事项目录还存在公开不及时、不全面、标准不统一等问题。有的地方未将决策事项纳入重大行政决策事项范围，年度决策目录为空白；有的地方重大行政决策事项目录编制缓慢，公开往往存在滞后现象；有的地方存在先有决策、后建目录、再公开的情况。此外，大多数决策事项的调研评估数据、可行性论证、关键说明等公开程度不够。

（三）信息公开公示的形式不够规范便捷

政务网站中有些政务信息的公开存在形式不够便捷、内容信息有待规范等问题。例如，行政规范性文件公开征求意见情况不佳，部分区较少或没有公开征求意见的情况。部分市级部门公开征求意见相关信息散落在各类栏目中，未做到集中公开。另外，法治政府建设年度报告在政府官网中具体的发布位置和路径不同，存在发布位置、发布渠道不一等不够规范的问题。除政府门户网站外，其他的政务信息公开服务渠道并未得到有效利用和发掘，未能实现多渠道全方位公开政务信息，公众获取政务信息的便捷性还有待进一步提升。

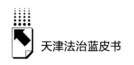
（四）信息公开公示的长效监督保障机制仍需健全

天津市法治政府建设重点信息公开公示过程中，要保证得到有效监督，需进一步建立健全信息公开公示长效监督保障机制。否则，信息公开缺乏有效的外部监督和内部监督，将严重影响政务信息公开的实际落实。因缺乏制度化、长效性的信息公开公示监督保障机制，经常性开展督促推动及规范指导的力度不够，市级政府职能部门、部分区政府及其职能部门在实践中可能动力不足，难以完全有效落实法治政府建设重点信息的具体公开公示工作。

四　下一步改进的对策建议

法治政府建设重点信息公开公示需要从增强公开主动意识、提高公开内容质量、丰富公开方法形式、强化公开督促考评等方面改进相关工作、提升工作质效，切实提高法治政府建设过程中重点信息的公开公示工作水平。

（一）压实主体责任，强化信息公开公示意识

要树立主动公开政务信息意识、树立保障公众合法权利的意识和为民便民的服务意识。同时，探索建立政务公开和政府信息公开领导体制和工作机制，各级法治建设协调机构要将法治政府建设信息公开公示工作纳入全面依法治市（区）工作要点，大力推动压实工作责任。制定完善政务信息公开服务相关的制度，严格落实《政府信息公开条例》，市和区政府办公厅（室）要认真履行好推进、指导、协调、监督政府信息公开的职责，督促并指导各部门落实好任务。市和区司法行政部门要认真履行统筹推进法治政府建设责任，把法治政府建设重点信息公开公示纳入推进法治政府建设日常工作，经常性指导检查、督促推动。各区各部门要把法治政府建设重点信息公开公示列入推进法治政府建设年度工作安排，分管领导要强化部署，经常性过问督促各责任部门及人员落实好信息公开公示工作。

（二）加强规范管理，提高信息公开公示质量

在规范了机制和制度以及政务信息公开服务硬件设施和流程等基础上，应重点提升信息公开工作人员的业务能力。要切实提高信息公开工作人员的规范意识、为民服务意识，加强对国家法律法规、中央文件及指导意见中信息公开具体要求的贯彻实施。政务信息要多发布法治政府建设中与群众切身利益相关的民生信息，提供有效、高质量的政务信息。要建立常态化信息更新机制，根据社会发展实际和法治政府建设最新成就，及时更新重点信息公开内容，及时更新法治政府建设年度报告、权责清单信息、基层政务信息、政务服务信息、重大行政决策信息、行政规范性文件信息、行政许可信息、行政执法信息、行政复议信息等法治政府建设重点信息。

（三）优化运行机制，丰富信息公开公示形式

依托信息化手段，建立法治政府建设重点信息公开公示平台，统一时间向社会公众集中发布，进一步构建天津市统一的信息技术运用标准，加强政务信息资源的规范化、标准化、信息化管理。发挥和完善微博、微信等新媒体的作用。在沿用传统政府网站的基础上，建立政府官网、官方微博以及官方微信公众号等多元公示平台。提升信息交互的兼容性和抓取的时效性，努力将网络平台打造成权威的信息发布解读平台、智能的不见面办事平台、便捷的社会监督平台。要积极强化年度报告发布制度的信息化支撑。抓紧建立统一的年度报告发布平台，以市、区范围归集各部门的年度报告，统一向社会公众集中发布时间。

（四）强化督促落实，建立完善信息公开公示考评机制

要进一步建立健全独立的监督部门和机制，以及统一的考核制度、评价指标，同时丰富完善第三方评估体系，将信息公开考核工作作为年度绩效考核的重要内容。首先，探索构建法治政府建设重点信息公开公示线上评议平台。建立相关考核评价指标体系、系统量化各类督察考核指标，形成科学合

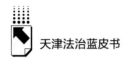

理的考核评议制度，要将法治政府建设重点信息公开公示工作纳入政府督查考核的范畴和政府年终绩效考核指标。其次，建立完善信息公开评估机制。引入第三方评估，借助政策评估的通用指标，从效果、效率、公平性、充分性、回应性、适当性等方面进行评估，结合层次分析法和专家评分制进行评估，以保证信息公开的有效性。最后，健全责任机制。建立督查情况通报制度，对于问题严重的单位进行约谈，并将相关结果向社会公开，实现法治政府建设各项重点信息公开公示工作持续、规范、高效。

综上，天津市法治政府建设重点信息公开公示工作中，要深入贯彻落实习近平法治思想，抓紧法治政府建设主线，正视而不回避具体工作中存在的问题。通过增强信息公开主动意识、提高公开公示信息内容质量、丰富信息公开公示形式、强化督促考评，从而加大信息公开力度，切实提高法治政府建设过程中重点信息的公开公示工作水平，满足群众对法治政府信息公开公示工作的迫切需求，实现行政权主动充分接受公众监督，不断提高政府工作透明度，更好地服务经济社会高质量发展。

参考文献

[1]《天津市人民政府办公厅 2022 年度政府信息公开工作年度报告》，天津政务网，https：//www. tj. gov. cn/zwgk/szfjg/szfbgt/qtgkxx/202301/t20230129 6089523. html，2023 年 1 月 29 日。

[2]《天津市加快数字化发展三年行动方案（2021~2023 年）》，天津市人民政府官网，https：//www. tj. gov. cn/zwgk/szfwj/tjsrmzf/202108/t20210823_ 5543708. html，2021 年 8 月 23 日。

[3] 后向东：《信息公开基础理论》，中国法制出版社，2017。

[4] 许鹿、黄林：《政府信息公开影响因素研究》，《福建行政学院学报》2018 年第 1 期。

[5] 邝伟文：《全媒体时代的政府信息公开：特点、挑战及展望》，《北京社会科学》2019 年第 10 期。

[6] 张旻：《把制度配套作为贯彻〈政府信息公开条例〉的坚实保障》，《中国行政管理》2020 年第 2 期。

B.8
天津市基层法治建设的实践与探索

天津市基层法治建设研究课题组[*]

摘　要： 近年来，天津市围绕立法、执法、司法、守法普法等推动基层法治建设，实践创新卓有成效。以解决基层法治建设突出问题为切入口，形成了"贴近人民群众，加强基层联系""建设多元解纷机制，多主体参与基层治理""立足群众需求，优化法治便民服务""抓住重点领域，关注民生福祉"等行之有效的经验做法。

关键词： 基层法治建设　民主立法　执法改革　多元解纷机制

全面依法治国基础在基层，工作重点在基层。中央高度重视基层法治建设，2021年，中共中央、国务院下发《中共中央　国务院关于加强基层治理体系和治理能力现代化建设的意见》；2022年，中央全面依法治国委员会办公室下发《关于进一步加强市县法治建设的意见》。天津市深入学习领会党中央、国务院加强基层法治建设的有关精神，大力推进基层法治建设，推进基层治理体系和治理能力现代化，因地制宜，实践创新，通过一系列生动的法治实践，形成基层法治建设的天津特色。

---

* 执笔人：王瑞雪，南开大学法学院副教授；李育江，南开大学法学院硕士研究生。市委政法委、市委依法治市办、市高级人民法院、市司法局、各区政府提供相关资料。

一 基层法治建设的实践成效

天津市基层法治建设系统推进，在立法、执法、司法、守法普法等方面卓有成效。天津市贯彻落实中央有关"市县法治建设""基层治理"的精神和战略部署，努力提升服务质效，创造性地创建了多项接地气、有效果、得民心的组织机制与工作制度。

（一）践行全过程人民民主

2019年11月，习近平总书记考察上海市长宁区虹桥街道基层立法联系点时第一次提出，"人民民主是一种全过程的民主"。① 天津市人大常委会深刻领会全过程人民民主的时代要求，在立法工作中保证人民群众全过程参与，真正实现当家作主。

1.建立健全基层立法联系点工作制度

2021年7月，全国人大常委会法工委确定天津市和平区小白楼街道办事处为第三批基层立法联系点。小白楼街道基层立法联系点建立形成"一家""一网""一站"的组织架构，规范运行机制，打造"立法直通港"品牌②。截至2023年2月28日，共完成《地方各级人民代表大会和地方各级人民委员会组织法》《公司法》《突发事件应对法》《妇女权益保障法》《行政复议法》等13部法律草案的立法征求意见工作，向全国人大法工委反馈意见建议357条，新颁布的《体育法》采纳建议6条。基层立法联系点一头连着立法机关，一头连着基层群众，打通了立法机关直接联系人民群众的渠道，保障民意、民声、民智、民心的有效传达与汇集，成为全过程人民民

---

① 新华社：《夯实民主基石 汇聚澎湃力量——以习近平同志为核心的党中央推进全过程人民民主建设纪实》，2022年3月2日，http://www.news.cn/2022-03/02/c_1128430586.htm。
② 郭嘉伟：《畅通立法"直通车" 搭建民意"连心桥"》，《人民代表报》2022年11月22日，第1版。

主的生动实践。

2021年，天津市人大常委会增设9个基层立法联系点，目前已建成联系点17个，涵盖区人大常委会法制室、基层行政机关、基层司法机关、街道办事处或街道乡镇人大（人大街道工委）、社区、人大代表联络站、行业协会、企业。先后就40多部地方性法规征求基层立法联系点的意见和建议，归纳整理提出修改完善的意见和建议250余条，多条意见建议被吸收采纳。

2. 加强民生惠民立法

天津市人大常委会将民生立法、惠民立法作为立法重点领域，制定了《天津市预防和治理校园欺凌若干规定》《天津市反食品浪费若干规定》《天津市公共文化服务保障与促进条例》《天津市道路交通安全若干规定》《天津市生活垃圾管理条例》《天津市基本医疗保险条例》《天津市社会信用条例》《天津市文明行为促进条例》《天津市街道办事处条例》《天津市平安建设条例》《天津市乡村振兴促进条例》等地方性法规。天津市人大常委会在践行全过程人民民主过程中，坚持以人民为中心，加强民生惠民立法，推动解决群众关心的就业、教育、医疗、食品安全等实际问题，努力增进民生福祉、维护社会和谐稳定。

3. 基层民主制度化、规范化

在民主选举方面，2021年3月15日市人大常委会通过的《天津市区级以下人民代表大会代表选举实施细则》明确，区级和乡级人民代表大会代表的选举工作，坚持中国共产党的领导，充分发扬民主，严格依法办事。区级和乡级人民代表大会代表，由选民直接选举。选民投票或弃权不受任何组织和个人干涉。选举工作人员不得诱导和暗示选民投票。

在完善人大建设方面，2022年2月14日市人民代表大会修订通过了《天津市人民代表大会议事规则》，将"坚持以人民为中心，坚持全过程人民民主"作为代表大会议事应当坚持的基本原则。同年7月27日，市人大常委会通过的《天津市区人民代表大会常务委员会街道工作委员会工作条例》明确规定，人大街道工委应当坚持以人民为中心，践行全过程人民民

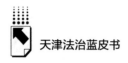
主，依法开展工作，收集和反映基层单位和群众对立法及相关工作的意见建议，组织群众做好参与立法、监督执法、促进守法和普法宣传等工作。

（二）提升基层执法水平

1. 行政执法编制和职权下沉

《行政处罚法》第24条规定，直辖市根据当地实际情况，可以决定将基层管理迫切需要的县级人民政府部门的行政处罚权交由能够有效承接的乡镇人民政府、街道办事处行使。授权乡镇街道行使行政处罚权应秉持审慎原则，推动行政处罚权向基层延伸，切实提升基层执法和治理水平[①]。河东区天铁街道办事处开展综合行政执法工作，承接区政府下放的行政执法职权事项1286项。此外，天津市持续推进市、区向街道（乡镇）和基层一线下沉编制工作，重点加强执法力量相对薄弱的区执法一线工作力量，不断提升基层行政执法能力水平。

2. 加强重点领域执法

在三轮次夏夜治安巡查宣防集中统一行动中，天津市相关执法部门检查行业场所1.5万余家次，整改隐患2000余处，破获案件130起，抓获涉案人员227人，有力维护社会治安大局。深化开展城镇燃气安全隐患排查整治"百日行动"，全力推动"6个100%"燃气户内设施提升改造工作，集中力量解决全市燃气安全领域突出问题。开展"守底线、查隐患、保安全"专项行动，检查食品生产经营主体19.3万户次，发现食品安全风险隐患73559个，查处违法案件4330件。持续开展根治欠薪专项执法行动，向社会公布重大欠薪违法行为案件14起，为农民工追回工资共计666.08万元，欠薪案件结案率达到100%。

3. 创新执法方式

充分发挥科技监管优势，开展港区无人机安全辅助巡查，全面、实时掌

---

① 熊勇先、邱书沁：《论乡镇街道行使行政处罚权的授予及其调整》，《学术探索》2023年第6期，第97页。

握重点企业作业全过程。推进跨区域跨领域联合执法，开展用电安全整治专项行动。推行柔性执法，发送违法停车处罚前提示纠正短信①；市场监管领域适用免罚清单，市场监管领域办理免罚案件511件，免于强制案件67件；文化旅游领域轻微违法立案8起，其中7起通过普法教育和责令整改纠正了违法行为。创新行政执法方式，让行政执法既有力度又有温度。

4. 建立健全应急管理综合行政执法制度

《行政处罚法》第18条规定，国家在应急管理等领域推行综合行政执法制度，相对集中行政处罚权。天津市持续推进综合行政执法体制改革，坚持运用法治思维和法治方式应对突发事件，出台《天津市深化应急管理综合行政执法改革实施方案》，组建市级应急管理综合行政执法队伍，深入开展危险化学品、特种设备、消防、建设施工、交通运输等方面安全生产排查整治，高标准推进安全生产专项整治三年行动，牢牢守住安全生产基本面、基本盘，不断强化应急管理综合行政执法能力②。

（三）优化司法服务

1. 优化诉讼服务

第一，全市法院以诉讼服务中心为载体，大力推动立案登记制改革，当场立案率达98%。天津22家法院已基本完成诉讼服务中心升级改造，配备立案诉讼服务干警520名，辅助人员283名，强化集约管理，实现立案、保全、送达等主要诉讼服务事项在诉讼服务中心一站式通办、一次性办理。

第二，全市法院以网上诉讼服务为抓手，大力推动智慧法院建设，立案、庭审、调解等19项诉讼事务不仅线下能办，当事人通过扫码登录即可实现"家里办""掌上办""一网通办"。

第三，全市法院以诉讼服务方式改革为突破口，加大"分调裁审"改

---

① 天津市司法局：《法治政府在法治国家建设中率先突破的路径和影响研究》，中央依法治国办2022年度习近平法治思想研究课题，2022，第12页。

② 《天津市人民政府2022年法治政府建设情况报告》，2023年3月23日，天津政务网：https：//www.tj.gov.cn/zwgk/fzzfjs/szf/202303/t20230323_ 6147807.html。

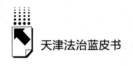

革力度，全市法院设立 19 个速裁审判庭，配备 111 名速裁法官，将调解员编入速裁团队，加强调裁对接、繁简分流、简案快审工作。

2.优化多元解纷机制

第一，加强联动解纷，健全诉讼与非诉讼衔接机制，完善司法调解与各类调解联动工作体系。2021 年以来，全市法院诉前调解纠纷 15 万件，平均调解时长 25 天。2022 年以来，全市法院一审民商事案件收案数同比下降 9.5%，大量矛盾纠纷在诉前得到有效化解。

第二，加强在线解纷，实现法院网上调解平台与其他调解平台互联互通，大力推动调解平台进乡村、进社区、进网格，加强矛盾纠纷源头治理，为当事人提供跨地域、全流程的在线调解、司法确认等网上解纷服务。平台建成以来，入驻调解组织 502 家，调解员 1833 名，在线解纷 38162 件，司法确认率达 71%。

第三，推进涉农纠纷多元化解，充分发挥人民法庭化解矛盾纠纷的前沿作用，积极参与无讼乡村建设，制定《关于为加强无讼乡村建设提供司法服务保障的实施方案》《新时代人民法庭高质量发展工作规划》，将新农村建设、征地拆迁、"大棚房"专项清理整治等引发的纠纷纳入多元化解机制，探索建立"乡村呼叫、法庭响应"联动机制，法官靠前实质性化解纠纷。

第四，开展主题实践活动。2022 年以来，河东区司法局创新开展"向阳心声　解忧护稳"主题实践活动，探索多主体参与、多链条驱动的矛盾纠纷多元化解新路径，辖区各人民调解组织开展矛盾纠纷排查 895 次，预防矛盾纠纷 243 件，成功调解矛盾纠纷 208 件。和平区创新开展"和平夜话"实践活动，7200 余名党员干部协调推动解决群众大事小情 8.3 万件，扎实推动矛盾纠纷排查化解专项行动，共排查各类矛盾纠纷 694 件，调处率 99.8%。

第五，坚持和发展新时代"枫桥经验"。积极推进群防群治力量建设工作，强化"警民联防"核心力量构建。河东区以"枫桥式"派出所创建为载体，打造新时代"枫桥经验"新高地。创建"党建引领"型二号桥陶然庭苑警务室、"警网互助"型中山门互助西里警务室、"亲民互动"型大直沽文华里社区警务室等特色社区警务。

3. 强化便民执行服务

2022 年，天津市三家法院开始"执行事务中心"试点，持续推动全市中基层法院建立执行事务中心。各级人民法院坚持问题导向、服务导向，打造便民服务的执行窗口，实现联系法官、信访接待、材料接收等对外服务群众事项一站式、集约化办理，打通了执行服务"最后一公里"，为人民群众提供更加集约、高效、优质、便捷的执行服务[①]。

（四）提升公共法律服务质效

1. 打造一站式公共法律服务中心

天津市努力推进公共法律服务网络全覆盖、公共法律服务流程全规范，更好地满足群众的多元法律服务需求，加大对特殊群体的法律援助和法律服务力度[②]。和平区打造一站式、全业务公共法律服务中心，组建由 30 家律师事务所、120 余名律师组成的公益律师团队，为生活困难居民提供法律援助 220 件次。和平区推出和平公证升级版"便民服务 10 条"，开展"远程视频公证"、"双语公证服务"和"延时公证服务"，受理各类公证事项 6887 件，办理公益类公证 23 件，入户办证 52 次。

2. 凸显司法所便民法律服务功效

坚持服务为民，打造便民法律服务"金招牌"。河东区向阳楼司法所融公证服务、律师咨询、人民调解、法律援助、法治宣传等功能为一体，推动各项公共法律服务职能联合发力。向阳楼辖区 16 个社区均建立了公共法律服务工作站，社区法律顾问实现全覆盖，及时就近解答辖区居民法律问题；整理制作法律服务清单，为群众提供"菜单式"法律服务，真正打通服务群众"最后一米"。活动开展以来，街道和社区两级公共法律服务律师值班

---

① 《宝坻法院"四个升级"打造执行事务中心 2.0 版》，2023 年 5 月 5 日，天津法院网：https://tjfy.tjcourt.gov.cn/article/detail/2023/05/id/7273990.shtml。

② 中央全面依法治国委员会办公室：《关于进一步加强市县法治建设的意见》，2022 年 8 月 11 日。

128 次，接待并解答群众法律需求 104 件次。

3. 提升律师法律服务质效

红桥区推动律师参与构建法治化营商环境，组织选拔本区 15 家律师事务所成立"红桥区法治体检律师服务团"，初步试点 5 家企业对接 5 家律师事务所。引导律师服务教育发展，以律师兼任各学校法治副校长形式，选拔全区 15 家律师事务所的 39 名律师为全区 48 所学校、幼儿园提供优质高效的公益法律服务，根据教育机构实际需要，开展针对性的专项法律服务。引导律师参与创新公益法律体系建设，线下积极建设实体律师公益法律服务体系，线上创新开展多种形式的宣传模式。

（五）开展普法教育

1. 广泛开展宪法宣传教育活动

2022 年，全市围绕"学习宣传贯彻党的二十大精神，推动全面贯彻实施宪法"主题，组织开展"宪法精神七进"活动。开展首次国家机关"谁执法谁普法"履职报告评议活动，通过实地察看、社会评议、交叉互评、现场评议等形式开展履职评议，推动国家机关自觉接受社会对普法工作的评议监督，倒逼普法责任制落实。以《民法典》进农村为重点，在全市开展第二个"民法典宣传月"活动，提升宣传实效。加强国家安全等重点领域法治宣传教育工作的部署和推进，指导全市各相关部门利用"3·15"消费者权益保护日等重要节点，开展形式多样的系列主题宣传活动。

2. 实施"法律明白人"培养工程

市司法局、市普法办联合开展"法律明白人"网上学习培训活动，遴选审核学习视频，依托国家工作人员学法用法考试系统对天津市近 2 万名"法律明白人"和对口支援地区 3185 名"法律明白人"开展网上学习培训。

3. 创建"民主法治示范村（社区）"

天津市通过查阅档案、座谈交流、实地走访等多种形式，开展实地评估，深入了解村（社区）在组织领导、基层民主推进、深化法治建设、经济社会发展等方面的实际情况。严格公示等程序要求，向司法部推荐 16 个

"全国民主法治示范村（社区）"，评选产生 70 个"天津市民主法治示范村
（社区）"。

二　基层法治建设的经验做法

天津市在大力推进基层法治建设过程中，坚持以人民为中心，以解决基
层法治建设突出问题为切入口，脚踏实地、实践创新，努力提升基层法治工
作能力和水平，形成了多种行之有效、可资借鉴的做法。

（一）加强基层联系

天津市探索落实全过程人民民主，着力打造天津市唯一的"国字号"
立法联系点——小白楼街道基层立法联系点，并借此契机推动强化基层立
法。小白楼街道基层立法联系点构建"一家、一网、一站"组织架构，实
现立法征集民意全覆盖，创新"上门谈法、常态问询、民主参与"运行机
制，打造全过程人民民主立法特色品牌。

司法所是基层公共法律服务的直接提供者，是服务群众的一线平台，在
整个公共法律服务体系建设中起着承上启下、统筹协调的重要作用[1]。天津
市司法局印发《司法所规范化建设三年行动实施方案（2022~2024 年）》，
明确提出"四四机制"，即坚持"四个导向"、明确"四大目标"、扭住
"四大建设"、做到"四个强化"，全面巩固基层司法行政工作，持续推进基
层司法所规范化建设[2]。2022 年以来，河东区坚持服务为民，以向阳楼司法
所为依托，融合律师咨询、人民调解、法律援助等功能为一体，探索基层矛
盾纠纷多元化解新路径，推进法治资源向基层延伸拓展，打造便民法律服务
"金招牌"。

---

[1]　蔡长春：《充分发挥职能作用　当好基层法治建设主力军》，《法制日报》2018 年 9 月 14
日，第 1 版。

[2]　天津市司法局：《天津"四四机制"推动司法所规范化建设》，2022 年 10 月 12 日，天津政
务网：https://www.tj.gov.cn/sy/zwdt/bmdt/202210/t20221012_6007006.html。

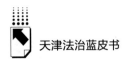

（二）健全多元解纷机制

天津市努力建设多元解纷机制，各级人民法院、司法行政机关积极发挥主导作用，吸收诸多社会力量参与基层法治建设。

天津市法院系统加强调解联动机制建设，强化与相关部门的联动配合。健全诉讼与非诉讼衔接机制，完善司法调解与人民调解、行业调解、行政调解、仲裁公证等各类调解联动工作体系。河北区人民法院优化司法确认制度，通过拓宽渠道、强化衔接、规范指引，助力多元解纷提质增效[1]。

天津市司法行政机关健全基层治理体制机制，推动国家机关和社会力量融合迸发。共同推进基层法治建设，提高基层治理社会化、法治化、智能化、专业化水平[2]。和平区率先建立区、街、社区三级社会矛盾纠纷调处化解中心，实现街道、社区人民调解组织全覆盖，扎实推动矛盾纠纷排查化解专项行动。2022 年以来，河东区针对辖区内 60 余名专兼职人民调解员，先后开展调解业务培训和典型案例评析会 10 次，着力提高人民调解员队伍的政治素养和工作能力。积极引导社会力量参与矛盾纠纷化解，为当事人提供"个性化"调解解决方案，探索推行"一站式"工作流程，形成矛盾纠纷统一受理、集中梳理、分流办理工作模式。

（三）优化法治便民服务

天津市坚持以人民为中心，着力打造一站式服务体系，提升服务便利度，让群众少跑腿、不跑腿，努力解决人民群众的"急难愁盼"问题。

天津市着力优化工作机制方式，强化集约管理。2022 年，天津市法院基本完成诉讼服务中心升级改造，实现立案、诉讼服务等不同业务团队归口管理，立案、保全、送达等主要诉讼服务事项在诉讼服务中心一站式通办、

---

① 天津市河北区人民法院：《优化司法确认制度　助力多元解纷提质增效》，2022 年 9 月 25 日，中国法院网：https：//www.chinacourt.org/article/detail/2022/09/id/6929413.shtml。
② 参见《中共中央　国务院关于加强基层治理体系和治理能力现代化建设的意见》，2021 年 4 月 28 日发布。

一次性办理。天津市三家法院建立"执行事务中心"试点，为人民群众提供"一站式"全方位执行服务。此外，天津市法院印发《关于健全一站式诉讼服务体系　进一步优化司法便民服务措施的通知》，进一步健全一站式诉讼服务体系。天津市法院开发运用智能网络，明晰线上诉讼服务流程，努力打造智慧法院。天津市滨海新区依托全国法院系统的 12368 热线电话平台，开发"12368 滨法智服"系统，实现便民服务集约化、多项化、高效化[1]。河西区人民法院构建"集约管理+协同运作"电子送达工作新机制，积极推行送达事务集约化改革，推动破解"送达难"问题[2]。

天津市政府创新政务服务、法律服务方式，提升政务服务、法律服务水平。在各级政务服务中心和专业办事大厅设置 379 个"办不成事"反映窗口，倒逼各级各部门最大限度解决企业群众的"急难愁盼"问题。持续推进"只进一扇门"改革，13 项政务服务事项进驻市政务服务中心。推动政务服务应用适老化改造，为老年人办事提供便利化服务。和平区致力于完善公共法律服务体系，打造一站式服务的全业务公共法律服务中心，为人民群众提供"家门口"的法律服务。

（四）关注民生福祉

天津市在立法、执法、司法等方面均出台了关注民生和重点突破的重要举措。

天津市人大常委会通过地方立法推动解决群众关心的实际问题，让群众看到变化、得到实惠。坚持将民生立法、惠民立法作为立法的重点领域，制定了《天津市预防和治理校园欺凌若干规定》《天津市文明行为促进条例》《天津市公共文化服务保障与促进条例》《天津市基本医疗保险条例》等法规；制定《天津市平安建设条例》，将近年来平安建设的成熟经验和创新做

---

① 《天津滨海新区法院构建"滨法智服模式"　深化便民服务新举措》，《司法改革动态》2022 年第 20 期。
② 天津市河西区人民法院：《构建"集约管理+协同运作"电子送达工作新机制》，《人民法院报》2021 年 7 月 11 日，第 4 版。

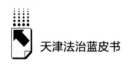

法上升为法律规范；在全国率先出台《天津市人民代表大会常务委员会关于加强城市重点区域天际线管控的决定》，明确从城市设计、建筑设计等方面加强城市重点区域天际线管控。

政府部门加强重点领域执法，解决人民群众急难愁盼问题。开展三轮次夏夜治安巡查巡防集中统一行动，检查行业场所，帮助整改隐患，维护社会治安大局稳定有序。深入开展城镇燃气安全隐患排查整治"百日行动"，全力推动"6个100%"燃气户内设施提升改造工作，集中力量解决全市燃气安全领域突出问题。开展"守底线、查隐患、保安全"专项行动，检查食品生产经营主体，发现整改食品安全风险隐患，查处违法案件。持续开展根治欠薪专项执法行动，向社会公布重大欠薪违法行为案件，为农民工追回工资。

司法系统立足服务保障大局，推动重点行业领域多元解纷机制建设。围绕助力乡村振兴战略实施，深入推进涉农纠纷多元化解。充分发挥人民法庭化解矛盾纠纷的前沿作用，积极参与无讼乡村建设，制定《关于为加强无讼乡村建设提供司法服务保障的实施方案》和《新时代人民法庭高质量发展工作规划》，将新农村建设、乱占耕地建房、征地拆迁、"大棚房"专项清理整治等引发的纠纷纳入多元化解机制，探索建立"乡村呼叫、法庭响应"联动机制，法官走出法庭，靠前解纷，大量涉农纠纷通过调解、和解等方式得到实质性化解。

三　基层法治建设未来展望

近年来，天津市基层法治建设卓有成效，但具体工作仍存在一定改进空间。譬如，基层立法联系点试点性制度设计尚未完全铺开，执法人员的法治意识有待加强，多元解纷机制存在衔接配合不足，法律服务普法宣传相关配套力量、配套措施、配套保障还需继续跟进。为解决基层法治难题，2023年4月26日，天津市举行"十项行动·党建引领基层治理行动方案"新闻发布会，正式发布《党建引领基层治理行动方案》，提出天津将实施"六治工程"和 16 项重点项目,进一步强化党建引领基层治理,致力于全面解决基层法治建设中的现实问题①。

(一)继续全过程人民民主的基层实践

目前,基层立法联系点有待增加,工作形式和内容有待进一步丰富,配套力量、配套保障也需相应完善,以便立法机关更广泛地联系人民群众。

对此,相关部门应坚持更高质量更高标准,健全满足人民群众日益增长的美好生活需要必备的法规制度,完善基层直接民主制度体系和工作体系。积极探索拓宽法规草案向社会征求意见的渠道,增强人民群众的立法参与度。加强和改进人大代表参与立法工作机制,提高服务保障水平,切实发挥代表作用。

(二)持续推动基层执法队伍建设

在基层法治建设过程中,基层执法人员法治素养和法治能力尚待提升。部分单位执法人员力量不足,装备配备不到位,培训力度不够,对培训效果的监督检查不够,导致执法人员法律知识储备不足,不能适应新时代依法行政工作的新要求。

对此,相关部门须从以下三个方面加以改进。第一,持续加强基层执法能力建设。紧盯基层法治建设薄弱环节,重点加强区执法一线工作力量,增强培训实效,不断提升基层行政执法能力水平。第二,持续推动严格规范公正文明执法。继续推动落实《行政处罚法》,结合全市立法后评估工作,部署并试点推动开展行政处罚后评估。严格执行行政执法"月告知+季通报",压实各级执法主体责任。加大行政执法案例指导,推广规范行政执法经验做法,督促和引导执法质量和效能有效提升。第三,推动有条件、有需求的行政执法单位在法律允许、不侵犯公民合法权益

---

① 《天津实施"六治工程"和 16 项重点项目　强化党建引领基层治理》,2023 年 4 月 27 日,光明网 https://baijiahao.baidu.com/s? id=1764291952152488762&wfr=spider&for=pc。

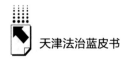

的前提下，辅助使用科技装备，以科技赋能执法，提高行政执法的精确性和效率。

（三）融合推进多元解纷机制建设

人民法院同行政机关及其他社会矛盾治理主体在减少诉讼增量、实质化解行政争议、与行政机关协调沟通以及立案与审判衔接配合等方面制度机制还不足，沟通、衔接、配合还需要进一步强化。

对此，天津市须全面贯彻落实中央全面依法治国委员会《关于进一步加强市县法治建设的意见》，继续融合司法、行政、社会共同参与的多元解纷机制，扎实推进基层法治建设。一方面，司法与行政应注意配合衔接。行政机关积极发挥行政复议化解行政争议的主渠道作用，司法机关在审判中发挥客观公正解决争议的兜底作用，行政复议与行政诉讼应做好衔接，行政机关与司法机关亦应在法治框架下，为化解争议积极沟通、分工合作。另一方面，相关部门须加强矛盾纠纷源头治理，强化与各类社会治理主体的互联互通。广泛调动各种社会组织、人民群众的积极性，运用信息化、专业化手段，提升纠纷解决服务质效，增强实质性化解争议能力，及时妥善解决出现的新情况、新问题。

（四）深化基层法律服务和普法宣传

基层法治建设是全面依法治国的基础，也是法律法规落地生根的有力保障。基层法律服务有待深化，基层立法联系点、一站式公共法律服务中心等组织平台的整合优势有待挖掘，普法宣传力量也有待进一步整合。

对此，相关部门应深化基层法律服务，推动政府部门、人民法院、社会组织、人民群众等多主体共同参与，依托基层立法联系点、一站式公共法律服务中心等组织平台，健全基层法律服务体制机制，实现功能整合。在普法宣传方面，相关部门应当努力健全完善国家机关"谁执法谁普法"履职报告评议制度，通过社会监督评议推进国家机关切实落实普法责任制。

参考文献

［1］天津市司法局：《法治政府在法治国家建设中率先突破的路径和影响研究》，2022 年 11 月。

［2］天津滨海新区人民法院：《天津滨海新区法院构建"滨法智服模式" 深化便民服务新举措》，《司法改革动态》2022 年第 20 期。

［3］郭嘉伟：《畅通立法"直通车" 搭建民意"连心桥"》，《人民代表报》2022 年 11 月 22 日，第 1 版。

［4］蔡长春：《充分发挥职能作用 当好基层法治建设主力军》，《法制日报》2018 年 9 月 14 日，第 1 版。

［5］天津市河西区人民法院：《构建"集约管理+协同运作"电子送达工作新机制》，《人民法院报》2021 年 7 月 11 日，第 4 版。

B.9
天津市法治化营商环境优化路径研究

天津市法治化营商环境研究课题组*

摘　要：　法治是最好的营商环境。在北方最大的自由贸易试验区建设和
　　　　　　"津滨"双城战略背景下，天津近年来致力于推动法治化一流营商
　　　　　　环境建设和优化，尤其在政务环境、市场环境、司法环境、社会
　　　　　　环境方面取得了显著进步。法治化是营商环境的基本底色，天津
　　　　　　市始终坚持优化法治化营商环境路径探索，注重将法治嵌入营商
　　　　　　环境的每一个细节。今后需进一步从观念上树立协同治理理念，
　　　　　　行动上持续推进改革创新，与国际先进对标，不断完善营商法治文
　　　　　　化，强化由政府、企业、社会共同发力，协同优化法治化营商环境。

关键词：　法治化营商环境　诚信守法　优化路径　协同治理

　　法治是最好的营商环境，优化营商环境的实质是推进其法治化。近年
来，天津市委、市政府认真贯彻党中央、国务院关于优化营商环境的各项决
策部署，先后出台《天津市优化营商环境条例》《天津市优化营商环境三年
行动计划》等法规和政策文件。2021年、2022年连续发布《天津市优化营
商环境责任清单》《天津市对标国务院营商环境创新试点工作持续优化营商
环境若干措施》等一系列改革举措，整体系统推进全市法治化营商环境
建设。

---

　*　执笔人：龚红卫，天津社会科学院法学研究所副研究员。本文系天津社会科学院2021年重点
　　　研究项目（21YZD-06）的阶段性成果。市委依法治市办、市司法局、市政务服务办提供相
　　　关资料。

一　优化法治化营商环境的主要举措

打造法治化营商环境，要立足市场主体准入、投资、经营、发展、创新、退出各方面，明确法治化营商环境的具体实现路径，在立法、执法、司法、守法全链条发力，真正做到科学立法、严格执法、公正司法、全民守法。在北方最大的自由贸易试验区建设和"津滨"双城战略背景下，天津近年来致力于推动法治化一流营商环境建设和优化，尤其在政务环境、市场环境、制度和司法环境、社会环境方面取得了显著进步。

（一）持续优化政务环境，积极推进法治政府建设

1. 努力推进信用体系建设，构建诚信法治政务环境

由市发展改革委牵头，市、区有关部门按职责分工落实，构建诚信法治政务环境。加快推进信用信息共享平台二期建设。建立政务诚信评价机制，加大对政务失信行为的惩戒力度。梳理各级政府对企业失信事项特别是清理政府部门拖欠民营企业账款，依法依规限期解决。编制印发《天津市公务员诚信手册》。推进政务失信行为治理，涵盖招商引资、政府采购、招标投标、债务融资等重点领域，杜绝随意违约毁约和"新官不理旧账"问题。

完善行业信用监管体系。推动首批（10个）重点行业（领域）构建行业信用监管责任体系，推行事前信用承诺、应用信用报告，事中信用综合评价、分级分类监管，事后信用奖惩、信用修复等措施①。在全市信用信息共享平台开发上线公共信用综合评价功能。

2. 提升执法监管能力，为营商环境法治化建设提供执法保障

全面加强执法规范化建设。推进统一的行政执法人员资格和证件管理、行政执法文书基本标准。严格落实执法"三项制度"，即行政执法公示制度、重大执法决定法制审核制度、执法全过程记录制度。建立行政执法案例

---

① 韩雯：《以法治"硬核"打造最优营商环境》，《天津日报》2021年4月8日，第1版。

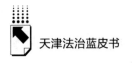

指导制度，全面推行行政执法裁量权基准制度，持续开展行政执法"典型差案"评查和"示范优案"评选。

加强和创新事中事后监管。建设全市统一的信息化监管平台，对企业全面实施"双随机、一公开"监管。强化对重点领域执法的重点监管，加强新型监管方式探索，展开诸如信用监管、包容审慎监管、大数据监管等，全力构建零容忍、全覆盖、重实效、更透明、保安全的事中事后监管体系。

大力整治运动式、"一刀切"执法、执法不作为。针对运动式、"一刀切"执法、执法不作为问题开展调查研究，找出症结所在，提出解决办法。改进和创新行政执法方式，加强日常执法中非强制行政手段的运用，诸如行政指导、行政奖励、行政和解等，拓展推行市场轻微违法违规行为依法免予处罚清单。对民营企业的一般违法行为，慎用查封、扣押、冻结等措施。严格执法检查，持续规范执法行为和执法程序，防止执法扰乱企业正常经营，禁止一有违法就"先停再说"甚至"一律关停"的执法现象。

（二）持续优化市场环境，不断激发市场主体活力

1. 强化涉企法律服务供给，激发市场主体活力

编制印发《天津市公共法律服务体系建设规划（2021～2025年）》，将服务经济高质量发展、营造法治化营商环境列为重点工作任务，积极推动落实。持续优化公共法律服务资源供给，不断提升法律服务队伍专业水平和综合能力，充分发挥"12348"热线服务民营企业专线和"12348"天津法网服务民营企业信箱作用，7×24小时提供"全业务""全时空"法律服务，全年累计解答企业法律咨询2761人次，及时受理民营企业法律咨询和反映问题。推进民营企业"法治体检"常态化、制度化，为近5500家企业提供法律服务9300余件次。统筹利用律师、公证、司法鉴定、调解、仲裁等公共法律服务资源，为企业提供优质高效的法律服务。进一步完善市企业家法治服务中心工作机制，提供全链条法律服务，有效推动涉企法律服务向预防端延伸。

公证行业组织开展"进企助企四个一"活动，针对重点领域及重点项

目开辟公证绿色通道。加强电子数据公证保全保管，充分利用"公证云"和公证机构自主研发的互联网取证平台，不断拓宽公证服务知识产权业务领域。2022 年，办理服务金融公证 704 件，服务民营企业公证 886 件，服务知识产权保护公证近 2000 件。天津市司法局联合市知识产权局制定出台《天津市加强知识产权纠纷调解工作实施方案》，建立知识产权人民调解组织 18 个，有力推动知识产权纠纷调解。开展"调解促稳定·喜迎二十大"专项活动，调解涉民营企业纠纷 300 余件。天津仲裁办与自贸试验区法院共商签署《关于推进国际商事纠纷多元化解一站式工作机制的意见》，探索建立涉外商事一站式多元解纷机制。

2. 以强化法治保障为立足点，营造公平竞争的市场环境

持续推进法规规章和行政规范性文件清理。为解决招商引资、行业管理等领域的政策冲突问题，全面清理不符合《优化营商环境条例》《天津市优化营商环境条例》要求的法规规章和行政规范性文件。根据经济社会发展需要，适时修改相关地方性法规、政府规章和行政规范性文件。

打造公平、透明、可预期的制度环境，维护良好的市场秩序。根据全国统一部署和天津市实际需求，由市市场监管委、市发展改革委牵头，市、区有关部门按职责分工落实，定期组织开展清理妨碍统一市场和公平竞争的政策措施，对滥用行政权力排除、限制竞争的行为坚决予以纠正。建立健全公平竞争审查工作机制，如抽查检查、投诉举报、第三方评估等。加强反不正当竞争和反垄断执法工作，维护公平竞争、统一开放的市场秩序。

全面实施市场准入负面清单制度，持续破除市场准入壁垒。2022 年，天津进一步加强法治化一流营商环境建设，在全国首批印发 693 项行政许可事项清单，推出 53 项"免申即享"惠企便民政策。持续推动市场准入门槛放宽，破除和清理隐性准入壁垒，严加禁止各区各部门自行发布具有市场准入性质的负面清单，普遍落实"非禁即入"。

优化企业破产程序和配套机制，完善市场化重整机制。健全府院联动机制，建立人民法院与发展改革、人社、国资、市场监管、税务等有关部门的配套工作制度，妥善有效解决企业破产程序中的相关问题，如出资人调整、

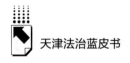

税收优惠、职工权益保护、信用修复和企业注销等。加强破产审判力量配备，完善破产审判配套机制。探索有效识别破产清算与重整机制，审查甄别采取退出或者重整方式清理企业债务。探索破产管理人分级动态管理机制，保障其依法履职，加强业绩考核。

健全征求企业意见工作机制，强化政策沟通和预期引导。在与企业生产经营密切相关的立法项目和行政规范性文件制定过程中，充分重视有关企业和行业协会商会的意见，并充分听取和吸收采纳其合理意见。加强政策制定前的调研论证和实施后的第三方评估，重视发挥企业家在涉企政策、规划、标准制定和评估中的积极作用。

（三）持续优化立法和司法环境，建设公平公正的法治体系

1. 健全完善立法机制，为优化营商环境提供坚实的法治保障

科学编制天津市人民政府 2022 年度立法计划，高质量完成《中国（天津）自由贸易试验区条例》《天津市旅游促进条例》等 15 项立法任务。将公平竞争审查贯穿行政规范性文件合法性审核和备案审查过程始终，对《天津市贯彻落实〈扎实稳住经济的一揽子政策措施〉实施方案》《天津市进一步优化营商环境　降低市场主体制度性交易成本若干措施》等 900 余件密切关系天津市高质量发展的相关文件进行法律审核；对《天津市乡村建设项目规划许可管理办法》等 160 余件与企业生产经营密切相关的行政规范性文件进行备案审查，为营造良好的营商环境提供法治保障。组织开展市政府规章设定的不合理罚款事项等专项清理，推动《天津市报废机动车回收利用管理办法》和《天津市公共场所室内空气质量管理规定》2 部规章修订并公布实施，《天津市城乡规划条例》和《天津市实施〈中华人民共和国人民防空法〉办法》2 部地方性法规纳入立法规划进行全面修订。

2. 加强产权执法司法保护，不断提高司法保障能力

完善平等保护市场主体机制，为维护市场公平竞争秩序提供有力的司法保障。一是建立健全扫黑除恶常态化机制。依法严厉打击涉黑涉恶犯罪，如欺行霸市、强迫交易、寻衅滋事、敲诈勒索等，不断巩固扫黑除恶专项斗争

成果，让市场主体更有"安全感"。二是依法平等保护各类市场主体。全面推开涉案企业合规改革工作，成立全国首个独立履行知识产权检察职能的办公室。实施包容审慎监管措施，工业和信息化、生态环境、交通运输等多领域出台轻微违法行为免罚清单。完善涉企产权保护案件的申诉、复查、再审等机制，推动涉产权冤错案件依法甄别纠正常态化机制化。健全涉政府产权纠纷问题专项治理常态化工作机制。依法慎用查封、扣押、冻结等行政强制措施，严格规范涉案财产处置程序，尽量减少对涉案企业正常生产经营活动的不利影响。三是加强中小投资者保护机制建设。提升上市公司信息披露质量，进一步规范公司治理和内控机制建设。严格执行会计准则，提高财务信息质量。加强对上市公司董事、监事、高级管理人员等关键少数群体行为规范和尽责履职情况的监督检查。完善证券期货纠纷多元化解机制，对信访、举报和投诉展开分类处理。证监部门、司法机关和相关部门依法协同化解纠纷和矛盾，全面保护中小投资者的合法权益。探索开展证券纠纷代表人诉讼、"示范判决+纠纷调解"等依法化解证券纠纷工作机制。

充分发挥审判机关审判职能作用，为经济发展提供司法保障。一是优化法院服务。加快建立企业送达地址告知承诺制。实现法院文书送达一体式集约化，可以引入社会化专业服务平台，推动法院与市场监管等部门的数据对接共享。加强法院与人民调解组织和行业调解组织的对接，大幅增加入驻法院的调解人员和调解平台数量。加大"分调裁审"力度，从简从快审理简单民事案件，不断提高"分调裁审"占收案总数比例。二是提高涉企案件办理质效。加强金融审判调研和指导，建立健全金融类案件专业化审判团队。设立国际商事审判庭、环境资源审判庭，加大知识产权、环境资源、金融、破产、涉外海事商事等审判力度。定期通报买卖合同等民商事案件审理天数等质效数据，及时研判分析解决问题。强化审限管理，切实解决"隐性超审限"问题。三是构建"综合治理执行难"大格局。加强司法裁判执行联动中心建设，健全查找被执行人协作联动机制，推进失信被执行人信息共享、联合惩戒。进一步完善终本案件管理平台建设，将财产核查与恢复执行立案有效衔接，终本案件恢复执行全过程实现留痕，并实时监管。探索建

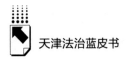

立执行案款网络化收付款机制。

持续完善知识产权保护体系，加大对企业创新知识产权的司法保护力度。一是打造知识产权保护高地，强化知识产权司法保护能力。加大对侵犯知识产权违法犯罪的执法司法力度，严厉打击侵犯企业专利、商标、商业秘密以及损害商品声誉、商业信誉等行为。加强保护战略性新兴产业、关键核心技术，妥善处理涉商业秘密民事程序与刑事程序的关系。全面推进知识产权案件审理"三合一"工作机制，依法适用惩罚性赔偿制度，提高知识产权侵权违法成本，总结发布知识产权保护典型案例。完善知识产权纠纷多元化解决机制。落实《关于深入推进知识产权纠纷多元化解工作的实施意见》，建立健全"技术调查官+人民调解员"办案模式，建立仲裁、调解优先推荐机制，推进行政执法、司法保护、仲裁、调解、公证等高效对接。二是高标准建设知识产权保护平台。推进知识产权强企工程，有效发明专利达到3.8万件。建成中国（天津）知识产权保护中心，通过国家知识产权局验收。加快推进滨海新区、东丽区全国知识产权运营服务体系试点城区建设。

（四）持续优化社会环境，提高全社会预期

1.打造守法普法品牌，持续推进全民普法教育

天津市将优化营商环境等相关法治宣传教育作为全市"八五"普法规划重要内容，将其纳入年度普法依法治理工作意见和"谁执法谁普法"重点宣传项目。推动有关部门落实普法责任制，做到"谁执法谁普法""谁主管谁普法""谁服务谁普法"，开展优化营商环境法治宣传，强化企业产权保护意识，促进市场主体合法经营，依法维护自身合法权益，为企业健康发展提供良好的法治保障。创新构建"一个共性清单+各领域个性清单"国家工作人员学法用法清单制度体系，"共性清单"涉及优化营商环境相关法规等重点法律法规57部、重要条文700余条、题目700余道，推进全市相关单位制定"个性清单"，服务国家工作人员及企业经营管理人员学法及法治实践。组织开展全市国家工作人员网上学法用法考试，其中必学必考内容涵

盖优化营商环境的相关法律法规,进一步提高国家工作人员运用法治思维和法治方式深化改革、促进发展、维护稳定和化解矛盾的能力,推动营商环境持续优化。

2. 加强涉企法治宣传服务,打造亲商安商的社会环境

一是加强涉企法治宣传。制定和实施"八五"普法规划,全面落实"谁执法谁普法"责任制,努力营造良好的法治化营商环境氛围。深入宣传《优化营商环境条例》等法律法规以及本市营造良好法治化营商环境的典型案例,引导企业经营者自觉守法经营。完善"政策一点通"平台功能,通俗易懂、精准推送惠企政策,及时发布政策及解读信息,进一步提升政策解读水平。二是建立市企业家法治服务中心。统筹整合立法、执法、司法、守法普法各领域法治资源,围绕法治宣传、法律服务、决策参谋和问题处理等重要环节,加强法治化营商环境服务保障平台建设,为企业提供"一站式"法治服务,兼具专业化、精准化和集约化特征。三是健全配套工作机制。建立专项行动统筹协调、研判分析、督察督办、考核评价等工作机制,组织会商研究、协调解决重大疑难复杂问题,定期督促检查各单位推进专项行动工作情况,将落实情况纳入全面依法治市考核重要内容。

为了让"国企敢干、民企敢闯、外企敢投",天津不断改革创新,先后出台"天津八条""民营经济19条"等一系列政策。天津持续优化的法治化营商环境提升了企业家投资兴业的信心,2022年8月亚布力中国企业家论坛·天津峰会期间,相关签约项目协议投资额就高达400亿元①。

二 优化法治化营商环境的实践成效

法治是最好的营商环境,天津市持续优化法治化营商环境。在过去的五年,高效统筹疫情防控和经济社会发展,坚持稳中求进工作总基调。通过促改革、扩开放,加速释放市场主体动力活力。

---

① 参见《当"亚布力遇到天津:一场企业与城市的双向奔赴"》,津云,2022年8月4日。

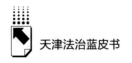

（一）推动天津经济高质量发展

2022年全市地区生产总值和一般公共预算收入增速逐季向好，居民人均可支配收入增长3%左右。深入实施"一制三化"审批制度改革和"天津八条"等惠企政策，截至2022年底，全市新增市场主体70万户，27家企业实现境内外上市。国企改革成效明显，国企改革三年行动两次在国家中期评估中获评A级，17家市管国企实现集团层面混改。金融创新运营示范区建设步伐加快，金融服务实体经济能力持续提升，金融业增加值占比达到13.5%左右[①]。

（二）为市场主体健康规范经营保驾护航

市政务服务办制定政策措施调动市场主体积极性，出台2022年优化营商环境责任清单，明确108项具体任务。制定109条对标国务院营商环境创新试点工作，持续优化营商环境，出台93项进一步优化天津市营商环境、降低市场主体制度性交易成本的具体措施，企业等市场主体获得感进一步增强。

天津市持续推进"放管服"改革和行政许可标准化、规范化、便利化，进一步提升投资项目审批便利度，为市场主体减负。全面贯彻落实国家外资准入国民待遇加负面清单管理模式，深入组织实施《外商投资法》《外商投资法实施条例》《外商投资准入特别管理措施》等。制定出台助企纾困15条、稳经济35条、接续政策26条以及保障工业经济运行、促进工业经济平稳增长45条等政策措施，以稳经济一揽子政策和接续措施稳经济大盘，以强化经济运行、财税运行、重大项目"三个条线"调度对冲经济下行压力，以用心用情服务企业的鲜明导向提振发展信心。例如，和平区始终坚持"营商环境就是生产力"理念，把服务企业发展作为优化营商环境的关键一招，把管行业就要管服务要求贯穿到政府工作各领域。其中"中海多伦道

---

① 张工：《天津市2023年政府工作报告——2023年1月11日在天津市第十八届人民代表大会第一次会议上》，《天津日报》2023年1月17日，第1版。

项目"完成"社会投资备案类建设项目在线自动备案"仅用了半个小时，完成"施工许可证"相应审批工作仅用了 1 个小时，完成从项目备案到施工许可的"全流程审批"只用了 12 个工作日，比正常流程快了将近 40 天，刷新了全市"最快纪录"。

（三）法治促进诚信契约精神的践行

天津市围绕营商环境优化出台一系列制度规则，持续完善相关法律法规，为优化营商环境打好制度基础。坚持以深刻转变政府职能为核心，以市场主体需求为导向，强化协同联动、创新体制机制、完善法治保障，进一步加快建设法治化营商环境。天津市滨海新区 2019 年基于企业个性化需求，探索开展"一企一证"综合改革，将企业经营涉及的多个行业许可证整合为一张行政许可证，实现一证覆盖企业全部经营范围，不断健全完善以市场主体为中心的综合审批和监管体系。2022 年"一企一证"综合改革被命名为第二批全国法治政府建设示范项目。

天津市加快构建社会信用体系，深入实施天津市社会信用条例、社会信用体系建设"十四五"规划，出台天津市信用服务机构监督管理办法，编印天津市公共信用信息目录（2022 版）等，社会信用法治化水平不断提升。编制监测评价指标体系，定期对各区各部门开展诚信建设监测。河东区持续落实守信联合激励和失信联合惩戒工作制度，做好"双公示"，上传许可信息、行政处罚信息 8250 条，数据完整率 100%。完善政务失信专项治理机制，建立政务诚信诉讼执行协调机制，加强政务失信治理。开发上线"海河分"信用惠民应用，推动建设"信用+出行"等八大类四十多个应用场景，让百姓切身感受"诚信为本、守信受益"。红桥区兑现政府各项承诺，落实"天津八条""民营经济 19 条"等，2022 年政策性减税降费 1.44 亿元，并在全市率先实行开办企业免费刻制公章，真正实现开办企业零成本，为企业节约 33 万余元。

（四）不断提升城市影响力

根据国家发展改革委反馈的 2020 年全国 80 个城市营商环境第三方

评价结果，天津市为"优异"等次，总成绩 83.16 分，排名第 17 位，成绩和排名较 2019 年分别提高 6.81 分和 3.14 个百分点，成为 20 个标杆城市之一。在国家评价体系 18 个一级指标中，天津市政务服务、跨境贸易、登记财产、办理建筑许可、执行合同、办理破产、市场监管、获得用电、开办企业、纳税、招标投标、获得用水用气等 12 个指标进入全国前 20 位，成为标杆指标，有关改革经验和典型做法在全国复制推广。在国家发展和改革委员会反馈的 2020 年中国营商环境评价国家级新区评价报告中，天津市滨海新区居国家级新区前列。2018 年，中山大学课题组对全国政务服务大厅进行实地调研，天津市红桥区政务环境总分位居全国第二。

每一项营商环境指标都蕴含着法治化底色，法治化营商环境的持续优化提升了天津的城市影响力，更加彰显其开放型经济优势。2022 年，天津市外贸出口总额达到 3800 亿元，年均增长 3.5%；共有 269 家世界 500 强企业在津投资，实际使用外资 253 亿美元，年均增长 6.1%。同年，茉莉亚学院第一所海外分院在天津落成启用，天津国际友好城市增至 97 对，"鲁班工坊"达到 21 家。对外合作不断深化，积极融入"一带一路"建设，成功举办世界智能大会、夏季达沃斯论坛等大型国际会议。同时，天津市还持续推进京津冀协同发展，积极争取优质资源来津布局，北京企业在津新设机构 1406 家，吸纳北京技术合同 2256 项，新落地重大项目 318 个、共投资项目 17 个，总计 21 亿元[①]。

三 优化法治化营商环境的路径探讨

（一）注重政府、企业和社会三方协同治理

优化法治化营商环境首先要理顺其运行机制，回归其原点，加强资源

---

① 张工：《天津市 2023 年政府工作报告——2023 年 1 月 11 日在天津市第十八届人民代表大会第一次会议上》，《天津日报》2023 年 1 月 17 日，第 1 版。

整合，充分吸收发展改革、审批、监管等各方面力量，在推进营商环境便利化、标准化、法治化方面协同发力。在政府政务执法方面，需要完善地方立法体制机制，用足用好地方立法权，构建规范完备的法规制度体系；需要全面优化市场环境，完善产权制度，加强市场主体平等保护。法治化营商环境通过完备的法律手段为体制机制确立操作规程，建立统一、开放、竞争、有序的市场体系，促进市场主体平等竞争，促进企业合规经营，以维护市场经济公平竞争；需要创新服务方式，加强监管执法，打造诚信政府，政府要做好法律制度的供给者与实施者角色，在提供各项政务服务的同时，监管企业等市场主体要合规生产和经营，创造并维护以市场主体需求为导向的营商环境，确保各项市场规则得以有效实施；需要完善地方司法保障，如提高司法水平、健全多元商事纠纷化解机制、优化破产重整办理机制等。在企业风险认识方面，需要加强企业法治意识，强化企业合规建设，提升企业法律风险认识，提高对营商环境相关政策预期。在社会法治环境建设方面，需要引导全社会参与法治化营商环境建设，打造法治社会环境；需要发挥行业协会、商会等社会组织的积极作用，推动建设亲商安商的社会环境。整体而言，需要从观念上树立起政府、企业、社会协同优化法治化营商环境的意识。

（二）行动上持续改革和创新

持续优化法治化营商环境，需要巩固和提升已有的改革成果，以制度规则固化改革成果，在此基础上推动相关法律法规和规章制度的立改废释。需要提升相关改革顶层设计的引领性，促进改革的联动性和协同性进一步增强。要勇于改革和创新，试点先行、示范引领、复制推广，如天津市滨海新区"一企一证"综合改革的成功典范。要转变政府职能，着力营造优化法治化营商环境"只有同行者，没有旁观者"的良好舆论氛围。

（三）注重法治化营商环境的自评与他评

法治化是营商环境的基本底色。打造法治化营商环境，就是要确保市

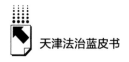
场主体准入、经营和退出涉及的所有环节都在法治轨道上运行。当前的营商环境评价体系虽然没有一项指标被冠以"法治"之名，但实际上所有指标均有法治的印记，可以说每一项指标都内含法治，要将法治融入营商环境的每一个细节。优化法治化营商环境，需要立足市场主体准入、投资、经营、发展、创新、退出各个环节，坚持高起点、高标准，与国际先进对标，向一流的法治化营商环境看齐，明确法治化营商环境的具体实现路径，在立法、执法、司法、守法全链条发力，真正做到科学立法、严格执法、公正司法、全民守法。目前，天津市委托第三方机构，采用国家营商环境评价指标体系，对各区、各部门进行年度综合评价，相关评价结果纳入年度绩效考核。评价指标体系涵盖 18 个一级指标及 87 个二级指标，涉及政务环境、市场环境、法治环境、人文环境等方面内容，综合反映天津市营商环境建设各方面情况。持续优化法治化营商环境，要继续加强对法治化营商环境的自评与他评，达到以评促改、以评促建、以评促管、以评促发展的目的。

（四）完善营商法治文化建设

优化法治化营商环境最终要持续完善营商法治文化建设，营造全民守法的社会氛围，坚持开展法治宣传教育，培育诚实守信的守法文化。首先，加强政府诚信建设，建立有效的约束机制和问责机制，对发生政策承诺不履行、合同协议不遵守和拖欠账款等行为的，依法追究责任。通过政府诚信带动引导企业守法经营，为形成诚信守法的良好社会风尚树立表率。其次，推动企业诚信建设，将市场主体信用状况与企业开办、招标投标、政府采购、贷款融资等活动挂钩，不断推动信用分级监管工作，为诚实守信的企业提供便利。加大政策文件宣传解读力度，惠企便民举措出台以后，通过文字解读、图片解读、专家解读等多种方式，让企业群众知晓、看懂、会用。最后，加快现代公共法律服务体系建设，做好服务民营企业专线、信箱的咨询转办工作，积极开展公益法律服务，让企业群众切实感受到法律服务更加便捷。

参考文献

［1］张工：《天津市 2023 年政府工作报告——2023 年 1 月 11 日在天津市第十八届人民代表大会第一次会议上》，《天津日报》2023 年 1 月 17 日。

［2］李裔彦：《我国地方法治化营商环境优化路径研究——基于五省政策文本分析》，山西财经大学硕士论文，2023，第 33~44 页。

［3］涂永珍、赵长玲：《我国民营经济法治化营商环境的优化路径》，《学习论坛》2022 年第 3 期。

［4］李玉、何得贵：《协同治理视野下法治化营商环境营造路径的优化》，《行政科学论坛》2021 年第 6 期。

［5］韩雯：《以法治"硬核"打造最优营商环境》，《天津日报》2021 年 4 月 8 日。

［6］陈杰：《珠海法治化营商环境优化路径研究》，《珠海潮》2019 年第 3~4 期。

B.10
天津市信访工作法治化的探索与启示

王　果*

摘　要： 为深入贯彻落实法治政府建设的各项要求，确保《信访工作条例》落实落地，天津市进行了一系列有效探索与实践。政治引领高位带动，学法普法双管齐下，理论实践双头并进，固化经验毫不放松，勇于创新探索新路径；推动基层社会治理深度融合，提升信访工作质效。市信访办严格将法治建设贯穿全局，利用法治思维、法治方式化解矛盾，涌现多个基层信访新模式，新时代信访工作新格局已初步形成。在未来的信访工作中，仍需创新拓展信访渠道，扩展信访覆盖面；建立健全宣传机制，提高信访法治化水平；加强信访工作队伍建设，提升信访服务水平；持续推进源头治理，及时就地解决问题；完善信访考核机制，追责与激励同步落实；引入外部力量参与，齐抓共管形成信访合力。

关键词： 信访　法治化　基层社会治理　源头预防

　　信访是根植于我国传统政治文化、形成并发展于中国共产党伟大政治实践的中国特色社会主义政治制度[①]，是党和政府了解民情、集中民智、维护民利、凝聚民心的重要途径。早在 1995 年国务院就专门针对行政信访制定了《信访条例》，为进一步做好新时代信访工作，调整和优化信访工作体制，2022 年中共中央、国务院发布《信访工作条例》，将信访法治化覆盖范围从信

---

* 王果，天津商业大学法学院副教授。市信访办、各区政府提供相关资料。
① 王周户、杨思怡：《推进新时代信访法治化建设》，《信访与治理研究》2022 年第 1 期。

访扩大至所有信访事项及信访渠道，进一步理顺了信访工作格局，对规范和加强新时代信访工作具有里程碑意义。为深入贯彻落实法治政府建设的各项要求，把法治建设贯穿到信访工作中，天津市进行了一系列有效探索与实践，信访部门推动、各方齐抓共管的新时代信访工作新格局已初步形成。

一 信访工作法治化的主要举措

天津市信访办扎实落实法治政府建设的各项要求，把法治建设贯穿到信访工作中，用法治思维和法治方式化解矛盾问题，信访法治化建设取得了明显成效。

（一）政治引领高位带动，夯实信访法治化基础

从市到区、从镇到村、从街道到社区，各级部门都在认真学习宣传贯彻习近平法治思想，把法治政府建设放在工作全局的重要位置来谋划部署，切实履行了法治建设第一责任人的职责，结合工作实际，全面领会习近平法治思想。以习近平法治思想为指引，遵照国家有关信访法律规定，天津市结合本地实际，进一步细化了有关规则，为信访工作的有序开展提供了法律依据与行动指南。目前有关信访工作的主要规则如下。

《天津市矛盾纠纷多元化解条例》（2022）。新时代社会主要矛盾的变化、天津市经济社会的高质量发展，矛盾纠纷日渐呈现主体多元化、类型多样化、利益诉求复杂化等特点，人民群众对多元解纷方式具有客观需求，对矛盾纠纷化解工作有更高期盼。近年来，天津市大力开展诉源治理，积极构建"大调解"工作格局，在全国率先成立三级社会矛盾纠纷调处化解中心，推动形成矛盾纠纷一站式接收、一揽子调处、全链条解决模式，社会治理现代化取得新成效。条例从法规制度层面固化天津市行之有效的经验做法，为提升社会治理能力和水平提供了坚实的法治保障。

《天津市信访工作责任制实施细则》（2017）。从天津市信访工作实际情况看，很多信访问题之所以产生或久拖不决，根本原因是相关地方和部门信

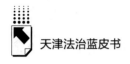
访工作责任不落实或落实不到位，一些地方和部门责任追究失之于"宽松软"。细则的实施，构建了"有权必有责、权责相一致，有责要担当、失责必追究"的责权体系，树立了失责必问、问责必严的鲜明导向，可以更加有效地预防和解决信访问题，对维护群众合法权益、促进社会和谐稳定具有重要意义。

《天津市依法分类处理信访诉求工作规则》（2018）。根据国家信访局推进依法分类处理工作要求，天津市信访办积极推进，多次部署；2016年，将25个市级政府职能部门出台的细化清单整理成册，制成《天津市依法分类处理信访诉求清单汇编》印发全市；2017年，出台了《天津市依法分类处理信访投诉请求工作规程（试行）》，并制作《天津市依法分类处理信访诉求图解》，下发各区及相关行政机关。经过调研论证和反复修改，出台了该规则，总结提炼出推进依法分类处理工作的成功经验，进一步明确了工作机制、规范了工作程序、增强了可操作性。

（二）学法普法双管齐下，落实信访法治化建设

天津市信访系统均坚持学习制度化，把法律知识纳入日常学习计划，并通过知识竞赛、线上旁听庭审活动等方式，强化学习效果。作为建设"法治天津"和"法治信访"的实际行动，天津市信访办还组织机关全体党员干部参加网上学法用法学习和考试，参考率和合格率均达到100%。新提拔的处级干部开展任前集体谈话，把尊法、学法、守法、用法作为谈话的重要内容，作为上岗或任职的一个前置条件。

信访法治化的第一步是"知法"，为推进信访法治化，各级各部门均在"自己知法"的同时，积极引导"群众知法"。天津市信访办专门制定了2022年度普法计划和普法责任清单，确定9项重点工作任务，明确完成时限，责任具体到内设部门，实现普法对象全覆盖，确保普法活动走深走实。面向社会广泛开展普法宣传，开展《信访工作条例》《民法典》宣传月、宪法宣传周、全民国家安全教育日等普法宣传活动，将普法活动融入日常工作。在信访接待中为人民群众提供及时精准普惠的法治宣传教育。

（三）理论实践双头并进，全面推进信访法治化

市信访办与高校深化"天津法治信访研究基地"项目合作，打造天津法治信访工作品牌。2022年合作完成国家信访局信访系统内部理论研究课题2项，其中1项被评为优秀，推动基地研究成果转化落地。与天津工业大学联合打造法律专家新型"智库"，推进信访工作实践与理论"双螺旋"式发展。在全国率先推出招录信访与法律政策方向研究生等举措，探索实行"双导师"联合培养机制，为信访工作科学发展储备专业力量。市信访办先后荣获天津市精准普法"十大品牌单位"、天津市"七五"普法中期先进集体，有关个人被评选为"天津市法治人物"、"七五"普法中期先进个人①。

市信访办认真学习宣传贯彻习近平法治思想，建立了领导干部学法清单制度，把习近平法治思想纳入理论学习中心组学习范围，推动领导干部带头学法，模范践行。在加强自身法治学习的同时，积极落实普法责任，利用网络媒体、接待大厅显示屏、海报等途径加强《宪法》《民法典》《天津市精神文明行为促进条例》相关法律法规宣传，在信访接待中为人民群众提供及时精准普惠的法治宣传教育，把解决涉法涉诉信访问题纳入法治轨道，着力破解"信访不信法"的实践难题。

（四）注重访调对接，以法治思维、法治方式化解矛盾

在市信访办和部分区试点成功的基础上，天津市全面推行"访调对接"工作，将信访调解与人民调解相结合，把矛盾纠纷化解在萌芽状态。自2015年"访调对接"工作开展以来，导入访调程序的信访事项共1071件，化解1057件，化解率为98.7%。在工作过程中，充分运用"四访"工作法，即"开门接访""进门约访""登门走访""上门回访"，心贴心、面对

---

① 天津市公安局：《做党和群众的"连心桥"，促进社会和谐的"凝聚剂"》，2020-05-01，百家号：https://baijiahao.baidu.com/s? id=1665476425652112592&wfr=spider&for=pc。

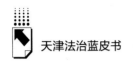

面、实打实解决好群众的烦心事、揪心事、操心事①。天津市积极创新法治信访建设的特色活动还有市政府办公厅负责牵头组织开展的"公仆接待日""公仆走进直播间"活动，为密切联系群众、保障民计民生提供了新的重要载体和途径。

在具体工作中，针对重大决策、规范性文件、合同协议等实行合法合规性审核；认真贯彻落实法律顾问和公职律师制度，充分发挥法律顾问、公职律师在重大事项决策、规范性文件起草和审核等法律事务中的重要作用；健全涉法涉诉信访工作机制，保护合法信访、制止违法闹访；深入开展律师参与信访工作。

（五）固化经验毫不放松，勇于创新探索新路径

天津市各级各部门搭建一体化平台，以技术手段为支撑拓宽畅通民意诉求表达渠道，让信访工作不仅有"速度"而且还"透明"，做到便民惠民。信访部门负责协调多方资源，现场为群众提供矛盾纠纷的解决方案，实行简单问题归口速办、复杂问题联席会审、多方问题当场调解模式，打造"全科受理、访调一体、集成联办"的信访工作新格局。

天津市积极打造的法治亮点"公益律师接待岗""郭文礼律师法治信访工作室"，2022 年累计为来访群众提供法律服务 7600 多人；"公仆接待日""公仆走进直播间"等活动，创办至今累计为群众解决各类生产生活问题 10 万余件，得到人民群众的充分认可。蓟州区文昌街的"居民说事坊"将议事场所搬到居民楼下、葛沽镇"党员引动+居民参与+网格管理"的融合方式等，都是基层在具体实践工作中的有效探索。

（六）推动基层社会治理深度融合，提升信访工作质效

天津市切实把信访工作作为基层社会治理的切入点，在源头化解上下功

---

① 天津市公安局：《做党和群众的"连心桥"，促进社会和谐的"凝聚剂"》，2020-05-01，百家号：https://baijiahao.baidu.com/s? id=1665476425652112592&wfr=spider&for=pc。

夫，推动信访与基层社会治理深度融合，全面提升信访工作质效。西青区津门湖街利用"湖畔新语"平台，增加了"联系服务群众最后一公里"沟通协调平台这一渠道；滨海新区供热集团有限公司与社区对接，建立供热服务微信联系群，精准、快速、直接对接群众需求，各子公司通过"成绩排名"，查找服务中存在的差距和不足；津南区葛沽镇采取"党员引动+居民参与+网格管理"的融合方式，常态化开展"有事找网格"，依托网格化管理，探索"网格+调解"机制。这些来自基层的具体措施，都体现了信访工作与基层社会治理的深度融合。

二　信访工作法治化的典型经验

为推动《信访工作条例》各项规定落实落地，充分践行党的群众路线，构建新时代信访工作格局，天津市各级各部门结合自身优势，立足地区实际，探索发展了一些具有典型意义的信访工作新模式、新路子，在津沽大地上生动展现了信访新样貌。

（一）西青区：信访代办延伸服务，"湖畔新语"搭建连心桥

西青区把社区网格员纳入信访服务队伍，充分发挥网格员人熟、地熟、情况熟的优势，真正把信访服务送到了群众家门口。对关乎群众切身利益的事情，西青区信访办落实网格员代办机制，对辖区内的信访矛盾隐患第一时间上传手机 App，并实现了源头发现、代办上报、分流转办、跟踪督促、办结反馈"五步闭环"。代办网格员发现的一般简易问题，会直接反馈至责任村居就地处置、3 日内办结；难度较大的问题协调相关部门 7 日内办结；疑难复杂问题通过"吹哨报到"、信访联席会议机制，组织相关部门会商会办、15 日内办结，确保每件代办事项都做到"事心双解""案结事了"①。

---

① 张玺：《网格员信访代办成为解决群众诉求"直通车"》，《工人日报》2022 年 11 月 12 日，第 3 版。

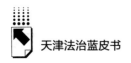

西青区津门湖街道成立于 2021 年，下辖 7 个社区、28 个小区，为加强基层社会治理，探索超大型居住社区治理新路径，街道利用"湖畔新语"平台，增加了"联系服务群众最后一公里"沟通协调平台渠道，及时把矛盾纠纷化解在社区、化解在萌芽状态。街道成立以来，信访事项及时受理率、按期办结率均为 100%，信访事项群众参评率、信访满意率均居全区前列。津门湖街道邀请退休法官、退休教师、报到党员、复转军人、先进模范、专家人才和企事业单位工作人员等担任调解员，丰富调解人员队伍。依托"湖畔新语"平台，实现了线上网络收集、线下综合施策的融合，以社区居委会为主，联合区级职能部门就地化解有关矛盾；注意引导信访人依法按政策解决问题，强化法律在化解矛盾中的权威地位。按照"一网格一微信群"模式，建立由网格员参与管理的网格微信群，形成"人人格中有责任、事事格中能回应"，做到小事不出"格"、大事不出"网"、矛盾不上交；坚持科学决策、民主决策、依法决策，充分听取群众意见，防止个体矛盾演变成群体矛盾，小问题发展成大事件。将物业服务质量融入矛盾源头防范，充分发挥街道职能科室、涉事单位、社会力量的合力作用①。

（二）蓟州区："党建+信访"，因类施策、精准服务

文昌街道是蓟州区唯一一个街道，辖区面积 20.14 平方千米，下辖 31 个社区、300 个小区、80761 户、177875 人。辖区面积大、辐射范围广、人口基数大，群众急难愁盼问题多。近年来，文昌街道坚持源头治理、源头预防、源头化解，2021 年 7 月创建了服务辖区群众的特色平台"居民说事坊"。设立在社区内闲置房屋、休闲广场、绿化长廊、楼栋间等公共空间，保障居民随时说、随地说。截至目前，曲院风荷社区已经在社区内打造了 5 个"居民说事坊"，并以社区党组织为"大党委"整合各类资源，形成党建

---

① 西青区信访办：《天津市西青区津门湖街："湖畔新语"架起"连心桥"》，2023-03-30，天津市信访办：https://xf.tj.gov.cn/xwzx/jcbd/202303/t20230330_6154677.html。

共同体+居民说事坊的"坊连体"共驻共建机制，基本实现"小事不出社区，大事不出党建共同体"，曲院风荷社区的民生热线工单量同比下降了80%。目前，文昌街已经成功打造了"居民说事坊"之曲院风荷"党建共同体"、花园里二段"石桌板凳汇"、东风里三段"红色议事厅"、龙岗社区"红蓝管家"、武定新区"银杏树下话幸福"等特色品牌①。

罗庄子镇是天津市蓟州区北部的山区镇，镇域面积94.18平方千米，下辖25个行政村，常住人口12874人。罗庄子镇先后成立了老兵徐守俊调解室、农民工维权中心、诉讼服务站，推动信访问题源头调处化解，成为天津市"三无"示范街镇，实现了发展和稳定双赢。2019年6月组建了老兵徐守俊调解室。自成立以来，累计接待军队退役人员咨询200多人次，妥善化解涉及军队退役人员信访20多件。2020年成立的农民工维权服务中心，为本镇务工人员提供法律服务，成功追回欠薪10余起100余万元。蓟州区人民法院下营法庭于2019年在罗庄子镇成立了诉讼服务站，共接待群众法律诉讼咨询100余件，全部进行了诉前调解，取得良好的社会治理效果。目前，罗庄子镇在每个村培养1名法治带头人、3名法律明白人，全镇村民法治意识和依法维权意识明显提升，杨家峪村被评为"全国法治示范村"②。

（三）津南区：葛沽镇"五彩家园"微模式，基层治理新经验

葛沽镇坚持和发展新时代"枫桥经验"，积极探索基层治理新路子，首创"五彩家园"社区微治理模式，在与群众共建共治共享中提升基层治理现代化水平。以泽水园社区为试点，采取"党员引动+居民参与+网格管理"融合方式，从党建引领、生态宜居、丰富文化生活、推进平安建设、关爱特

① 天津市蓟州区信访办：《天津市蓟州区文昌街：小小居民说事坊，"说"出社区大变样》，2023－03－29，天津市信访办：https://xf.tj.gov.cn/xwzx/jcbd/202303/t20230329_6153477.html。

② 蓟州区信访办：《天津市蓟州区罗庄子镇：因类施策、精准服务，切实将社会矛盾纠纷调处化解在基层》，2023－03－27，天津市信访办：https://xf.tj.gov.cn/xwzx/jcbd/202303/t20230327_6151637.html。

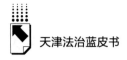

天津法治蓝皮书

殊群体五大方面入手，根据132个网格形成的基础信息台账，重点开展"您家有事、快来找我"主题活动。依托网格化管理，探索"网格+调解"机制，常态化开展"有事找网格"宣传。2022年走访居民近10万人次、调处矛盾纠纷39起、上报民情日志7600余篇、排查处置问题3000余件，使矛盾纠纷、治安隐患、民生事项通过网格化管理方式得到及时有效解决。社区支部定期召开网格化会议，研究解决网格员收集的社情民意，针对不同居民需求进行"微心愿"接单服务，以"社区党支部、网格员、党员志愿者"三级管理模式，实现社区党建、管理、服务全覆盖①。

（四）东丽区："互联网+信访"新发展，为民服务提速又增效

东丽区落实"互联网+信访"发展思路，通过各种方式加大网上信访推广力度，探索网格员代办信访服务模式，将信访向老年群体延伸，全区各级部门和单位全部接入"智慧信访"系统。截至目前，网上信访已经占该区信访总量的六成。东丽区坚持"网上信访优先办"，打造24小时"不打烊"的信访服务新模式。推行网上信访"1+2+7"简易办理程序，对涉及民生热点、诉求简单、时效性强的信访事项，当天受理、两天告知、7天答复；对涉及营商环境等重点信访事项，开通绿色通道，压缩办理周期。网上信访作为信访制度改革的重要方向，已经在延伸诉求表达平台、提高信访事项办理效率、服务决策保障大局等方面发挥了突出作用②。

（五）滨海新区：信访向国企延伸，提升服务质量水平

为深入推动《信访工作条例》贯彻落实，2022年，滨海新区信访办与区国资委协力统筹，决定以供热集团为试点单位先行先试，推动信访工作向

---

① 津南区信访办：《天津市津南区葛沽镇："五彩家园"微模式，基层治理新经验》，2023-03-28，天津市信访办：https://xf.tj.gov.cn/xwzx/jcbd/202303/t20230328_6152667.html。
② 王嘉、林单丹：《"指尖"报信访，"快意"解民愁》，《农民日报》2022年11月15日，第4版。

企业延伸。滨海新区供热集团有限公司坚持源头预防，着力做好前端化解，构建一体化服务平台，真正做到热线接听无死角，加强对群众关心的供暖重点难题、关键话题信息搜集，梳理找出供热难点堵点。按照"早、快、严、细、实"要求，对群众急难愁盼问题即刻予以核查和处理，从而促使各类问题在萌芽状态能够得到及时解决。同时加强追责问责管理，坚持有错必纠、有责必问、问责必严。各子公司通过"成绩排名"，查找服务中存在的差距和不足。对于连续"黑榜"榜首单位，采取提醒谈话、约谈通报、督查督办等多种措施，倒逼责任落实，推动形成主动发现问题、积极解决问题的良性工作机制。滨海供热集团各单位还配备专（兼）职信访工作人员，组织开展信访工作专题培训，切实提升信访业务能力，不断提高服务群众的能力和水平。2022年，为进一步提高服务响应速度，打通服务工作的"最后一公里"，供热集团与社区对接，建立供热服务微信联系群，精准、快速、直接对接群众需求，2022年受理信访事项办结率100%，确保了"件件有落实，事事有回音"①。

三　信访工作法治化的下一步工作展望

信访工作被称为"天下第一难事"，特别是随着经济社会发展和网络信息的发展，各类矛盾同频共振，表达诉求的内容多样化。天津市仍需继续完善信访工作领导机制、处理机制、监督机制和矛盾化解机制，进一步开辟新时代信访工作新局面。

（一）创新拓展信访渠道，提升信访覆盖面

信访作为群众参与社会治理和公共事务的重要途径，只有全面参与才能充分发挥信访的制度作用。为提升公民参与度，一是要继续推广网信代办制

---

① 滨海新区信访办：《完善国企信访工作机制，提升供热服务质量水平》，2023-03-31，天津市信访办公室：https://xf.tj.gov.cn/xwzx/jcbd/202303/t20230331_6156570.html。

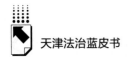

度，在城区街道、社区小区、乡镇村庄建立网信代办点，为群众提供代办服务，确保不便、不会、不知晓信访途径的基层群众，也可以借助网信代办及时解决相关问题。二是要构建多方面、多平台的信访渠道，充分发挥互联网的优势，利用微博、微信等平台，让人民群众能够在交互的信访渠道网中快速便捷地表达自己的意见，推动信息传导透明化和及时化。及时面向群众普及和宣传网络信访，引导群众使用网络信访平台变得尤为重要。三是要继续推动信访从政府部门向企业延伸，实现信访事项的专门对接，缩短信息传导流程，精准、快速、直接对接群众需求。

（二）建立健全宣传机制，提高信访法治化水平

继续重视信访法治宣传引导，创新普法宣传工作模式。把日常宣传和集中宣讲两种方式相结合，采用图片、文字、音频、视频等多种形式，通过网站、微博、微信、报纸、发放明白纸等多种途径进行全面宣传。在线上官方网站、微信公众号等平台开设普法专栏专题，及时推送普法信息。借助居委会、村委会等人员相对密集的基层组织进行集中宣传和讲解，在群众中培养和发展法治带头人，全面拓宽宣传覆盖面。引导和规范群众正确理性表达诉求，如实依法逐级信访，积极倡导依法信访，引导群众转变"信访不信法"观念，将群众的涉法涉诉问题纳入司法途径进行处理。建立信访失信名单制度，将实施缠访、闹访等扰乱信访正常秩序的人员纳入失信名单，予以重点关注。

（三）加强信访工作队伍建设，提升信访服务水平

一方面，要明确信访工作人员的选拔标准，爱岗敬业、遵纪守法是基本要求，还应具备一定的信访知识、法律知识，进一步合理优化年龄、知识和专业结构。受制于编制等条件限制，单纯依靠公职人员势必难以满足信访工作的需求，协同治理以其充分整合各方资源及借助和发挥社会组织个人的力量等优势成为实现党委、政府、社会和公民构建协作关系的必然选择。除公

职人员以外，可结合地区实际，充分动员其他编外人员担任调解员，丰富非专职信访人员来源渠道。有效弱化公务人员与群众之间的身份差异，构建基层人民群众与化解主体的良性互动关系，推动开放、动态、透明、便民的阳光执法司法新机制完善①。另一方面，持续开展信访工作业务培训，将信访工作作为党性教育内容纳入教学培训，同时开展计算机网络培训与服务专项培训，适应网络信访多样化发展的要求，提升服务意识、规范服务行为，不断强化服务群众的能力和水平。

（四）持续推进源头治理，及时就地解决问题

持续创新城市基层党组织联系群众方式，通过经常性上门走访，收集社情民意，对发现的苗头性倾向性问题早发现、早预防、早解决。整合多方力量，延伸服务触角，零距离服务群众，让"数据多跑路、群众少跑腿"。大力推进领导干部定期接访处访、下访约访制度，及时就地解决问题。定期开展矛盾纠纷大排查大化解活动，对排查出的不安定因素和矛盾纠纷，分类梳理，第一时间把矛盾纠纷化解在基层、化解在萌芽状态。强化舆情研判，增强工作针对性，注意收集问题统筹分析研判，从而促使各类问题在萌芽状态能够得到及时解决。要重视初次信访，在最短的时间内、以最低的成本创造最好的效果，以严谨负责的态度对待每一次来访，争取做到矛盾纠纷在初次来访时就能妥善化解。

（五）完善信访考核机制，追责与激励同步落实

信访工作有其特殊性，首先应当针对信访制定独立的评价体系，同时细化和量化考核评价标准，综合考量业务综合能力、反馈时效、群众满意度、问题解决率等因素，使每一项具体信访工作都有相应的评分指标，将考核结果作为职务晋升、年度考核的依据之一。信访工作作为党和政府的一项重要

---

① 曹海军、梁赛：《信访还是信法：新时代基层信访法治化的困境呈现、情境逻辑和路径构建》，《理论与现代化》2023年第3期。

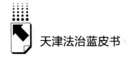

工作，必须树立失责必问、问责必严的鲜明导向，着力构建有权必有责、权责相一致，有责要担当、失责必追究的信访工作责任体系①。对失职失责行为严肃追责问责，倒逼责任人员提高处置标准。为体现"问责既要对事，也要对人"的要求，对集体责任，分清领导班子主要负责人、直接主管负责人和班子其他成员的责任；对个人责任，分清直接责任人和相关领导责任。

（六）引入外部力量参与，齐抓共管形成信访合力

开展律师参与信访工作，由律师为信访人提供法律咨询，正确引导群众依法合理向信访部门表达诉求，已经得到全面贯彻和落实，未来仍要继续发挥律师的专业作用，令律师运用专业的法律知识在信访流转、信访办理、信访审查、案件解决等各个环节发挥作用，推动各项工作、各环节和流程严格依法办事。"案结事了、事心双解"是信访工作的终点和目标。除律师外，还应注重吸收心理咨询师参与。邀请心理咨询专家介入，将心理疏导技巧与网络信访事项化解相结合，可有效缓和对立冲突。

习近平总书记在党的二十大报告中指出，"要实现好、维护好、发展好最广大人民根本利益"，"畅通和规范群众诉求表达、利益协调、权益保障通道"②。信访制度是我国民主政治制度的一项重要内容，是群众权利救济的重要补充渠道，承载着解决群众合理诉求、维护群众合法权益的重要功能，是必须长期坚持的一项制度。加强和改进新时代信访工作、推动信访工作科学化、规范化发展，是一项进行时而非完成时的工作。要及时发现问题、总结推广经验，推动新时代信访工作打开新局面、谱写新篇章。

① 周洪双：《进一步压实信访工作责任——国家信访局解读〈信访工作责任制实施办法〉》，《光明日报》2016 年 10 月 28 日，第 3 版。
② 习近平：《高举中国特色社会主义伟大旗帜 为全面建设社会主义现代化国家而团结奋斗》，新华社，2022 年 10 月 25 日。

参考文献

［1］宋明:《信访法律规范体系概述》,《信访与社会矛盾问题研究》2021 年第
3 期。

［2］杨小军:《信访法治化改革与完善研究》,《中国法学》2013 年第 5 期。

［3］李晓瑜:《当代中国信访法治化进程的回顾与展望》,《领导科学》2020 年第
4 期。

［4］李瑰华:《党领导下的行政信访法治化——以〈信访工作条例〉为视角》,《甘
肃政法大学学报》2022 年第 6 期。

［5］曹海军、梁赛:《信访还是信法:新时代基层信访法治化的困境呈现、情境逻
辑和路径构建》,《理论与现代化》2023 年第 3 期。

B.11
天津市依法管网治网工作实践

郭小冬*

摘　要： 天津市坚持党管互联网，建章立制，确保管网治网工作始终沿着
正确的政治方向在法治的轨道上前行。不仅出台了《天津市促
进大数据发展应用条例》《天津市网络虚假信息治理若干规定》
等地方性法规，构建起"三级确保、建设四级、多级完善"的
综合治理格局，还通过开展多项专项治理、加强网络监管、把控
网络宣传引导等工作，全面维护国家网络安全，为广大网民营造
清朗的网络空间。下一步，天津市要在认真落实上级网信部门布
置的工作任务基础上，创新工作方式，在正能量的现代表达方面
下功夫，为营造风清气正的网络生态环境作出不懈努力。

关键词： 党管互联网　依法管网治网　综合治理　网络监管

随着信息技术的进步，互联网已经渗透到经济和社会的方方面面。互联
网应用的开发与利用使得普通民众的日常生活与网络世界相互捆绑并深度融
合。网络逐渐取代传统的媒体和社交平台，成为网民们获取、发布和传递信
息的主要渠道。网络空间在成为亿万网民精神家园的同时，也成为文化繁荣
发展的新兴空间，成为意识形态的主要战场，成为国家治理、社会管理的重
要领域。党的十九大提出了"建立网络综合治理体系"的重大部署。网络
综合治理就是要形成党委领导、政府管理、企业履责、社会监督、网民自律

---

* 郭小冬，天津大学法学院教授，博士生导师。市委网信办提供相关资料。

等多主体参与，经济、法律、技术等多种手段相结合的综合治网格局①。党的二十大报告提出，要"健全网络综合治理体系，推动形成良好网络生态"②。这是党对新形势下管网治网工作的新部署新要求。天津在依法管网治网方面进行了多方面、全方位的探索与实践，取得了一系列成果。

一　依法管网治网工作现状

近年来，中共天津市委网络安全和信息化委员会办公室、天津市互联网信息办公室（以下简称"天津网信办"）会同市公安局网安部门及其他党政相关部门，深入贯彻落实习近平总书记关于网络强国的重要论述，深入贯彻落实习近平法治思想，充分发挥自身职能优势，加快建章立制，初步形成了综合治理的合力，依法管网治网成效日益明显，构建起了清朗的网络空间。

（一）统一思想提高认识，用习近平法治思想统领依法管网治网工作

各单位把学习贯彻习近平法治思想和习近平总书记关于网络强国的重要思想作为重大政治任务，统一思想，提高认识，从政治安危的高度来理解"为什么治""为什么管""怎样治""怎样管"工作的重大意义，增强政治意识，提高政治站位，用习近平法治思想统领网信法治工作。2021年，市委网信办主要负责同志围绕贯彻落实"十一个坚持"为全体党员干部作专题辅导，组织举办全市学习贯彻习近平总书记关于网络强国的重要思想专题研讨班、市管干部建设网络强市专题培训班，为各区各单位宣讲26场，指导提升党员干部依法依规开展网上舆论斗争和舆情应对能力，覆盖人数近2万人。2022年，市委网信办邀请中国人民大学、天津大学等专家学者为全

---

① 2018年4月20日，习近平在全国网络安全和信息化工作会议上的讲话。
② 习近平：《高举中国特色社会主义伟大旗帜　为全面建设社会主义现代化国家而团结奋斗》，新华社，2022年10月25日。

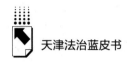

市网信系统作"习近平法治思想和网络强国重要思想"等主题报告,赴基层网信办、互联网企业、网络社会组织宣讲二十大精神 70 余场。

(二)颁布一系列法规规章和政策,健全依法管网治网的法治保障手段

天津市不断提升依法管网治网工作的制度化和规范化。在全国较快出台《天津市促进大数据发展应用条例》(2019)、《天津市网络虚假信息治理若干规定》(2020)等地方性法规。作为地方政府规章,市委办公厅、市政府办公厅发布《天津市加快建立网络综合治理体系的实施方案》,市委网信办编制《天津市"十四五"网络安全和信息化发展规划》《天津市"十四五"智慧城市建设规划》及六个专项规划。作为法治政府建设的重要组成部分,出台《天津市互联网信息办公室贯彻落实法治政府建设实施纲要(2021~2025年)分工方案》《天津市建设网络强市工作措施(2020~2022年)》《关于加快推进电子政务健康协调发展的工作方案》《天津市 2022 年网络法治宣传教育工作的实施意见》等规范性文件。

关于网络法治工作和网络执法,出台了《天津市网络法治工作协调联动机制》《天津市网络执法监督检查工作规范(试行)》《网络法治处 App 上下架流程》《网信行政执法约谈流程》等文件。关于网络数据安全,出台了《天津市加强网络数据安全和个人信息保护工作的实施方案》《天津市网络数据安全事件应急预案(试行)》《天津市规范企业参与政府信息化建设 加强政务数据安全管理办法(试行)》等。

(三)搭建网络综合治理工作体系,加强依法管网治网专业人才建设

构建"三级确保、建设四级、多级完善"综合治理格局,建立网络数据安全执法体系,建成数据安全监督管理平台,在全国省级网信部门率先设置网络法治处,成立网信工作专家咨询委员会。各区各部门设立首席数据官,成立全国首支网络数据安全执法队伍,进行数据安全监督管理平台数据安全执法办案系统培训，印发网络数据安全监督检查工作规范，提升网信执法队伍依法管网治网能力。推进开展网信职称评审工作常态化，为天津市网信事业发展提供坚强有力的人才保障。将网络综合治理体系建设情况纳入市委意识形态专项巡视内容，将落实党委（党组）网络意识形态工作责任制情况纳入各区、市级党群机关、市级政府部门三个系列绩效考评指标。将"提升政府网络舆情监管能力　建立网络综合治理体系"等课程纳入市委党校、行政学院主体班次学习内容，有力提升领导干部信息化条件下工作能力和水平①。

（四）加强执法联动，规范网络市场秩序，维护国家网络安全

在认真梳理涉网管理部门职责的基础上，天津市努力探索"横向协同、纵向联动"的全市涉网管理执法协调联动常态长效机制。网信部门与金融、公安、交通、教育、商务、文旅等部门协调联动，制定属地网站管理工作规范，强化属地监管职责，实现对全市5.2万余家网站网格化精准化管理。聚焦人民群众反映强烈的问题，加强对互联网金融、网络教育、网约车、网络平台经济、电子商务等互联网新业态的综合治理。

持续开展"清朗""净网""网络恶意营销""网络直播行业规范管理""自媒体基础管理""剑网""打击网络谣言""持续深化App违法违规收集使用个人信息"专项治理，全力打击黑客攻击破坏、侵犯公民个人信息、网络水军等突出网络违法犯罪活动，加大对网络黑产业链、网络侵权盗版等违法犯罪打击力度，营造清朗网络空间，保护网民的合法权益。2021年以来，开展50余个专项整治行动，责令146款存在问题的App限期整改。推进天津互联网联合辟谣平台以及违法和不良信息举报受理处置一体化建设，构建以"天津辟谣"官方账号为龙头、全市各相关单位官方账号参与的"天津网络辟谣矩阵"，清理各类有害信息600余万条，"天津辟谣"发布各

---

① 天津市委网信办：《天津立足四个"坚持"多管齐下　多点发力　推动网络综合治理体系建设取得实效》，https：//baijiahao.baidu.com/s？id＝1685777457240411898&wfr＝spider&for＝pc。

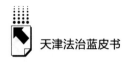

类辟谣信息 5500 余篇①。2021 年，在全国率先建立加强网信企业国外上市规范管理协调联动工作机制，有效防范资本操控舆论风险。

（五）完善网络安全监测预警和应急响应机制，提升网络监管效能

推进国家"互联网+监管"多级联动应用全国唯一试点建设，打造全市统一的监管一体化平台，以数字化手段提升监管精准化水平。汇聚各类监管数据 6.5 亿余条，实现 1600 余部现行有效法律法规编码化，支撑全市 500 个部门 2.7 万余名执法人员开展执法检查 21 万次。打造交通新业态领域"非法网约车"风险预警模型，2022 年共判断出疑似违法网约车 67469 余辆，并对已经发现的 5101 余辆危化品运输车辆进行分析，"非法营运车辆"风险预警模型助力 2022 年天津市网约车合规增长率全国第二。网信部门与天津市药监局、市场监管委共同开展"化妆品网上净网"行动，建立化妆品网上平台监管模型，排查线上经营化妆品电子商务经营者 450 个，清理网络平台内电子商务经营者 675 个。对平台经济等重点领域加强监管，坚持以网管网，加强对新产业、新技术、新模式、新业态的全面监管能力②。做好网络安全产业的整体布局和统筹规划，进一步推进"中国信创谷"建设，对于飞腾、麒麟、360 集团等龙头企业整合产业链、创新链、价值链予以全面支持，加强网络企业的协同创新和集聚发展，助推网络安全产业发展和壮大。加强信息共享、舆情共商和联动处置，提高网络舆情应对处置的及时性和有效性。

（六）把控网络宣传引导，坚守网络意识形态阵地

围绕庆祝建党 100 周年和党史学习教育、京津冀协同发展、"开局'十四五'奋进新征程"、第五届世界智能大会等重大主题，精心设置议题，创

---

① 《网络文明建设的"天津答卷"》，人民网，http：//tj. people. com. cn/n2/2022/0829/c375366-40101868. html，最后访问日期：2023 年 7 月 3 日。

② 《网络文明建设的"天津答卷"》，人民网，http：//tj. people. com. cn/n2/2022/0829/c375366-40101868. html，最后访问日期：2023 年 7 月 3 日。

新传播语态；策划开展了诸多主题活动，如"恰是风华正茂·百年大党正青春""千文千寻大运河""星辰大海——沿海城市展望'十四五'"等，推出一系列网络宣传矩阵产品，如"一张图片背后的帮扶故事""我和我的家乡@最美乡愁"等，推动开展"老字号，潮起来""非遗正当时"等网络主题宣传，推出"文化看天津""津典城市故事""老字号手绘长卷"等系列短视频，营造共庆百年华诞、共创历史伟业的浓厚氛围；针对网络产品实施网评品牌建设行动计划，加强网评产品建设，如"网事津评""津门里巷"等；启动"养蜂""润物""亮剑"三大行动计划，强化网络社会组织"同心圆"工程，实施推进"网络中国节"、争做中国好网民等系列主题活动；组织一系列网宣活动，通过国际化叙事、网络化传播等方式，在"中国有约""一带一路"沿线国际媒体看天津等活动中，传播中国声音，讲好天津故事。

结合"国家宪法日""宪法宣传周"网络安全周等重要时间节点，围绕宪法宣传教育、平安天津建设、国家安全宣教、防范非法集资、《民法典》实施等主题，运用短视频、长图等新媒体形式，通过网络普法"五个一"特色品牌[①]、"天津网警巡查执法"账号等方式，在微博、快手、抖音等平台推动法治宣传教育，深入河北工业大学等34所学校举办专题"网警课堂"专题讲座，承办2022年中国网络文明大会，组织开展"2022全国互联网法律法规知识云大赛"活动，发布《共建网络文明天津宣言》等。

---

① 即一个"天津网络法治时间"动漫视频、一个"天津网络法治频道"、一个"天津网络法治云电台"、一个"天津网络法治大讲堂"、一个"天津故事双语网络法治国际传播专栏"，全方位多角度引领网民学法用法。其中，"天津网络法治时间"推出30期原创普法动漫视频，全年累计浏览量超20亿人次，被中央网信办评为"2022年全国网络安全优秀宣传项目"；"天津网络法治频道"被中央网信办评选为"2022年全国网信系统网络普法优秀案例"；"天津故事双语网站"荣获"2022年度设计创新型外文版政府网站"国家级大奖；"天津网络法治云电台"通过"资讯速报"和"有声剧演绎"传播信息，以案释法，再现法治故事。创新性推出全国首例网络法治表情包，通过虚实结合的创意将网络普法宣传可视化、具象化。

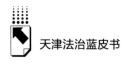
二 依法管网治网工作的主要经验

良好的网络生态既是建设出来的，也是管理出来的。近几年，天津市委、市政府高度重视网络管理与治理工作，取得了显著成效，也形成了宝贵经验。

（一）坚持党管互联网，确保管网治网工作始终保持正确方向

天津市各级党政机关认真学习贯彻习近平总书记关于网络强国的重要思想，贯彻落实党中央关于网络安全的决策部署，把坚持党的领导贯穿用网、管网、治网全过程。精心组织习近平新时代中国特色社会主义思想网上主题宣传，印发《天津市加快建立网络综合治理体系的实施方案》，将任务落实情况纳入市委意识形态专项巡视和网络意识形态专项督查，以"提升信息化条件下党员干部政治判断力、政治领悟力、政治执行力"为主题开展全市领导干部培训。

（二）推进管网治网要素建设，健全网络综合治理体系

天津市认真落实党中央的工作部署，秉持"三级确保、建设四级、多级完善"的网信工作体系建设理念，在全市 16 个区、246 个街镇，63 个市级、686 个区级党政部门，24 所市属高校成立网信办，大幅提升了网信工作的源头治理和协同治理能力。在全国率先建立网络和数据安全执法体系，率先建成监测预警、分析研判、通信指挥一体化的网信综合业务平台，为网络综合治理保驾护航。率先设立工程技术系列网信专业职称并开展首次评审。在 2022 年 8 月份国家网信办发布的《数字中国发展报告（2021 年）》中，天津市网络安全和数字化发展环境建设水平均位居全国各省区市第三①。

---

① 《天津市守护网络安全 打造一流网络强市》，中共天津市委网络安全和信息化委员会办公室、天津市互联网信息办公室网站，https：//www.tjcac.gov.cn/mrtj/202209/t20220908_5983256.html，最后访问日期：2023 年 7 月 3 日。

（三）建章立制，确保管网治网工作在法治轨道上运行

修身需先正本，正本需先有章。为确保管网治网工作有法可依，天津市人大常委会以《网络安全法》为遵循，通过了《天津市网络虚假信息治理若干规定》《天津市促进大数据发展应用条例》等地方性法规，市委市政府出台了《天津市建设网络强市工作措施》等一批政策文件，市网信部门制定了《网信行政执法约谈流程》等规范性文件及数据安全、信息备案、监督检查和 App 评估监测的三个地方标准，网络空间法治化得到了有力推进。

（四）凝聚综合治理合力，形成快速处置工作机制

将网络综合治理与基层社会治理融合推进，建成"津治通"全市一体化社会治理信息化平台；加强市、区两级互联网违法和不良信息举报监督体系建设，打造"天津辟谣""天津举报"等传播矩阵，建立全市网络联合辟谣机制和举报一体化受理机制；建设天津市网络素养研究中心，统筹联动相关部门开展"清朗""网络直播行业规范管理"等专项整治，开展互联网企业"红色引擎促发展"等活动，实施"争做中国好网民"工程，有效引导互联网企业、广大网民参与网络综合治理，推动形成党委领导、政府管理、社会监督、企业履责、网民自律有机统一的共治共建格局①。发挥好网络空间中群众的力量，及时发现和收集网络空间中群众的诉求，并做到及时回应，逐步形成及时办理群众诉求、线下+线上联动的工作机制。

（五）创新网络宣传形式，巩固网络意识形态斗争的内容根基

习近平总书记高度重视网上正面宣传工作，强调"理直气壮唱响网上主旋律，巩固壮大主流思想舆论，是掌握互联网战场主动权的重中之重"。天津市网信部门和网安部门坚持正确的政治方向、舆论导向、价值取向，加

---

① 《天津坚持多元共治推动网络综合治理体系建设取得实效》，中共中央网络安全和信息化委员会办公室、国家互联网信息办公室网站，http://www.cac.gov.cn/2021 - 04/16/c_1620152751119749.htm，最后访问日期：2023 年 7 月 3 日。

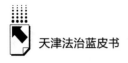

强网络阵地建设和基础管理，创新媒体融合技术应用和内容传播，认真把握网上舆论引导的时、度、效，在"说"的内容、方式和主体问题上审慎把握，在"说"的手段方式上，重视可视化呈现、互动化传播等技术创新。天津市网信办打造的"五个一"网络普法特色品牌，是国内省级网络媒体首档网络法治栏目和天津学习宣传贯彻习近平法治思想的网上权威栏目，入选"2022年度全国网信系统优秀网络普法案例"。

三 依法管网治网工作存在的问题

近些年，天津市网络安全领域和网络意识形态领域形势发生了根本性、全局性转变，整体网络生态环境持续向好。与此同时，天津市依法管网治网工作在网络信息内容监管、多元治理主体协同、网络生态动力保障和人才队伍建设等方面仍然存在不足。

（一）以规范性文件为主体的执法依据覆盖面不足且效力层级较低

由于网络事务纷繁复杂，新技术发展迅速，新事物不断涌现，新问题层出不穷，而法律规范的制定又具有一定的滞后性，这就导致依法管网治网工作的执法依据覆盖性普遍不足。就天津市而言，在《网络安全法》《个人信息保护法》和《天津市网络虚假信息治理若干规定》《天津市促进大数据发展应用条例》无法覆盖的领域，执法行为只能依据部门规章和地方党政部门的规范性文件来执行。这就使得网信部门的行政执法行为有时可能会面临正当性不足的质疑。除此之外，需要其他机关或部门配合或给予协助时也会面临较多的困难。

（二）多元治理主体协同参与度不平衡，部门间统筹协调机制尚需完善

现阶段依法管网治网工作的实施主体主要是政府，更具体的表述就是各级网信部门和网安部门，管理手段具有事后性，即"发现—通知、删除、

约谈、警告、停更、关闭账号/下架程序、移送司法"等，互联网企业、社会组织和网民基本处于被管理、被治理、被动配合的境地，主动参与性不足。另外，其他国家机关的参与度也不够，各部门的统筹协调机制还不健全，形成合力尚有不足。

（三）维护网络生态的保障系统尚需完善

当前网络安全形势挑战日益复杂严峻[1]，主要表现为网络攻击形式不断翻新，防不胜防，针对关键信息基础设施发动网络攻击的门槛越来越低，关键信息基础设施面临的风险越来越大，利用假新闻、不实信息影响社会稳定的社交网络信息失序化情况严重等。天津市在网络安全的维护方面也存在核心技术受制于人、体系结构先天不足、主动防御功能缺失、安全管理亟须改善、信息技术安全监测能力不强、网络攻击追溯能力不足等问题。对新兴事物应对不及时，宣传方式较为传统，传统文化的传承与创新与"互联网+"结合不充分等问题。

（四）管网治网专业人才相对缺乏，治理能力有待提升

根据《2020年度天津市互联网络发展状况统计报告》，截至2020年12月，天津市网民规模为1274万人，较2020年3月新增99万人，互联网普及率达81.4%，较全国互联网普及率（70.4%）高11.0个百分点；已备案网站50764个，较2019年增加3418个，同比增长7.2%；网页数量为52.27亿个，较2019年底增长19.4%[2]。规模如此庞大的互联网利用现

---

[1] 《国家网信办：网络安全形势严峻复杂 需进一步明确各方责任》，百家号人民咨询，https：//baijiahao.baidu.com/s? id＝1708967894663233487&wfr＝spider&for＝pc，发布日期：2021年8月24日，最后访问日期：2023年7月13日；《工信部副部长张云明：网络安全形势挑战日益复杂严峻 需多方协同共治》，百家号人民融媒体，https：//baijiahao.baidu.com/s? id＝1738215188982014202&wfr＝spider&for＝pc，发布日期：2022年7月13日，最后访问日期：2023年7月13日。

[2] 《2020年度天津市互联网络发展状况统计报告》，百家号天津网信办，https：//baijiahao.baidu.com/s? id＝1710259340113282969&wfr＝spider&for＝pc，发布日期：2021年9月8日，最后访问日期：2023年7月13日。

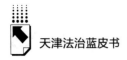

状，相对应的是网信专业技术人员数量严重不足："目前，在网信人才队伍建设方面，天津仍面临高端人才相对匮乏、人员综合素质能力亟待提升、专业人才储备不足等问题。"① 近三年来，人才缺乏的情况并未得到缓解。

四　依法管网治网工作的对策建议

习近平总书记指出："网络综合治理依法管网治网，就是要坚持以人民为中心，统筹发展和安全，强化系统观念、法治思维，注重源头治理、综合治理，坚持齐抓共管、群防群治，全面落实打防管控各项措施和金融、通信、互联网等行业监管主体责任，加强法律制度建设，加强社会宣传教育防范，推进国际执法合作，坚决遏制此类犯罪多发高发态势，为建设更高水平的平安中国、法治中国作出新的更大的贡献。"② 为此，应当在前期成绩的基础上做好以下几方面的工作。

（一）完善党管互联网的具体方式和机制

坚持党管互联网，一是不能让网络媒体脱离党的领导。党管媒体是我们党治国理政的一项重要原则，党管互联网就是党管媒体的现代表现。要管好互联网上所呈现的内容，做好网络舆论引导和舆情监管，让正能量和主旋律主导网络空间，推进党管互联网更加坚实有力。二是必须加强党对涉网职能部门的集中领导。如果对互联网管理和治理仍然停留在各职能部门在各自职责范围内各挡一面的思维上，必然会形成各自为政的局面，不可避免地会形成管理和治理的真空地带，为网络安全留下隐患。为实现对互联网的全系统、全过程管理，必须加强党对网信工作相关职能部门的集中领导。三是应

---

① 《天津："引才聚才"更重"育才用才"　建设高素质专业化网信人才队伍》，国家网信办，http://www.cac.gov.cn/2018-11/26/c_1123747226.htm。最后访问日期：2023年7月13日。

② 2021年4月6日，习近平对打击治理电信网络诈骗犯罪工作作出重要指示。

当尽快将党对互联网的领导原则具体化、规范化和科学化。天津应当在借鉴先进省份经验做法的基础上，结合本地实际情况尽快出台加强市委对互联网领导的具体规定，以指导网信实践。

（二）加快制定完善管网治网地方性法规

鉴于前述国家立法不可避免的滞后性，以及规章制度地方政府规范性文件效力层级较低等现实问题，可以充分行使《立法法》赋予地方人大的立法权，就网络管理和治理问题中急需要解决的、已有相当实践经验的问题进行地方立法，确保管网治网工作的法治化运作。

（三）坚持多方联动，形成高效协同合力

党委作为网络治理的领导力量，要做好网络空间的思想引领、价值宣传和舆论引导工作，防止境外意识形态渗透，进一步规范网上信息传播秩序，严防资本控制舆论的风险发生。政府作为网络治理的主导力量，需要做到依法、有效和科学管理，充分发挥管理职能，加强行政管理，制定法律规范和产业政策，明确相应的技术标准，健全相关制度措施。社会力量作为党委和政府的有力助手，要充分调动社会监督的积极性，发挥其监督作用，畅通监督表达的渠道。企业作为网络治理中的主要责任主体，要坚持经济效益和社会效益的统一，积极承担起治理责任。网民作为网络空间的主体力量，要注重培养广大网民正确健康的网络传播理念，增强抵御网络谣言、辨别是非的能力，有序并理性参与网络空间的意见表达。

（四）提升网络空间治理技术能力

营造清朗网络空间的根本支撑和关键在于提升网络空间治理的技术能力。技术是网络空间治理的重要工具，也需要与时俱进、与日俱进，需要创新网络空间技术手段与工具。如此才能提升及时监测监管网络空间内容的能力。为实现网络空间治理"人治"与"技治"的融合，需要及时防范、发现、研判和处置网络空间的违法违规内容，持续加强网络空间的治理能力建设。

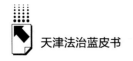

（五）专项行动与长效机制相结合，加强网络空间传播内容建设

国家网信办聚焦新情况新问题，开展一系列专项整治，具体包括：整治"自媒体"乱象；打击网络水军操纵信息内容；规范重点流量环节网络传播秩序；优化营商网络环境，保护企业合法权益；整治生活服务类平台信息内容乱象；整治短视频信息内容导向不良问题；整治暑期未成年人网络环境；整治网络戾气；整治春节网络环境①。天津市应当勇于克服困难，为确保专项整治行动取得突破性进展，采取项目制落实各项任务推进，并对照任务清单逐条细化子项目。另外，加强网络空间传播内容建设，弘扬网络主旋律，激发网络正能量。积极宣传社会主义思想文化主旋律，坚决抵制和反对网络空间的负能量和错误思潮，如包含危害国家安全、危害社会和谐进步、危害民族团结的内容等。加强网络空间传播内容的监测监管。为营造清朗的网络空间创造良好的社会环境，也为了进一步充实网络内容实时监测监督和网络举报的主体力量，应该鼓励广大网民和社会公众积极参与其中。

（六）加强人才建设，提升网络治理专业能力

依法管网治网过程中不可避免存在一些痛点难点堵点，为破解这些问题，需要构建一支高质量网络干部队伍，通过加强网络人才建设，为依法管网治网提供有力支持。一是要重视网络空间管理人才和治理人才的培养和引进，加强相关人才队伍建设，着力打造政治性强、工作作风优良、业务能力精湛的网络空间治理和管理人才队伍。二是要重视网络空间执法队伍建设。要通过积极开展执法交流研讨、执法业务培训学习、执法实战观摩等方式，大力提升其执法业务能力和网络治理专业能力。

当前，网络治理形势严峻，天津市在管网治网工作领域取得了一些成绩，但也面临诸多新挑战新课题。以管网治网为核心的网络综合治理工作必

---

① 《2023年"清朗"系列专项行动举行新闻发布会》，中共中央网络安全和信息化委员会办公室、国家互联网信息办公室网站，http：//www.cac.gov.cn/2023-03/28/c_ 1681651403641157.htm，最后访问日期：2023年7月3日。

须坚持党管互联网原则，在法治轨道上前行。网络空间治理绝不仅是党政部门的工作，各类网络空间治理主体要积极参与这项工作。不仅要认真学习领会党的二十大提出的新思想新论断，还要结合社会发展的新情况与新趋势，持续深化习近平新时代中国特色社会主义思想的网上宣传，净化网络生态，防范化解政治安全和意识形态安全风险，为营造风清气正的网络生态环境作出不懈的努力。

B.12
天津市法学教育和法学研究创新发展的实践探索

天津市法学教育和法学研究创新课题组*

摘　要： 天津市各高校和科研院所以习近平新时代中国特色社会主义思想为指引，坚决贯彻习近平法治思想，在法学教育中不断改革创新，教学体系、课程体系、教材体系、教学模式和手段、师资队伍等方面建设均取得了良好成绩；同时，各高校和科研院所聚焦法学理论前沿问题和法治建设实践中的法律问题，加强法学研究，推进学术交流，壮大科研力量，取得了一系列科研成果，对于丰富法学理论、服务法治实践具有重要价值。目前，应在反思天津市法学教育和法学研究存在问题的基础上，进一步提升法学教育的质量与法学研究的能力和水平。

关键词： 法学教育　法学研究　师资队伍

一　法学教育和法学研究的基本情况

（一）天津市法学教育的基本情况

目前，天津市共有 16 所高校开设法学本科专业（其中 13 所高校正常招

---

　* 执笔人：郝磊，天津师范大学法学院院长，教授；郭明龙，天津师范大学法学院副院长，教授。天津市教委、天津市法学会提供相关资料。

生）。南开大学、天津大学、天津师范大学、天津财经大学、天津商业大学、天津工业大学、中国民航大学设有独立的法学院。其中，南开大学法学院、天津大学法学院拥有法学一级学科博士学位授权点，南开大学法学院、天津大学法学院、天津师范大学法学院、天津财经大学法学院、天津商业大学法学院、天津工业大学法学院、中国民航大学法学院拥有法学一级学科硕士学位授权点，并拥有法律硕士学位研究生培养资格。河北工业大学文法学院拥有法律硕士研究生培养资格。

（二）天津市法学研究的基本情况

天津市各高校和科研院所是法学研究的主力军。目前，各高校均结合自身特色成立了相应的学术研究机构，如南开大学医药卫生法研究中心、天津大学中国绿色发展研究院、天津师范大学民商法应用研究中心、天津财经大学近现代法研究中心、天津工业大学应用法研究所、中国民航大学航空法律与政策研究中心等。天津社会科学院法学研究所是智库型研究机构。天津市法学会目前下设的 20 多个二级分会主要挂靠在高校及科研机构。

天津市各高校及研究机构以习近平新时代中国特色社会主义思想为指引，坚决贯彻习近平法治思想，围绕法学基础理论问题，聚焦全面依法治国实践中的前沿问题和天津市法治先行区建设中的重大问题，潜心研究，取得了一系列重要成果，提升了天津法学研究在全国的影响力。

二 法学教育的经验做法和举措

（一）建设一流法学本科专业和本科课程

在 2019 年至 2022 年开展的国家级、天津市级一流本科专业点认定和建设工作中，南开大学、天津大学、天津师范大学、天津财经大学、天津商业大学等高校的法学专业被认定为国家级一流本科专业建设点；中国民航大学等高校的法学专业被认定为天津市级一流本科专业建设点，发挥了良好的示

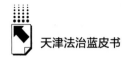

范作用。

推动基于新文科建设的法学教学改革与实践。2021 年，在市教委组织开展的首批天津市级新文科项目立项工作中，天津大学的"习近平法治思想'三进'的理论研究与实践探索"和"虚拟现实技术下的法学教学方法创新与实践"、天津工业大学的"法学融合式政产学研协同育人机制的创新与实践"等 3 项法学领域新文科项目获准立项。

截至 2022 年底，在天津市级一流本科课程建设工作中，南开大学的"环境资源法"，天津大学的"法律职业伦理""刑法案例研讨"，天津师范大学的"民法学"和"法学诊所教育"，天津商业大学的"民法（总论）"，天津财经大学的"国际商务法律环境（双语）""经济法""商法""税法"，中国民航大学的"中国法制史""民法总论"，天津医科大学临床医学院的"民法"等 7 所高校的 13 门法学专业本科课程被认定为天津市级一流本科课程，有效助力了法学人才培养。

（二）推进习近平法治思想纳入高校法治理论教学体系

贯彻落实教育部党组关于推进习近平法治思想进教材、进课堂、进头脑工作部署，根据新修订的《法学类专业教学质量国家标准》，天津市高校2022 年均已将"习近平法治思想概论"纳入法学专业核心必修课，开展面向全体学生的习近平法治思想教育，加强习近平法治思想师资培训，切实将习近平法治思想纳入高校法治理论教学体系。

积极推动党内法规教学与研究。2020 年 11 月，中共天津市委办公厅与南开大学签署共建协议，成立南开大学党内法规研究中心，2021 年完成学术指导委员会聘任工作。该中心是天津市首个党内法规研究机构，针对党内法规研究开展了教学科研的一系列实践。南开大学、天津大学等高校开设了"党内法规学"课程。

（三）加强师资队伍建设和教材教学成果培育

加强法学师资队伍建设。2021 年 5 月至 7 月，市教委组织本市开设法学专业的各高校，参加教育部高教司组织的"习近平法治思想大讲堂"，覆盖全市开设法学本科专业的 16 所高校，500 余位法学相关教师参加培训并取得培训证书。

加强课程思政示范课及优秀教材的遴选认定。2021 年，教育部和市教委开展国家和天津市级高等学校课程思政示范课程和优秀教材遴选认定工作，天津师范大学申报的"合同法"（继续教育类）课程获批教育部思政示范课程；天津商业大学等 4 所学校的"民法"（总论）等 4 门课程被认定为天津市级思政示范课程；中国民航大学等 3 所学校的《航空史案例教程·民法总论卷》等 5 种教材被认定为天津市级课程思政优秀教材。

加强法学教学成果培育。2022 年，在高等教育天津市级教学成果奖评选工作中，天津大学的"铸魂立根聚力赋能：'五新一体'的天津大学新法科建设"项目获评市级教学成果特等奖，中国民航大学的"学科引领、以本为本、特色发展、四维突破：航空法治人才培养的探索与实践"项目获评市级教学成果一等奖，南开大学的"信息安全—法学双学位班：复合型网络安全人才培养模式探索与实践"项目获评市级教学成果二等奖。

2022 年，市教委开展创新创业教育特色示范课程认定工作，天津师范大学"法律诊所教育"、天津财经大学"国际商务法律环境" 2 门课程被认定为天津市级创新创业教育示范课程。

三 法学研究的做法与成效

（一）强化法学基础理论研究

注重加强习近平法治思想研究。各高校及研究机构坚持把习近平法治思想的研究阐释作为首要任务，加强对习近平法治思想的原创性概念、判断、范畴、理论及其重大意义、核心要义、丰富内涵的研究，发表了一系列学术成果。例如：王建学在《法学》发表《公民审查建议、宪法实施与社会主义民主——研读习近平法治思想的一份理论答卷》；孙佑海在《天津大学学

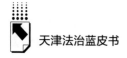

报》发表《在习近平法治思想指引下精心培养德法兼修的法学人才》。2021
年、2022年，市委依法治市办、市委党校、市法学会连续举办"学习贯彻
习近平法治思想论坛"，共征集论文438篇，已成为天津学习宣传、研究阐
释、贯彻落实习近平法治思想的旗舰阵地。

注重加强中国法律史和中华传统法律文化研究。侯欣一在《法学研究》
等重要期刊发表系列论文；冯学伟出版著作《中国法制史丛刊》，并发表多
篇法律史论文，获批国家社科基金项目"晋皖闽家族契约文书中的法律秩
序研究"；张志坡出版英文专著《中国民法学百年：著作梳理与述评》；刘
志松出版专著《秦汉魏晋犯罪学学说丛论》《明清基层社会治理丛论》。

注重加强法学一般原理及部门法基础理论研究。关于法学一般原理的研
究，张恒山教授在《中国法学》发表《论具体权利概念的结构》；王绍喜在
《中国法律评论》发表《法律文化解释理论及其限度》。关于部门法基础理
论的研究，谢晴川副教授在《法学研究》发表《商标"显著特征"之内涵
重述》；王强军教授在《中国法学》发表《刑法干预前置化的理性反思》；
王瑞雪在《中外法学》发表《声誉制裁的当代途径与法治构建》；张卫平在
《法学评论》发表《仲裁案外人权益的程序保障与救济机制》。

（二）强化社会主义法治建设中的实践问题研究

注重全面依法治国各环节的重大法律问题研究。全市法学领域学者围绕
宪法、民法典、刑法立法中的重大法律问题，司法和执法中的重大法律问
题，全民守法相关的法律问题展开研究，发表了一系列高水平学术成果。

全市学者聚焦全面依法治国中的重大法律问题成功获批若干国家级项
目。张恒山获批阐释党的十九届六中全会精神国家社科重大项目"弘扬社
会主义法治精神研究"；11名法学学者申报并获批了国家社科基金年度项
目。宋华琳依托译林出版社申报的"药品监管法治丛书"项目成功入选国
家出版基金项目。

注重法治天津建设与京津冀协同发展中的重大法律问题研究。王建学在
《法学杂志》发表《论中央在区域协调发展中的地位和职责》；朱京安出版

专著《京津冀大气污染治理一体化立法研究——国际视野与区域问题》。2022年，天津市委依法治市办和市司法局联合发布"十大重点调研课题"，南开大学、天津大学、天津师范大学、市社科院等与实务部门联合申报并完成了关于加强法治化营商环境建设、发挥行政复议化解行政争议主渠道作用、数字法治政府建设、依法惩治行贿违法犯罪行为、人权司法保障研究、依法推进疫情防控、进一步加强基层法治建设研究、《天津法治发展报告》（蓝皮书）编纂等，为推进法治天津建设提供了有益理论参考。天津市法学会2021年和2022年分别发布了法学理论法治实践研究重点课题，资助天津市学者围绕天津市依法治市过程中的热点与难点问题展开研究。

注重新兴领域法律问题研究。对人工智能、大数据环境下的法律问题，人类基因相关的法律问题，平台经济发展中的法律问题，碳达峰碳中和等环境法领域的法律问题，企业合规的相关法律问题都展开了相关研究，并发表了一系列高水平成果。曹云吉、程前、冯博、田源申报的"民事类案算法的程序法理""新发展格局下数字税立法原理研究""数字平台反垄断行政执法与法院司法衔接的理论与实践研究""党内法规案例指导制度构建研究"获批国家社科基金项目。

注重加强科研成果的应用转化。高校及科研院所围绕法治建设中的重点难点问题深入开展法学研究、积极建言献策，专家学者的咨政建议先后多次被中国法学会要报等采纳并得到中央领导同志批示；注重加强与公检法司机关、企事业单位的合作研究，积极推动政产学研有机融合。2022年，为推动高校法学研究人员积极为党和国家、天津市有关部门提供调研报告和政策咨询，天津市教委启动天津市高校智库优秀决策咨询研究成果评选，对法治社会建设若干重大问题研究，日本核污染水排海的司法应对研究，关于推进知识产权司法保护国际化的建议，反食品浪费法、统筹推进制止餐饮浪费的制度建设研究，立法保护红色资源、打造天津红色文化品牌的建设等优秀高校成果给予表彰。

（三）推进学术交流与科研平台建设

积极推动国际学术交流。2022年3月，南开大学法学院与日本山梨学

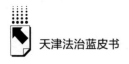

院大学法学部联合举办了"中日法律制度发展研讨会"。天津大学法学院先后邀请哈佛大学法学院教授、美国联邦法院前法官南茜·格特纳（Nancy Gertner）、美国乔治城大学法学院的斯科特·亨普林（Scott Hempling）教授等嘉宾做客北洋法律大讲堂。2021年6月，天津师范大学法学院加强与澳门科技大学法学院的交流合作，邀请该院院长方泉教授来院交流。此外，天津市各高校与科研院所还积极派出教师赴国外访学或参加国际学术会议。

加强国内与区域间学术交流。2021年，由中国法学会商法学研究会主办、天津师范大学法学院承办、天津澍泽律师事务所协办的2021年年会暨"法治化营商环境"研讨会成功举办。四百名专家学者围绕"习近平法治思想与营商环境法治""商事登记制度建设""《公司法》的重大修订与关键制度设计""《公司法》《破产法》与资本市场法治的联动修订与协同发展""营商环境法治化中商法现代化的新思维"等专题，以分会场讨论形式进行主题发言与交流。市法学会还积极组织专家学者参与环渤海区域论坛、京津冀法学交流研讨会等的征文和研讨。市法学会各学科分会围绕相关学科的热点问题举办了学术年会和学术研讨会。各高校和科研院所也结合自身优势举办了相关的学术会议和研讨会。南开大学法学院主办的《南开法律评论》出版第15辑和第16辑，天津师范大学法学院主办的《天津滨海法学》出版第8卷和第9卷，成为学术交流的重要媒介。

注重加强科研平台建设。继续推进天津市高校法学相关领域人文社会科学重点研究基地，人文社科实验室、人文社科研究中心等科研机构和平台建设，如天津大学智慧司法创新应用研究室、天津师范大学民商法应用研究中心、天津财经大学法律经济分析与政策评价中心、中国民航大学航空法律与政策研究中心等，着力推进法学创新发展取得标志性成果。

（四）加强法学研究人才队伍建设

2022年，南开大学宋华琳教授入选教育部"长江学者奖励计划"青年学者。宋华琳、王建学、郝磊、陈兵、陈灿平、白佳玉、闫尔宝、刘志松、刘召成、吴纪奎被评为"天津市优秀中青年法学家"。市法学会积极筹建"天津市法学法律专家智库和青年法学人才智库管理系统"，注重与决策部门、实务部门、教育部门建立稳定的合作机制，不断发现、培养、吸收、补充高素质应用型法治人才入库。

四 存在的问题

当前，天津市法学教育已经形成了多样性、多层次的培养体系，但存在法学人才培养的目标定位不清晰，对于通识教育与专业教育、理论教学与实践教学的关系和区别存在模糊认识，法学教育与行业企业实际脱节，学生存在综合素质与知识结构方面的缺陷等问题，亟须改进。

（一）法学人才培养还存在差距，办学水平有待提升

2020年11月3日，由教育部新文科建设工作组主办的新文科建设工作会议在山东大学（威海）召开，发布《新文科建设宣言》，对新文科建设作出全面部署。就法学培养目标，曾有专家指出我国"法学人才培养时代性不足"的弊病，并认为表现有二：其一，仅仅将法学人才培养的目标限定为一流的法官、检察官与律师过于狭隘；其二，法学人才培养未反映交叉学科特点，新技术知识储备不足[1]。天津市法学培养目标虽然正在按照新文科要求抓紧转型，但仍存在以上弊病。

天津市法学院系虽然数量不少，但目前只有两所985院校法学院拥有博士学位授予权，在学科评估中尚未有冲A学科，办学水平还需要继续提升。办学特色上，各院校虽然试图结合各自学校定位开展相关学科和交叉学科人才培养，但与文理交叉、法律职业和法学教育的有机衔接、政产学研协同育人等要求还有较大差距。

---

[1] 刘晓红：《智慧教育与法学人才培养模式变革——以上海政法学院人才培养模式为分析路径》，教育部高等法学类专业教学指导委员会中国法学会法学教育研究会2019年年会暨卓越法治人才培养与法学教育论坛论文集，第4~5页。

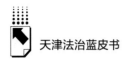

（二）学科体系、教学体系和师资队伍不能适应当前需求

目前各校在法学学科体系上严格按照教育部高等学校法学类专业教学指导委员会要求设置相关课程，但对反映法治建设新要求的新兴学科跟进上不够及时。从社会治理体系和治理能力现代化的角度，监察法学、党内法规学、立法学、国家安全法学等在多数院系还未开设；从文理交叉角度，互联网法学、数字法学等尚未被列入培养方案。

法学教学体系不能完全适应人才培养目标要求。首先，在德法兼修人才培养上，习近平法治思想概论的教学课时和师资力量均需加强，以进一步深入推进习近平法治思想学理化阐释、学术化表达、体系化构建，推动理论研究成果向课程体系、教材体系、教学体系转化。其次，现有协同育人机制与创新创业教育尚存在一定体制机制障碍，存在创新理念不足、内部驱动力不够、协同程度不深、协同方式与考评制定不合理等问题，难以适应新时代对法学人才的要求等。涉外法治人才培养力度不够，法学教育不能满足更大范围内国家战略对高水平法治人才的需要。

法学教师队伍规模、结构与新文科建设要求不匹配。新文科建设对于师资队伍建设提出了较高要求，目前各高校师资力量参差不齐，尤其是部分地方高校存在师资严重不足、结构不够优化、缺乏高水平团队等问题；而且本市法学教育师资是以理论研究、学科建设为主，"双师型"教师数量不足，而实务人员作为兼职教师要么来源受到干部兼职的限制，要么参与度不高，制约了高校法学实践教学的开展，影响了法学教育水平的提高。

（三）研究成果存在差距，研究特色不够明显

高水平科研成果相比国内先进地区存在差距。从天津市高校和科研院所的整体情况看，相比北京、上海、武汉等法学研究的先进地区，高水平科研成果无论数量还是质量均存在很大差距。本市地方高校在高水平科研成果上与两个教育部直属高校相比存在显著差距。

学术研究的特色优势还不够明显。尽管南开大学法学院的医药卫生法治和竞争法领域研究、天津大学法学院的环境资源法和司法机制研究、天津师范大学的民商法应用研究、天津财经大学的近现代法研究、中国民航大学的航空法律与政策研究等领域已形成自身特色，但就整体而言，天津市在全国具有影响力的特色研究领域和方向还不多。目前，虽然各高校和科研院所聚焦新兴领域的法律问题有相应的研究，并取得了一定研究成果，但在这些新兴领域的研究力度还需要进一步加强，特色优势还需要进一步凝练。

（四）科研平台、团队建设和学术交流还存在短板

科研平台和团队建设尚存在差距。全市市级的研究基地和智库整体上数量偏少，目前还没有教育部人文社科研究基地等国家级科研平台。

在科研团队建设上，各高校和科研院所整合自身力量形成了一些具有特色的团队，一些学校还获批了市级科研创新团队，但在全国具有影响力的团队还不多，在国家级科研团队申报上有待突破；在开展法学研究过程中，运用多学科联合攻关协作还存在不足，交叉融合创新团队建设亟待加强。

天津市法学领域的国际学术交流有待深化，近两年仅局限于校级的学术交流和专家学者的互访，未举办具有影响力的国际学术会议；各高校和科研院所承办的国内学术年会和具有全国性影响力的重要学术会议数量偏少；南开大学法学院和天津大学法学院在组织各类学术会议和邀请国内名家讲学上比较活跃，各地方高校整体上数量偏少、不够活跃。

五　下一步努力的方向

（一）重新定位法学人才培养目标

有专家指出，新文科将是古今打通、文理打通、人文与社科打通、中与

西打通、知与行打通的"五通文科"①。法学人才培养目标不应再局限于知识的传授，还应重视价值观的塑造、思维方法的训练、实践能力的提升等等。习近平总书记 2017 年 5 月 3 日在中国政法大学考察时指出，法学教育要处理好法学知识教学和实践教学的关系，要坚持立德树人②。法学院培养的人才应当是德法兼修的、能够反映交叉学科特点和新技术知识储备的创新型、复合型和应用型人才。

（二）持续优化法学学科体系、教学体系，加强师资建设

推陈出新，持续优化法学学科体系。"推陈"主要表现为既有学科的内涵更新，教育部法学专业教育指导委员会确定的本科核心主干课，法学硕、博士招生 10 个二级学科虽然相对稳定，但应不断适应社会需求、更新学科内涵，更好地融入全面依法治国实践。"出新"主要表现为法学学科建设与新兴学科发展，目前法学学科建设面临各领域法学的需求，立法领域、文化领域、教育领域、国家安全领域等对专门人才有较大需求，需要转变观念，聚焦特定领域开展人才培养。注意法学与其他学科的交叉融合，尽快开设数字法学、气候法学、科技法学、社会治理法学等新兴学科。本市法学教育博士授予单位只有 2 个，各培养单位应当继续努力争取在法学博士或法律博士点申报中获得更多的机会。法学教育不再追求"大而全""小而全"，而应当立足自身特色，优化法学学科专业布局，以特色谋求自身发展。

健全法学教学体系，提高实践型人才培养质量。进一步加强实践教学，一体推进法学专业理论教学课程和实践教学课程建设，提高专业教学中实践教学环节占比，开展好创新创业教育，增设校外法学实践教学基地与创新创业基地，并发挥好作用。深化协同育人，在各方面支持下推动法学院系与法治工作部门在人才培养方案制订、课程建设、教材建设、学生实习实训等环

---

① 《徐显明谈"新文科"建设与卓越法治人才培养》，中国法学创新网，http://www.fxcxw.org.cn/dyna/content.php? id=15051，最后访问日期：2023 年 7 月 20 日。
② 习近平：《论坚持全面依法治国》，中央文献出版社，2020，第 177、179 页。

节深度衔接。部分院系应积极创造条件加强涉外法治人才培养，满足中国崛起过程中对涉外法治的现实需求。

加强法学教师队伍建设，为法学教育高质量发展提供动能。加强师德师风建设，始终要把师德师风作为评价教师队伍素质的第一标准。进一步利用好"双师互进"，推动法学院校、科研院所与法治工作部门人员双向交流，打造一支有利于人才培养的高素质专兼职教师队伍。优化法学教师队伍结构，根据法学理论体系、学科体系、课程体系建设要求，形成梯次化法学教师队伍和学术创新团队。

（三）凝练研究特色，彰显研究优势，产出更多高水平成果

各高校和科研院所应当结合自身学科特点，整合和挖掘既有研究资源和力量，进一步凝练学术特色，发挥研究优势。对于已经形成的特色领域，应在人才引进、经费提供、职称评定、评奖评优等方面予以倾斜支持，进一步做优做强特色学科，形成在全国具有一定知名度的研究领域。尤其是在一些新兴研究领域，要集聚学院整体力量，打造研究亮点和特色，形成自身独特的学术符号。

积极学习先进地区经验，不断加强高端人才引进和培育，并采取有力的激励措施，调动科研人员的积极性和创造力，力争在权威期刊和 CSSCI 期刊发表论文的质量和数量有更大提升。各地方高校和科研院所亦应通过加强师资队伍建设和绩效制度改革，鼓励和支持教师孵化和产出高水平学术成果，逐步缩小和部属院校法学院的差距。

（四）加强平台与团队建设，扩大学术交流，增强能力和影响力

各高校和科研院所应当切实发挥已有校级和院级研究中心、研究智库的作用，提升其在整合力量、孵化成果、凝练特色上的功能，并力争将目前已具有一定影响力的研究中心、智库建成市级研究基地和市级智库，同时在教育部人文社科研究基地等国家级科研平台建设上实现突破。在凝练自身研究特色的基础上，重点建设相关的科研团队，力争在既有的市级创新团队基础

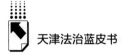
上，成功申报全国的科研创新团队。同时，注重多学科的交叉合作，着力打造各学科联合攻关的交叉融合创新团队。

深化提升法学研究影响力。加强国际学术交流，力争独立或联合承办国际法学论坛，并邀请国外法学专家来津访问交流，并派教师赴国（境）外交流访学。在南开大学法学院承办 2023 年全国经济法年会的基础上，其他高校与科研院所亦应努力承办其他学科的学术年会；各高校和科研院所还应结合自身实际，举办更多的全国性或者区域性学术论坛和研讨会。天津市法学会各学术分会应组织好年会和专题研讨会，逐步提升学术交流的质量。加强京津冀高校和科研院所的学术交流合作，切实推动京津冀协同发展中相关法律问题的研究。加强本市各高校和科研院所的学术沟通和交流，逐步建立天津市法学研究共同体。

改 革 创 新

Reform and Innovation

B.13

天津市推进行政执法协调监督
体制机制创新

天津市推进行政执法协调监督研究课题组*

摘 要： 近年来，天津市深入推进法治政府建设，探索行政执法协调监督体制机制，提升行政执法效能。天津市制定行政执法相关规范，以严格规范公正文明执法为目标，高标准高质量谋划全市行政执法工作。将行政执法协调监督作为依法治市的重点任务，加强行政权力制约监督，严格行政执法责任制，推进行政执法"三项制度"落实，加大重点领域行政执法协调监督力度，有效发挥行政复议和行政应诉的监督功能。天津市持续推进行政执法协调监督体制机制创新，立足本市特点和政务服务需求，着力推动行政执法制度建设，完善行政执法协调监督机制，发挥行政复议化解纠纷主渠道作用，加强行政执法监督协调信息化建设，不断强

---

* 执笔人：闫尔宝，南开大学法学院副院长，教授；李冉，天津市行政检察研究基地助理研究员，南开大学法学院行政法专业博士研究生。市委全面依法治市委员会执法协调小组、市司法局及市政府相关部门和各区政府提供相关资料。

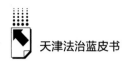

天津法治蓝皮书

化行政执法法治化、制度化、规范化建设，促进法治政府建设提质增效，推进城市依法高效能治理。

关键词： 行政执法　协调监督　依法治市　法治政府

　　为严格落实党中央关于全面依法治国的决策部署，天津市锚定法治建设先行区目标，坚持依法治市、依法执政、依法行政共同推进，法治天津、法治政府、法治社会一体建设，促进法治建设"一规划两纲要"落地见效，推进行政执法协调监督体制机制创新，守护人民群众高品质生活，法治天津建设迈出新步伐、取得新成效。目前，天津市全面落实法治政府建设，高标准高质量谋划全市行政执法协调监督工作，坚持严格规范公正文明执法，强化行政执法法治化、制度化、规范化建设，完善行政执法监督体制，提高执法部门依法行政能力，为实现政府治理体系和治理能力现代化提供坚强执法保障，力争打造更多更优的天津法治建设品牌。

一　行政执法协调监督制度和体系建设

　　为全面落实法治政府建设，规范行政执法协调监督体制机制，天津市制定行政执法相关规范，推进市委全面依法治市委员会执法协调小组实体化运行，以严格规范公正文明执法为目标，不断推进行政执法法治化、制度化、规范化建设。

（一）推进行政执法协调监督制度规范建设

　　一是推进《行政处罚法》落实。2022年制定并印发贯彻实施《行政处罚法》14项工作举措，开展委托执法情况专项检查，组织完成执法人员《行政处罚法》全员培训。二是明确行政裁量基准。2022年统筹推动行政裁量权基准制度，印发《关于加快建立行政裁量基准的通知》。市级执法部门基本建立实施行政处罚裁量基准制度。其中，市市场监管领域出台不予实施行政强制措施清单。滨海新区完成行政执法协调监督工作体系建设试点工作，25个单位建立行政处罚裁量基准制度。三是推动行政执法案例指导与监督平台建设。依托行政执法监督平台，开展案件统计、执法通报、案卷评查、考评考核等工作，印发《关于建立行政执法案例指导制度的意见》《天津市行政执法监督平台案件信息归集办法》，推动行政执法案例指导和案件信息"应归尽归"，倒逼执法机关落实执法责任。四是规范行政执法法制审核工作。2022年3月，印发《天津市司法行政机关全面推行行政执法公示制度执法全过程记录制度重大执法决定法制审核制度实施方案》，持续推进司法行政系统严格规范公正文明执法。为全面提升司法行政系统法制审核工作力度，2022年4月，印发《天津市司法局重大行政执法决定法制审核事项清单》，为规范市司法局重大行政执法决定法制审核工作提供遵循。五是加强依法行政制度体系建设。2022年天津市加强重点领域、新兴领域立法，提请市人大常委会审议地方性法规草案10件，制定、修改市政府规章7件。制定出台《天津市重大行政决策公众参与工作规则》等5个配套制度，为决策规范运行铺设完备制度轨道。加大政府事务智力支持和法治保障，聘任136人为市政府第一届重大行政决策咨询论证专家库专家，公职律师、法律顾问共处理各类法律事务9.5万余件。

（二）完善行政执法协调监督组织体系

一是推进部门综合执法。推动人力资源和社会保障、水务、农业领域综合行政执法队伍组建工作，16个区均已印发人力资源和社会保障综合行政执法支队组建方案并完成机构挂牌，各涉农区均完成水务综合行政执法支队和农业综合行政执法支队机构挂牌，区级农业综合行政执法改革任务全面完成。二是完善应急管理综合行政执法机制。出台《天津市深化应急管理综合行政执法改革实施方案》，组建市级应急管理综合行政执法队伍，不断强化应急管理综合行政执法能力。三是充实基层执法力量。2022年完成市、区向街道（乡镇）和基层一线下沉编制工作，重点加强执法力量相对薄弱

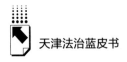

的区执法一线工作力量。例如,河东区天铁街道办事处开展综合行政执法工作,承接区政府下放的行政执法职权事项1286项。四是提升基层行政执法能力。2021年市人力社保局向各区人社执法机构印发《关于进一步加强对街道(乡镇)综合执法工作指导的通知》,进一步压实工作责任,加强对街道(乡镇)综合执法工作的指导,全面排查"乱收费、乱罚款、乱摊派"问题,调研形成《关于本市街道(乡镇)综合执法改革有关情况的报告》。

二 行政执法协调监督创新的实践经验

天津市相关部门把行政执法协调监督作为依法治市的重点任务,加强行政执法监督,严格行政执法责任制,规范行政执法体系,提高执法部门依法行政能力,提升行政执法效能,不断推进法治政府建设。

(一)加强行政权力制约监督

1.拓展行政执法监督渠道

一是坚持以党内监督为主导,促进各类监督贯通协调。自觉接受人大监督、民主监督。2022年市委全面依法治市委员会执法协调小组完成全国两会建议提案9件、市两会建议提案1608件。二是促进政务信息公开。2022年天津市政府门户网站发布各类政务信息1.5万余条,持续提升工作透明度和政府公信力,促进行政权力规范透明运行。三是积极推动司法行政系统"双随机、一公开"监管工作。按要求开展"双随机、一公开"监管,在市司法局官方网站公布年度法律服务"双随机、一公开"监管工作公告,明确随机抽查事项清单、抽查计划和"一单两库",主动接受社会监督。2022年动态调整市司法局"双随机、一公开"年度抽查事项清单,其中律师行业5项、公证行业2项、司法鉴定行业2项、仲裁行业1项,实现律师、公证、司法鉴定、仲裁等领域监管全覆盖。四是开展专项督查。对群众反映强烈的线索、长时间挂账无法解决的问题等开展政府专项督查。五是充分发挥自身监督职能。2022年,市规划资源局监督指导各区开展执法工作,并组织协调重大复杂案件查处和跨区域执法工作，提升执法监督精细化管理水平。市金融局建立"年计划+季通报+月监督"工作机制，编印行政执法监督工作季报，规范执法运行。

2.加大行政执法监督力度

一是完善安全生产执法制度。2022年建立行政执法"月告知+季通报"和安全生产执法周通报制度，印发安全生产执法周通报5期，印发全市行政执法月提示1期，起草全市行政执法季通报1期，及时督促各区各部门强化履职担当，切实维护人民群众生命财产安全。实施安全生产15条措施，一体推进危险化学品、燃气、消防、建筑施工、交通运输、农村经营性自建房等重点行业领域隐患整治。二是升级天津市行政执法监督平台。开展监督平台案件质量专项整治工作，建立全市行政执法监督人员信息库，进一步提高行政执法监督信息化水平。三是探索行政执法协调监督体系机制建设。2022年红桥区创新优化行政执法监督机制，通过开展"伴随式"执法监督、录制沉浸式全程记录执法示范视频、"内部联审、外部联动"评查行政执法案卷等方式，构建区委政法委、区法院、区检察院、区司法局等主体共同参与的"多元联动"执法监督体系，打造行政执法"大监督"工作格局。滨海新区政府完成司法部省市县乡四级行政执法协调监督工作体系建设试点工作，推动具有天津特色的"扁平化、一竿子插到底"行政执法协调监督体系建设和模式创新。组织做好全面依法治市考评行政执法和行政执法监督，以考评倒逼责任落实。

（二）加强信息化建设，提升执法质效

1.推进信息化体系化建设，提高执法精准度

天津市各部门深化执法系统化信息化建设，不断提高执法精准度和有效性，助力市场稳步发展。其中，市知识产权局开展知识产权培训工作，积极推进中国（天津）知识产权保护中心业务开展，完成备案创新主体1000余家，获得国家知识产权局授权专利300多件；成立天津市知识产权保护中心人民调解委员会，建立天津市知识产权保护中心人民调解委员会工作制度。

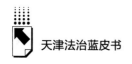

市市场监管委与京冀两地市场监管部门签订知识产权、价格、食品安全、反垄断等领域协议，在全国率先将公平竞争审查纳入市级政府部门绩效考核体系。市委网信办建立网络数据安全执法体系，建成数据安全监督管理平台，印发网络数据安全监督检查工作规范，助力营造风清气正的网络环境。

2. 创新行政执法方式，提升执法服务水平

一是充分发挥科技监管优势。开展港区无人机安全辅助巡查，构建"陆海空"立体巡查模式，全面、实时掌握重点企业作业全过程。二是推进跨区域跨领域联合执法。2022年开展"党的二十大保电暨特高线路巡查专项行动"和"重点企业用电安全整治专项行动"，在中高考期间对地铁8号线鞍山道站等3个在建项目现场开展联合突击检查。三是推行柔性执法。2022年市场监管领域办理免罚案件511件，免于强制执行案件67件。文化旅游领域轻微违法立案8起，其中7起通过普法教育和责令整改纠正了违法行为。市生态环境局编制生态环境领域轻微违法行为免罚清单，明确可以作出不予行政处罚的27种情形，依法作出不予行政处罚案件292件，占立案总数的23.6%。

（三）推进行政执法"三项制度"落实

一是及时掌握全市推进行政执法"三项制度"工作情况。2021年对全市落实"三项制度"情况进行专项调研，形成《市司法局关于全面推进天津市行政执法"三项制度"工作相关情况的报告》。根据发现的短板问题，督导相关执法部门改进工作。二是开展行政执法案卷评查。2021年组织各区、各市级部门行政执法监督机构利用天津市行政执法监督平台对行政执法案卷开展评查，全市累计评查案卷16780件。针对发现的问题，要求相关执法部门立即进行整改。2022年围绕行政执法"三项制度"的落实，组织开展行政执法案卷评查，对照案卷评查标准，评查7539件行政执法案件的案卷质量，指出相关执法环节和执法流程问题，明确整改方向，提升执法水平。三是推进行政执法规范化建设。2021年，组织完成新增行政执法人员公共法律知识考试工作，印发《天津市综合行政执法制式服装和标志管理实施办法》，面向社会发布采购公告。完成全市制作国家统一执法证件工作，加强行政执法人员信息动态管理。市级行政执法监督平台累计注销执法人员 5228 人，新增执法、法制审核和监督人员合计 3580 人。2022 年，全市 2.4 万余名行政执法人员启用统一样式的行政执法证"亮证执法"，33 个市级执法部门修订完善本系统行政执法文书，印发街镇行政执法文书参考样式，重大执法决定法制审核事项清单实现市区两级全覆盖，执法规范化建设提质增效。

（四）优化行政执法协同配合机制

一是落实行刑衔接制度，形成打击违法犯罪合力。2021 年，市公安局、市农业农村委等部门联合印发《天津市公安局等五部门关于印发天津市森林和野生动物保护行政执法与刑事司法衔接工作办法的通知》等文件 3 件，实现品种权保护、非法捕捞等执法领域行刑衔接全覆盖。市农业农村委和天津市海事局签订《天津市海事局　天津市农业农村委安全和执法工作合作框架协议》，在执法、培训、避免商渔船碰撞等领域全面开展合作，开展京津冀水产养殖联合执法行动，对天津市蓟州区、北京市房山区、河北省涿州市进行联合检查。2022 年，召开天津市 2022 年度安全生产行政执法与刑事司法衔接工作联席会，完善城市管理、食品药品、知识产权、社会保险等领域案件移送渠道。市市场监管委牵头组织市人民检察院、市高级人民法院制定《关于办理食品安全违法犯罪案件若干问题的意见》，与市公安局等联合出台《关于联合打击食品药品安全领域违法犯罪活动的工作制度》等规定，为食品安全行刑衔接工作提供制度支撑。市市场监管委与市公安局签订《关于加强知识产权协作保护的意见》等文件，明确案件移送标准、程序、时限等，形成紧密配合、高效运转的行刑衔接联动协作体系。二是加强部门联动，开展专项执法治理。2021 年，市农业农村委严厉打击渔业捕捞领域的犯罪行为，向公安机关移送涉嫌犯罪案件 4 起，为海警、公安机关提供渔船、渔业船员信息查询 14 次。市市场监管委会同市公安局、市商务局等部门打好保健食品行业专项清理整治行动收官战，组织对获证食品生产企业实施风险分级监管，累计检查企业 6580 家次。2022 年，市农业农村委联合公安机关成功破获重大农产品质量安全和跨省销售假劣农资案，有效净化了农

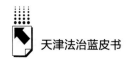

产品和农资生产经营环境。三是拓展监督新路径。市司法局升级完善天津市行政执法监督平台，推动行刑衔接案件线上统计查询，便于及时掌握行刑衔接案件办理情况，督促各单位落实工作要求。自功能上线以来，已归集全市行刑衔接案件 122 件。

（五）有效发挥行政复议和行政应诉的监督功能

一是推进行政复议体制改革。市司法局加快推进行政复议体制改革任务落地见效，市区两级复议机构设置和人员编制批复到位，行政复议职责全面整合，16 项改革任务顺利完成。西青区出台《西青区行政复议体制改革实施细则》等 12 项制度，推进行政复议体制改革落实落地。二是将案件调解作为工作重点。2021 年开展"复议为民促和谐"专项行动，全市调解和解行政复议案件 651 件，调解和解率为 20.5%。坚决纠正违法及不当行政行为，力争实质化解行政争议，做到案结事了。2022 年红桥区司法局与法院成立全市首家行政争议多元解纷中心，组建多元解纷专家库，打造府院联动、各方参与、智能高效的行政争议实质化解平台。推动区公安、市场监管、信访、卫生健康、住房建设等 12 个重点部门建立行政调解机构，促进行政调解工作规范化发展。全区运用行政调解化解民事纠纷 3049 件、行政争议 18 件。三是完善行政应诉制度。做好行政应诉季度通报，2021 年全市行政机关负责人出庭率达到 95.23%，以市政府为被告的应诉案件继续保持"零败诉"。2022 年收到行政复议案件 2796 件，办结 2637 件，纠错率 11.61%，行政争议实质化解率 76.37%，行政机关负责人出庭应诉率 99.44%，行政复议化解行政争议主渠道作用进一步发挥。

三　下一步展望

天津市行政执法协调监督体系初见成效，有力推动了法治政府建设。在分析现有经验的基础上，持续推进依法行政制度建设，完善行政执法监督体制，提升行政执法规范与效能，推动法治政府建设提质增效。

（一）着力推进行政执法制度建设

一是贯彻落实中央和天津市法治政府建设实施纲要，确保整改见行见效。结合天津市法治政府建设实施纲要117项任务分工，组织各区各部门建立法治政府建设年度重点工作台账。二是强化市委全面依法治市委员会执法协调小组实体化运行。根据市委全面依法治市委员会年度工作要点和执法协调小组统筹推进的重点任务清单及台账，推动执法协调小组年度重点工作，及时报送重点任务进展情况。积极推进全面依法治市绩效考评工作，注重考评标准的分类与多元，发挥对行政执法协调监督的指挥棒作用。三是健全行政规范性文件制定和管理机制。贯彻落实天津市重大行政决策程序规定配套文件，深化综合行政执法改革，推动行政执法规范化、标准化、信息化建设。例如，关于公众参与重大行政决策，部分地方立法规定了公民、法人和其他组织的决策建议权，以及在单一决策制度规定中，听证制度规定数量占比最高[1]。协力推进行政执法监督体系建设试点工作。根据司法部行政执法监督条例立法工作进度，适时修订完善全市行政执法监督制度规范。加强经济发展、科技创新、公共服务等重点领域和新兴领域政府立法。四是推动行政裁量权基准制定和管理。落实国务院办公厅《关于进一步规范行政裁量权基准制定和管理工作的意见》，科学制订裁量标准，推进行政裁量基准制度全覆盖。根据《关于建立行政处罚自由裁量基准指导意见》要求，督促各区各部门更新完善行政处罚自由裁量基准，规范行使行政处罚裁量权。五是继续深化"放管服"改革，着力培育和激发市场主体活力。积极实施包容审慎监管，持续优化法治化营商环境。梳理目前行政审批机构改革运行情况，逐步从制度设计高度，统一规范与科学配置各级行政审批服务机构的规格、隶属关系、归口管理、职能设置、运行机制等[2]。六是推进多层次多领域依法治理，提升社会治

---

[1]　王万华、宋烁：《地方重大行政决策程序立法之规范分析——兼论中央立法与地方立法的关系》，《行政法学研究》2016年第5期。
[2]　张定安：《深化"放管服"改革　优化营商环境》，《中国行政管理》2020年第2期。

理法治化水平。增强应急处置的针对性实效性，切实保护人民生命财产安全。

（二）继续完善行政执法协调监督机制

一是压实法治建设责任体系。建立完善党委政府主责主抓、各部门齐抓共管、法治建设议事协调机构统筹协调推动的法治建设领导体系。紧盯抓实有关部门，把全面依法治市考评纳入全市年度督检考评计划、全市绩效考评指标体系，对市、区级部门开展法治建设"年终考核"。突出党内监督主导地位，高标准办复办理市、区人大代表和政协委员提出的意见和建议。二是强化行政执法监督能力建设。以行政执法监督信息化平台为依托，开展全方位、全流程监督，从平台抽取一定比例的案件进行抽样监督，并将日常监督结果纳入执法监督考核范围；以压实部门主体责任、强化执法监督机构监督责任为原则，以"自查+监督"为主要方式，对行政执法活动开展强有力的专门监督，倒逼执法单位提升执法质效；严格执行行政执法"月告知+季通报"，推动各相关单位全面整改、及时反馈，并定期统计通报本地区、本系统执法情况，压实各级执法主体责任；推动各级行政执法部门强化自身法制机构的监督能力，继续加强监督指导力度，定期检查指导本领域执法情况，督促执法人员及时向行政执法监督平台归集案件信息，充分发挥行政执法监督平台统计监督作用。三是畅通执法监督渠道。强化审计、统计监督，完善社会监督及舆论监督等机制；实行政务公开清单管理制度，实施政务公开清单和动态更新；建立行政机关违法行为投诉举报登记制度，针对区长热线、12345政务便民服务热线等反映问题，依法回应民生关切；自觉维护司法权威，落实行政机关负责人出庭应诉制度，及时落实并反馈司法建议、检察建议，尊重并执行法院生效裁判。

（三）不断推进行政执法规范高效

一是继续推动落实《行政处罚法》。结合全市立法后评估工作，试点推动开展行政处罚后评估。地方城市管理和行政执法中创设了很多行之有效的措施，如累积计分、纳入黑名单等信用类惩戒措施，有的地方性法规规定没收从事违法活动的工具①。二是不断加大重点领域执法力度。聚焦群众"急难愁盼"问题，对安全生产、食品药品、环境保护、人力社保、医疗卫生加强隐患排查治理，提升人民群众的获得感幸福感安全感。三是进一步落实行政执法"三项制度"。根据司法部的全国行政执法文书统一标准，推进天津市行政执法文书统一工作，建立和完善音像记录保存制度，推行"一户式"集中储存。在各单位部门预算中合理安排执法部门所需装备，执法部门做好装备使用培训。加强法制审核人员队伍建设，做到应审尽审。四是落实重大执法决定法制审核制度。对于重大执法事项，做到严格依法审慎决定。五是加大行政执法案例指导力度。推广规范行政执法经验做法，督促、引导执法质量和效能有效提升。六是深化街镇综合执法改革。探索完善街镇综合执法事项清单评估调整机制，确保下放给基层的执法事项放得下、接得住、管得好、有监督。

（四）强化行政复议化解行政争议主渠道作用

一是完善行政复议体制改革相关规范。制定行政复议体制改革实施细则及配套制度，不断推进行政复议和行政应诉规范化、专业化，促进行政争议实质性化解。只有将化解行政争议定位为行政复议实现权利救济的主要手段，才能充分发挥行政复议的权利救济功能。行政争议化解并非仅仅当作个案，更重要的是通过个案化解，将抽象的法规范细化为具体规则，对未来可能发生的类似行政争议产生预防功能②。二是加强行政复议对行政执法的监督重点与监督深度。实践中行政复议应关注重点执法部门，特别是直接关系经济社会发展和民生领域重点部门，回应群众真实诉求，推动建立依法履职长效机制。行政复议中复议机关对被复议机关行政行为的合法性与合理性进行审查，发挥行政复议在实质性化解争议中的内部监督优势，以行政复议的

---

① 金国坤：《基层行政执法体制改革与〈行政处罚法〉的修改》，《行政法学研究》2020年第2期。

② 章剑生：《论作为权利救济制度的行政复议》，《法学》2021年第5期。

双重审查功能，拓展行政复议化解争议主渠道的广度、深度和能动性。三是提升行政复议调解和解率。行政复议调解制度契合行政复议的内部监督特性，需要强化行政复议调解的法治逻辑。行政复议调解制度在行政复议机关监督职能、调解范围、调解内容与调解程序等方面予以优化，促进实质性化解行政争议，发挥行政复议化解行政争议的主渠道作用。依据《天津市行政调解规定》，坚持立审分离，做到案中调解、案后释法，提升当事人对复议结果的可接受性。四是强化案件审查，提高行政复议纠错率。运用行政复议倒逼依法行政的制度优势，强化变更和责令履行等实质性行政复议决定形式，从源头规范行政执法。发挥行政复议平台监督作用，促进典型案件的示范指引作用。五是建立协调联动机制，促进行政争议实质性化解。建立协调联动机制，行政复议与行政审判各自发挥优势，注重行政复议化解行政争议的主渠道作用，对进入行政诉讼前的行政争议进行过滤，共同促进行政争议实质性化解。

（五）加强行政执法监督协调信息化建设

一是加强行政执法数字化建设。数字政府建设要求将政府部门的行政执法全过程实时上传汇总为政务大数据，以智能化提升行政服务水平与行政监管效率。市司法局依托天津市行政执法监督平台，试点推动移动执法，逐步实现"掌上执法"全过程记录、全过程监督。二是深化行政执法监督数据分析。贯彻实施《行政执法监督平台管理办法》，利用执法监督平台开展案卷评查工作，提高行政执法监督平台数据归集质量，加强大数据统计分析，及时发现、督促推动解决执法共性和个性问题。天津市行政执法监督平台将实现数字城管、社会治理等信息化系统发现的行政违法线索的事项类型、地理位置、涉及部门、权责清单等的分类汇总，分析同一区域或领域内持续高发的行政违法行为，为行政执法部门开展行政执法工作提供数据支撑[1]。通过将基层业务数据信息自下而上多渠道录入、存储和更新，形成大数据库，

---

[1] 许泽、刘静、于吉兴：《"数据共享"开启行政执法监督新模式》，《中国司法》2021年第4期。

加强分析、分类和研判，传输到业务端口，实现数据信息自上而下，打破数据壁垒和"信息孤岛"①。三是积极推进市县法治建设信息化保障。实施法治信息化工程，加强信息互联和数据共享。推动重心下移、力量下倾、保障下行，努力打通全面依法治市工作落地落实"最后一公里"。

参考文献

［1］ 王万华、宋烁：《地方重大行政决策程序立法之规范分析——兼论中央立法与地方立法的关系》，《行政法学研究》2016 年第 5 期。

［2］ 张定安：《深化"放管服"改革　优化营商环境》，《中国行政管理》2020 年第 2 期。

［3］ 金国坤：《基层行政执法体制改革与〈行政处罚法〉的修改》，《行政法学研究》2020 年第 2 期。

［4］ 章剑生：《论作为权利救济制度的行政复议》，《法学》2021 年第 5 期。

［5］ 许泽、刘静、于吉兴：《"数据共享"开启行政执法监督新模式》，《中国司法》2021 年第 4 期。

［6］ 北京市海淀区司法局课题组：《行政执法"三项制度"的数字化发展探析》，《中国司法》2021 年第 11 期。

---

① 北京市海淀区司法局课题组：《行政执法"三项制度"的数字化发展探析》，《中国司法》2021 年第 11 期。

B.14
天津市检察建议监督的实践创新与展望

天津市检察建议监督研究课题组*

摘　要： 近年来，检察建议促进社会治理法治化效果日益凸显，在新时代国家治理现代化和社会治理法治化进程中发挥了广泛而独特的作用，逐渐形成社会治理的"检察方案"。紧扣中央和市委决策部署，推动检察建议工作现代化；发挥党委、人大统筹督办作用，构建办理工作格局；强化督促回复整改刚性落实，推动实现建议监督效果；提高检察建议工作办理质量，推动提升社会治理效能；建立健全协作配合工作机制，推动形成社会治理合力。

关键词： 检察建议　依法治市　诉源治理　监督策略

　　检察建议是检察机关履行法律监督职责的重要方式，是促进社会治理法治化的重要途径。中共中央《法治中国建设规划（2020~2025年）》和天津市委《法治天津建设规划（2021~2025年）》均强调，要完善检察建议制度，认真做好检察建议落实和反馈工作。当前，检察建议监督制度已覆盖检察机关的"四大检察"① "十大业务"②，已发展成为一项兼具诉讼监

---

* 执笔人：崔真，天津市人民检察院第一分院第七检察部副主任，三级高级检察官。冯向军，天津市人民检察院第三分院综合业务部三级高级检察官。

① "四大检察"是指刑事检察、民事检察、行政检察和公益诉讼检察。

② "十大业务"包括普通刑事犯罪检察业务、重大刑事犯罪检察业务、职务犯罪检察业务、经济犯罪检察业务、刑事执行检察业务、民事检察业务、行政检察业务、公益诉讼检察业务、未成年人检察业务、控告申诉检察业务。

督、规范执法、预防犯罪、堵漏建制、改进社会管理、维护法律统一等多项职能的检察监督权力，需要进一步引导树立正确的监督理念和执法意识，制定更加精准完善的实践策略，确保天津检察建议监督工作持续深入推进。

一　检察建议监督的功能定位与顶层设计

检察建议权是法律授予检察机关的一种法定监督职权，具有法定性。2018年10月26日修订的《人民检察院组织法》明确将检察建议作为法律监督职权的行使方式，并赋予检察建议一定的法律效果[①]。2019年2月26日，新修订的《人民检察院检察建议工作规定》实施，该规定对检察建议工作在检察机关推进国家治理能力和治理体系现代化方面赋予了新定位、新使命。该规定第2条明确规定，"检察建议是人民检察院依法履行法律监督职责，参与社会治理，维护司法公正，促进依法行政，预防和减少违法犯罪，保护国家利益和社会公共利益，维护个人和组织合法权益，保障法律统一正确实施的重要方式。"

（一）检察建议的基本类型

最高人民检察院《人民检察院检察建议工作规定》将检察建议确定为五种基本类型，即再审检察建议、纠正违法检察建议、公益诉讼检察建议、社会治理检察建议和其他检察建议。法定的五种类型检察建议明确了不同类型检察建议的价值功能和特质。

除法定分类外，还应注重从职权配置和司法保护两个维度进行类型化建构。一是从职权配置维度把握诉讼监督类与社会治理类检察建议。针对司法审判机关、行政执法机关通过再审、纠正违法等诉讼活动监督的公权制约型

[①] 《人民检察院组织法》第21条规定："人民检察院行使本法第二十条规定的法律监督职权，可以进行调查核实，并依法提出抗诉、纠正意见、检察建议。有关单位应当予以配合，并及时将采纳纠正意见、检察建议的情况书面回复人民检察院。"

检察建议和面向社会有关单位部门的社会治理型检察建议。二者与检察职权相对应，在强制性程度上存在明显差异，以审判、执行权等为监督对象的公权制约型检察建议具有明晰的约束力，并由法律明确规定被建议单位收到检察建议后的审核、回复义务，以及逾期未反馈的法律责任，具有明显的强制性；而社会治理型检察建议，其约束力主要来源于释法说理内容，所以强制性相对较弱。二是从司法保护维度把握公益诉讼类与社会治理类检察建议。为加强对公共利益的特殊保护，检察机关主要针对行政机关不作为和乱作为，通过督促行政机关履职的诉前检察建议，对公共利益进行特殊保护，并以提起诉讼为保障手段，司法保护效果较社会治理类检察建议更加有力。

（二）检察建议的源头治理功能

检察建议监督是检察机关以习近平法治思想引领司法检察理念变革，慎重思考法律监督权的合理规划与布局，孜孜汲汲推进刚柔并济法律监督体系所浸润出的大谋境界，为检察机关发掘潜在职能优势，依法参与国家治理、社会治理提供的一种渐进式但极具可行性的改革路径。

近年来，检察机关更加注重以检察建议监督推动源头治理，最高人民检察院先后围绕校园安全管理、司法公告送达、金融秩序监管、窨井盖管理、虚假诉讼、网络空间整治、寄递安全监管、安全生产治理等向有关部门发出一系列检察建议①，得到积极回应，共同推动系统治理。一号至八号检察建议的制发，在某种程度上起到了督促推动国家有关部门采取改进措施的效果，不仅为新时代社会治理法治化现代化贡献了检察方案、检察产品，凸显

---

① 一系列检察建议分别是：1. 2018 年 10 月，最高人民检察院就校园安全管理向教育部发送了"一号检察建议"，引发社会高度关注，开启了检察建议发展史上的一个新时期，这是新中国检察历史上第一份以最高人民检察院名义向国务院组成部门制发的检察建议书；2. 2018 年 11 月，最高人民检察院向最高人民法院发出"二号检察建议"，建议法院进一步落实司法责任制，严格落实公告送达的相关规定；3. 2019 年 6 月，最高人民检察院围绕及时发现查处金融违法犯罪活动向中央有关部门制发了"三号检察建议"，推动相关部门进一步加强行政监管，强化源头治理，把违法犯罪风险和危害消除在萌芽状态或者初始（转下页注）

了检察机关参与国家治理、服务社会大局的责任担当，而且对推动检察建议工作的创新发展、高质量发展起到了重要的示范和引领作用。全国检察机关深入分析案件背后的深层次原因，推动一案一事整改向一类问题治理拓展，防范同类案件重复发生，形成司法办案运用检察建议新常态。

检察建议的源头治理功能可以分为两类。一是溯源治理功能，即贯彻习近平总书记强调的重要指示精神："法治建设既要抓末端、治已病，更要抓前端、治未病"①，通过向非涉案单位制发类案检察建议的能动司法方式，促进社会治理法治化水平提升，推动检察"小窗口"融入社会治理"大格局"，最高人民检察院就安全生产问题制发的"八号检察建议"即为最典型的溯源治理检察建议。二是诉源治理功能，即主动融入社会治理，针对检察机关监督办案中发现的个案、类案发生的原因，通过向涉案单位依法制发检察建议的柔性方式行使法律监督职责，防范相关案件反复发生，在治罪的同时促进治理，可定义为诉源治理检察建议。需要特别指出的是，近年来检察建议在检察机关开展的企业合规改革中发挥着重要诉源治理作用。检察机关在办案过程中发现涉案企业经营管理上存在合法合规漏洞或风险时，通过主动延伸办案职能，尝试向涉案企业提出检察建议，实践中称为企业合规检察建议。

（接上页①）阶段；4. 2020 年 4 月，针对"窨井盖吃人"问题向住房和城乡建设部发出的"四号检察建议"，则是以特殊方式守护了老百姓的"脚下安全"；5. 2020 年 7 月，针对"虚假诉讼"问题向最高人民法院发出"五号检察建议"；6. 2020 年 11 月，最高人民检察院向工业和信息化部发出"治理网络空间"的检察建议，同时抄送中央网信办、公安部，围绕网络黑灰产业链整治、App 违法违规收集个人信息、未成年人网络保护等问题提出"六号检察建议"；7. 2021 年 10 月，最高人民检察院就寄递安全监管方面的问题向国家邮政局发送，同时抄送中央政法委员会、交通运输部、商务部、国家市场监督管理总局等 12 个有关部门的"七号检察建议"；8. 2022 年 3 月，最高人民检察院就安全生产监管工作中存在的突出问题向应急管理部制发安全生产溯源治理方面的"八号检察建议"，同时抄送中央纪委国家监委、国务院安全生产委员会、公安部、交通运输部等 11 个有关部门，共促安全生产治理水平提升。

① 《坚定不移走中国特色社会主义法治道路　为全面建设社会主义现代化国家提供有力法治保障》，求是网，http://www.qstheory.cn/dukan/qs/2021 - 02/28/C_1127146541.htm，2021-02-28。

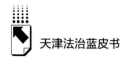

二 天津市检察建议监督运行态势分析

近年来,天津市检察机关紧紧围绕市委依法治市重大决策部署,牢固立足法律监督职能,充分发挥检察建议监督覆盖全面、运用灵活、监督高效的优势,切实把检察建议监督作为服务保障法治建设先行区目标的重要抓手,促进法治天津、法治政府、法治社会建设实施,进一步增强了检察建议监督的实效性、权威性和影响力,保障和促进天津全面依法治市建设取得一定成效。2019 年至 2022 年,天津市检察机关制发促进全面依法治市相关检察建议 8268 件,收到回复 7746 件,回复率为 93.69%,已回复检察建议被采纳 7663 件,采纳率为 98.93%,另有 14 件检察建议未收到回复但已实际采纳①。

(一)强化目标导向——检察建议监督驱动力显著增强

天津检察机关把检察建议作为检察监督新的履职动力,不断提升检察机关服务保障天津法治建设的参与度与贡献值。2019 年,制发检察建议 1427 件,回复率为 80.94%,实际采纳率为 80.38%。2020 年,制发检察建议 1706 件,回复率为 80.07%,实际采纳率为 79.43%。2021 年,制发检察建议 2063 件,回复率为 101.84%,实际采纳率为 99.76%。2022 年,制发检察建议 3072 件,回复率为 101.69%,实际采纳率为 99.74%。检察建议制发数、回复数、采纳数三项关键指标呈现增长趋势(见图 1)。

(二)强化实践导向——检察建议监督引导力显著增强

通过对各种检察建议类型的全运用,实现对法治天津、法治政府、法治社会各领域建设的全覆盖。从检察建议制发类别看,2019 年至 2022 年,再审类检察建议占比为 3.89%,纠正违法类检察建议占比为 43.05%,公益诉讼类检察建议占比为 27.48%,社会治理类检察建议占比为 18.13%,其他类检察建

---

① 数据来源于天津市检察机关检察建议工作情况统计。

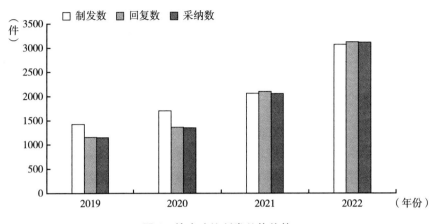

图 1　检察建议制发总体趋势

议占比为 7.45%。其中，个案纠正违法检察建议共 2783 件，占比为 33.66%，在纠正违法类检察建议中占比为 78.2%；类案纠正违法检察建议共 776 件，占比为 9.39%，在纠正违法类检察建议中占比为 21.8%（见图 2）。

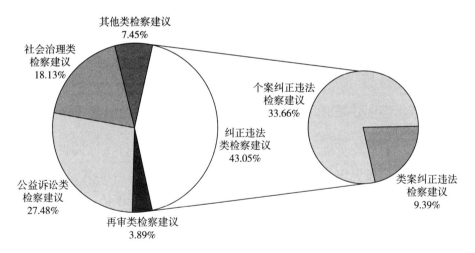

图 2　检察建议类型比值

（三）强化问题导向——检察建议监督约束力显著增强

天津市委将检察建议的回复或采纳情况列入各级行政机关考评指标，发挥检察建议解决法治建设领域问题的独特作用。从发送对象占比情况看，2019年至2022年，向行政监管执法部门发送33.95%，向公安司法机关发送51.57%，向企事业单位发送9.57%，向其他单位发送4.91%（见图3）。其中，促进依法行政，直接向行政监管执法部门发送的检察建议：2019年发送293件，2020年发送695件，2021年发送807件，2022年发送1012件，检察建议监督行政执法力度逐年提升。

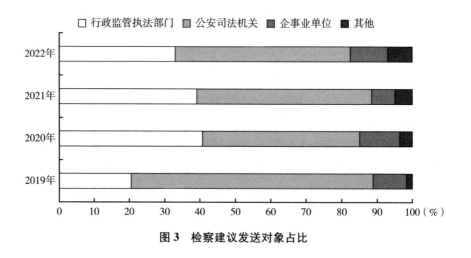

图3　检察建议发送对象占比

（四）强化效果导向——检察建议监督影响力显著增强

天津检察机关坚持"依法、善意、精准、效能、合作"监督，发挥检察建议在加强诉源治理、促进社会治理、推进依法治市中的"依法"作用。助力社会治理法治化现代化，通过直接制发涉及保护公共利益和完善社会治理两类检察建议，推动解决一大批人民群众反映突出的痛点、堵点问题，切实提升人民群众的获得感幸福感安全感。持之以恒做成刚性、做到刚性，持续提升检察建议回复率、采纳率，取得良好政治效果、社会效果和法律效果。推动天津市委全面依法治市委员会进一步完善检察建议工作标准，连续四年将拒不回复、超期回复、不采纳检察建议情况，纳入全市各级党政机关部门负面考评指标。2022年，天津检察机关向全市党政机关制发检察建议 3050 件，其中向市级党政机关发出检察建议 51 件；检察机关收到回复 3108 件，回复的检察建议被采纳 3105 件，采纳率 99.9%。

三　推进检察建议监督工作的经验做法

围绕法治政府建设，助力打造务实清廉的政务环境。依据 2021 年 6 月《中共中央关于加强新时代检察机关法律监督工作的意见》关于"检察机关在履行法律监督职责中发现行政机关违法行使职权或者不行使职权的，可以依照法律规定制发检察建议等督促其纠正"的要求，检察机关能动履职，主动发现行政机关履职不到位、行业监管存在漏洞的违法情形，通过制发检察建议，有效促进了行政机关依法履职。同时坚持办理一案、治理一片办案理念，紧盯行政执法领域突出问题，针对审查案件中暴露的普遍存在的执法不规范、监管不到位、巡查不力、发现移送刑事案件意识不强等问题，向行政机关制发检察建议，督促责任部门加大行业监管力度，完善风险预警防范措施，协助政府完善内控机制，取得了良好的社会效果。

围绕法治社会建设，助力打造安定和谐的民生环境。就办理涉疫案中发现的疫情防控难题、死角制发检察建议，助力扎牢疫情防控"防火墙"。维护人民群众切身利益，加强民生司法保障，针对非法储存、销售、燃放烟花爆竹问题，"飞线充电"、电梯安全、寄递安全等与公共安全和民生福祉密切相关问题，向行政主管单位制发公益诉讼检察建议督促履职，推动解决群众急难愁盼问题，做好公共利益保护的"代言人"。落实最高人民检察院"五号检察建议"，深挖虚假诉讼案件线索，就机动车交通事故责任纠纷、财产保险合同纠纷、民间借贷纠纷等可能存在虚假诉讼的案件进行数据碰撞和比对分析，对隐瞒真相、虚构事实、提起民事诉讼进而实施保险诈骗、"套路贷"、诈骗等违法犯罪行为严厉打击，净化诉讼环境、维护司法权威。

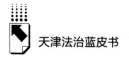

　　围绕平安天津建设，助力打造稳定有序的治安环境。通过再审和纠正违法检察建议对诉讼活动进行监督，针对办理案件中反映的问题制发社会治理类检察建议，促进源头治理，推动高空抛物、食品药品监管、城市窨井盖治理，守护人民群众头顶、舌尖及脚下安全。与开展常态化扫黑除恶斗争、养老诈骗专项行动相结合，深化重点行业领域专项整治。在办理有关恶势力集团敲诈勒索案件中，针对犯罪分子利用行业监管漏洞实施敲诈勒索犯罪问题制发检察建议。深入推进"断卡"行动，针对帮助信息网络犯罪等案件制发检察建议，斩断电信网络诈骗犯罪链条、遏制网络犯罪高发态势。对学校法治教育缺失、校园暴力、未成年人性侵、校外培训机构治理、校园周边道路安全、不良商贩向未成年人销售烟草及不符合食品安全标准食品、旅馆违规接待未成年人等情况向有关单位部门提出检察建议。

　　围绕企业合规建设，助力打造法治化营商环境。针对办案过程中发现的涉案单位法治观念淡薄，预防违法犯罪制度不健全、不落实，管理不完善、不到位，存在违法犯罪隐患需要及时消除等问题，积极制发企业合规检察建议，督促涉案企业建立有效合规管理体系，引导企业合法合规经营。2022年6月以来，对危情税收征管、重大安全责任事故、逃避商检、走私普通货物、非法经营、侵犯知识产权、伪造国家机关证件、单位行贿、拒不支付劳动报酬等类别案件，向涉案企业发出健全公司治理结构、依法合规生产经营的检察建议百余件。

　　围绕生态文明建设，助力打造美丽宜居生态环境。紧扣生态治理重点，加强生态资源保护，筑牢生态环境和资源保护检察防线。加强河湖水生态环境和水资源保护专项监督领域案件办理，通过公益诉讼检察建议督促行政机关有效防止永定河沿线国家湿地公园非法捕捞行为；移植、清理堤岸倒伏树木，确保河道行洪安全；推动制订湿地生态保护修复方案，环境质量持续改善。守护海洋环境安全，向治理互花米草涉案行政机关制发公益诉讼类检察建议，保护海洋生物多样性。针对古海岸贝壳堤保护提出检察建议，得到全面整改落实，涉案工程投入资金达 4.5 亿元。

四 存在的问题

（一）主动履职意愿不均衡

在各类检察建议中，再审检察建议、纠正违法检察建议和公益诉讼类检察建议属于履行办案诉讼程序的法定职责、法定结案方式。相较上述检察建议，社会治理类检察建议发起更有赖于办案检察官主动履职、延伸履职，履职的强制性相对较弱。因此，社会治理类检察建议制发数量是判断检察机关推动检察建议办理工作力度、反映办案检察官主观能动性的"晴雨表"。从2022年社会治理类检察建议分布情况看，市级检察机关示范引领作用发挥不明显。各区级检察机关制发的社会治理类检察建议数量差距较大，不平衡现象较突出（见图4）。

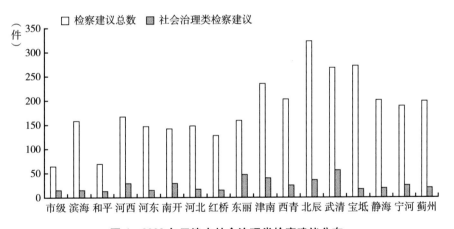

图4 2022年天津市社会治理类检察建议分布

2019年《人民检察院检察建议工作规定》修订实施以来，各级检察机关对检察建议办理工作非常重视，提出一系列要求。但具体到实际办案的检察官，他们对检察建议工作特别是社会治理类检察建议的重大意义认识没有及时更新，重视程度不足，提出社会治理类检察建议需要熟悉相关单位及行

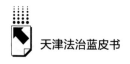

业的情况和特点，目前还不能充分适应，直接影响社会治理类检察建议的制发数量和质量。

（二）监督方式的针对性还不强

根据《人民检察院检察建议工作规定》第9条第4项规定，人民检察院对刑事诉讼活动中或者执行过程中存在普遍性、倾向性的违法问题，或者有其他重大隐患、需要引起重视予以解决的，可以向有关执法、司法机关提出纠正违法类检察建议。这里针对"普遍性、倾向性的违法问题"的纠正刑事违法检察建议，应当以类案监督为原则。而在民事行政检察中，针对民事、行政诉讼中审判人员违法、执行活动违法问题，无论是个案问题还是类案问题，都可以检察建议方式进行纠正。鉴于实践中民事和行政纠正违法类检察建议所占比重极小，类案监督方式的数据分析对监督方式的专业性评价仍具价值。类案纠正违法检察建议监督数据显示，2019年占比8.23%，2020年占比13.36%，2021年占比28.06%，2022年占比28.46%。类案检察建议占比数据趋势表明，天津检察机关更加重视对类案的总结、提炼，着力加强类案法律监督。但从全国统计数据看，2022年类案监督数量仍相对较少，远低于全国平均类案监督数。

类案检察建议监督数量和占比偏低原因可能在于，制发类案检察建议需要办案人具备更高的业务素养，对办案检察官提炼问题、分析问题的能力要求更高，前期工作中需要分析大量数据、调取相关案件，调查核实工作量以及后期要求被建议单位接受的工作难度都相对更大，制发类案检察建议所耗费的时间、精力基本等同于办案的工作量。相较而言，办案检察官更愿意制发相对比较容易、也更容易显现工作量的个案检察建议。对非涉案单位没有坚持"必要审慎"原则，有时甚至出现就同一个案件向不同非涉案单位制发检察建议、滥发检察建议、凑办案数的情况。

（三）文书质量的专业性有待提升

评查表明，部分检察建议文书质量仍有待提高。有的文书内容出现明显瑕疵，存在错别字等问题；有的制发依据不准确，文书中错误引用相关法律条文，甚至该引用相关条文没有引用；有的文书项目不全，没有按照最高人民检察院文书规范格式制作；有的文书语言文字不够准确、精练，内容过于简单，无说理或说理不够透彻、充分；有的文书向非涉案单位制发，未对案件当事人姓名作隐匿技术处理；有的文书建议内容空泛，对于如何避免类似问题再次发生的对策措施过于笼统，缺乏针对性、可执行性；有的社会治理类检察建议遗漏关于告知被建议单位可以提出异议及提出异议期限的表述。

（四）程序规范性与实效性还有待加强

调研发现，制发程序的规范性仍有不足，问题相对集中于社会治理类检察建议制发前的审核程序。一是应报送而未报送。实践中有部分社会治理类检察建议未报送负责法律政策研究的部门审核。二是未及时报送。实践中有的报送审核时间过短，办案检察官于办案审理期限的最后一日送达该检察建议书，在前一日才报送审核，导致负责法律政策研究的部门无法出具审核意见。

2022 年相关统计反映，超期回复情况仍个别存在。部分行政、审判机关主动与检察机关沟通了解如何将检察建议落实落地的积极性还不够高，对检察建议的重视程度有待进一步提升。个别检察建议对于问题背后的原因分析还不够深入，与案件事实结合不紧密，个别建议措施过于笼统、格式化，针对性、可执行性不强，缺乏可操作性也是检察建议未被采纳的原因之一。检察机关通过实地走访、主动会商等方式督促、支持被建议单位整改落实力度还需加强。

五 检察建议监督的实践策略

（一）紧扣中央和市委决策部署，推动检察建议监督现代化

深入贯彻党的二十大精神，深入落实中央和市委、市人大关于加强法律

监督工作的要求，进一步推动检察建议制发工作。聚焦服务保障高质量发展"十项行动"，助力天津市"四个高"现代化大都市建设和实践。聚焦民生热点、难点问题，人民群众的身边事、烦心事，综合运用司法办案和检察建议监督，把问题解决好、把服务做到位。聚焦依法平等保护各类市场主体合法权益，加强扰乱市场秩序犯罪办案监督，加大创新主体合法权益保障。聚焦社会治理创新，坚持能动履职，以诉源治理促进社会治理，以检察建议工作现代化服务中国式现代化。

（二）发挥党委、人大统筹督办作用，构建检察建议办理工作格局

党委、党委政法委、人大充分发挥牵头抓总、统筹协调、督办落实作用，对各级部门主动接受检察机关法律监督、提升检察建议办理质量、落实检察建议办理效果提出明确要求，出台加强检察建议办理工作的意见或决议，明确将检察建议的回复、采纳、落实情况纳入党委、政府目标绩效考评体系，推动构建"党委领导、政府主导、多方参与、司法保障"的检察建议办理工作新格局，更好地发挥检察建议促进社会治理法治化的积极作用。

（三）强化督促回复整改刚性落实，推动实现检察建议监督效果

检察机关对于检察建议中涉及事项社会影响大、群众关注度高、违法情形具有典型性、所涉问题应当引起有关部门重视的，可以抄送同级党委、人大、政府、纪检监察机关或者被建议单位的上级机关、行政主管部门以及行业自律组织等。被建议单位要主动配合检察机关的调查核实、宣告送达等工作，积极主动履职或纠正违法行为，认真研究、及时书面回复检察建议办理情况。被建议单位的主管机关或上级机关要积极督促被建议单位整改落实，协助被建议单位解决落实过程中遇到的困难和问题，对于拒不配合检察机关检察建议工作的，依照有关规定作出相应处理。

（四）提高检察建议工作办理质量，推动社会治理效能提升

检察机关要坚持严格依法、准确及时、必要审慎、注重实效的原则，针

对办理案件中发现有关单位依法履职、制度建设、监督管理等社会治理工作存在的问题，及时制发检察建议，提出切实可行的改进工作、完善治理的建议，增强检察建议的针对性、操作性和监督的精准性。要促进从个案办理向类案监督、从行业治理向系统治理转变，推动法律监督向社会治理延伸，持续推进检察建议维护天津市安全稳定的社会环境、良好的市场营商环境、生态文明建设的深度和广度，持续提升检察建议促进社会治理法治化的参与度与贡献值。

（五）建立健全协作配合工作机制，推动形成社会治理合力

建立健全定期报告机制，推动把党的领导、人大监督贯穿检察建议办理工作的各方面和全过程，各级检察机关应当定期就检察建议办理工作情况向同级党委、人大及其常委会作专题汇报。建立健全专项备案机制，检察机关向有关单位提出关系改革发展稳定大局和人民群众切身利益、社会普遍关注问题等重要情形的检察建议，应及时报党委政法委、人大监察和司法委员会及政府有关部门备案。建立健全衔接转化机制，对需要检察机关推进落实的人大代表建议和政协委员提案，可以依据相关规定开展调查核实后转化为检察建议办理。

B.15
天津市深入推进涉案企业合规改革研究

天津市涉案企业合规改革研究课题组*

摘　要： 天津市在探索建立涉案企业合规异地协作机制和涉案企业合规改革轻缓处理模式等方面积累了有益的经验，具有显著的地方特色。与此同时，在制度实践中也存在值得关注的问题，如涉案合规案件在类型分布和区域分布上存在较明显的不均衡、涉案企业合规第三方监督评估机制可持续化运行经费保障措施尚未到位等。展望未来，应进一步明确涉案企业合规整改适用条件和合规不起诉条件，推动涉案企业合规在刑事诉讼全过程适用，从审查起诉阶段向侦查阶段和审判阶段两端延伸，全面实现涉案企业改革的制度目标，真正助力各类企业纾困发展。

关键词： 涉案企业合规改革　合规不起诉　第三方监督评估机制　异地协作

为营造安商惠企的法治化营商环境，助力企业发展，2020年3月，最高人民检察院主导开展的涉案企业合规试点工作正式启动。试点工作共分三期进行，首期在全国确定了上海浦东等6个基层检察院作为试点单位。2021年3月，在首期试点一周年之际，最高人民检察院扩大了试点范围，第二期合规试点推广到了北京、浙江等10个省、直辖市。在前两期试点中，最高人民检察院仅选取部分地区检察院作为试点单位，无论是改革范围还是办理

---

* 执笔人：张勤，天津财经大学法学院院长，教授。课题组成员：刘昱含，天津财经大学法学院硕士研究生。天津市人民检察院提供相关材料。

案件数量均较为有限。2022 年 4 月，第三期改革工作启动。与前两期局限于部分地区不同，本期改革在全国范围内推开，所有检察机关都可以在司法实践中开展涉案企业合规整改。这标志着我国涉案企业合规改革向纵深发展。

国家层面由最高人民检察院主导推动、司法部等多部门参加的涉案企业合规改革工作自启动以来，通过试点逐步积累经验，在总结经验的基础上先后制定发布了《关于建立涉案企业合规第三方监督评估机制的指导意见（试行）》（以下简称《指导意见》）及其实施细则，以及依据流程确定了合规建设、评估和审查三个环节相应主体的职责和任务。与此同时，为更精准指导涉案企业合规改革工作，最高人民检察院先后发布了 4 批共 20 个典型案例。以上这些举措均有力推动了试点改革工作，并为全国层面铺开涉案企业合规改革工作创造了条件，也为天津市涉案企业合规改革工作的开展提供了依据和指引。正是在上述制度和政策背景下，天津市从实际出发，不断探索并初步形成了具有天津特色的涉案企业合规改革模式。

一　涉案企业合规改革的天津实践

天津市涉案企业合规改革起步于 2021 年底，已历时一年有余。2022 年全国办理涉案企业合规案件 5150 件[①]，天津市办理 100 件，占比约 2%，虽然占比不高，但从区域和个案角度看，对天津市涉案企业合规改革一年多来的进展进行梳理仍具有积极意义。在国家层面，有助于深入了解涉案企业合规改革试点工作的推行情况以及存在的难点和痛点；在天津本地层面，有助于及时总结经验、发现不足，把涉案企业合规改革工作推向深入。

2021 年 12 月，天津市静海区人民检察院对天津市某公司等涉嫌虚开增

[①] 《最高检案管办负责人就 2022 年全国检察机关主要办案数据答记者问》，最高人民检察院官网 https://www.spp.gov.cn/spp/xwfbh/wsfbt/202303/t20230307_ 606553. shtml#2，2023 - 03 - 07，最后访问日期：2023 年 7 月 30 日。

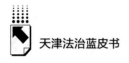

值税专用发票案适用涉案企业合规改革,这是天津市范围内适用涉案企业合规改革的第一个案件,具有标志性意义。

2022 年 6 月,天津市涉案企业合规第三方机制管委会宣布成立。随后各区积极推动成立区级管委会,11 月,全市 16 个区均建立了第三方机制管委会,形成了"1+16"工作格局。市检察院、市工商联会同天津海关、市金融局等 12 个成员部门研究起草了天津市第三方监督评估机制实施意见、实施细则等 4 个改革配套文件。市工商联还推动组建了第三方机制专业人员名录库。截至 2022 年底,入库专业人员有律师、会计师、税务师、高校专家等 172 人,覆盖财税金融、市场监管、海关监管等 11 个专业类别。

(一)全市合规案件基本情况

截至 2022 年 12 月 31 日,全市各院共办理企业合规案件 100 件,其中适用第三方机制 76 件,共涉及涉案企业 108 家、企业责任人员 161 人。其中,办案数量前三位的检察院为东丽区人民检察院 20 件、滨海新区人民检察院 19 件、静海区人民检察院 6 件;办案数量后三位的检察院为和平区人民检察院 1 件、宁河区人民检察院 1 件、天津市人民检察院第一分院 2 件。

从审结情况来看,100 件案件共审结 55 件,其中,不起诉案件 42 件,共对整改合规的 45 家企业、71 人依法作出不起诉决定;整改合格后提起公诉案件 10 件,共对 11 家企业、16 人适用认罪认罚从宽制度提出轻缓量刑建议;2 件案件未通过监督评估,对 1 家企业、1 个自然人依法起诉追究刑责,1 件案件由侦查机关撤回;另完成异地协作监督评估 1 件,并将评估结果向北京市人民检察院第四分院进行反馈(见图 1)。

(二)罪名及条线分布情况

100 件案件共涉及 21 个罪名,其中适用较多的罪名集中于危害税收征管类案件,其中虚开发票罪 39 件、虚开增值税专用发票罪 23 件、持有伪造的发票罪 4 件,占总体案件数的 66%;其他适用较多的罪名包括重大责任事故罪 8 件、走私普通货物罪 4 件(见图 2)。

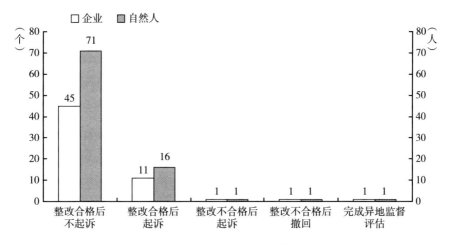

图1 企业合规案件审结情况

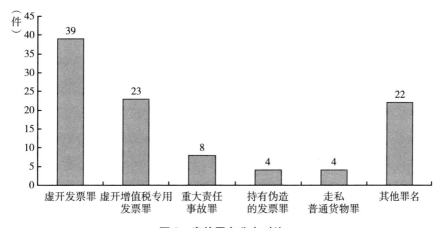

图2 案件罪名分布对比

所办理的案件，从业务条线分布来看，经济犯罪检察占比明显，占比80%，其次是重罪犯罪检察，占比10%（见图3）。

（三）适用第三方机制情况

100件案件中，适用第三方监督评估机制76件，超过全国平均适用率6.5个百分点，未适用第三方机制的均系小微企业案件。在确定适用第三方机制的案件中，各检察院主动与相关部门沟通组成第三方组织66件，另有

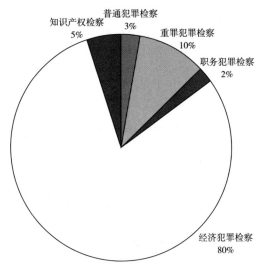

图3 案件业务条线分布对比

4件分院案件由市第三方机制管委会协商邀请专业人员组成第三方监督评估组织，4件案件委托异地开展第三方监督评估，2件案件协助异地开展第三方监督评估（见图4）。

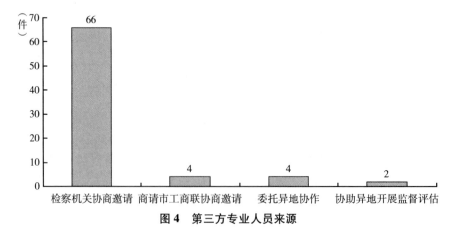

图4 第三方专业人员来源

（四）合规改革工作举措

梳理总结一年多来的工作举措，集中体现为以下四个方面，即创新指导模式、规范制度建设、凝聚合力加大宣传、检校共建加强研究。

创新指导模式。实行"条线逐案审批"机制，天津市人民检察院设立"企业合规案件办理指导组"，所涉业务部门均派一名业务骨干入组，统筹负责本条线企业合规案件审批工作。实行"总体一条线"机制，要求各检察院打破分管局限，确定一名副检察长总体负责企业合规工作，确保工作顺利开展。实行"跟进式指导"机制，针对各地试点遇到的不同问题，采用线上线下、条线联动、下沉督导等多种方式，及时沟通、深度辅导、全程跟进。实行"阶段式交流"机制，定期召开企业合规专项工作推进会，对全市办案数据进行通报，对工作中发现的问题进行重点提示，组织工作突出的检察院开展经验交流。

规范制度建设。从细化实化办案指引入手，市检察院研究制定《天津市检察机关办理企业合规案件工作指引（试行）》，为实践办案和审批备案提供规范依据。此外，积极推进建立健全第三方机制。第三方监督评估机制管理委员会已实现市、区两级"全覆盖"。建立市级第三方监督评估机制专业人员名录库，为全面依法推进案件办理提供重要支撑。

凝聚合力加大宣传。天津市人民检察院多次就企业合规工作与市工商联、行业协会等部门开展座谈，形成共识凝聚合力。与此同时，不断加大宣传力度，深入多家公司企业进行企业合规宣传，为企业合法合规经营保驾护航。

检校共建加强研究。天津市人民检察院与天津大学等单位合作共建"天津大学企业合规研究中心"，充分发挥法学理论研究方面的资源优势，为涉案企业合规改革试点工作提供理论支撑和智力支持。

二　涉案企业合规改革的特色

天津市涉案企业合规改革起步虽晚于全国部分前期试点地区，但在实践中能够结合本地实际，勇于探索，形成了具有天津地方特色的做法，其中探索建立涉案企业合规异地协作机制和探索涉案企业合规改革轻缓处理模式尤其值得关注。

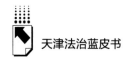

（一）探索建立涉案企业合规异地协作机制

在一些情形下，涉案企业的犯罪地和企业注册地、生产经营地并不一致，由此产生了案件办理检察机关如何与第三方机制管委会及第三方组织协作的问题。对此，天津市检察机关出台工作指引予以明确。如果出现涉案企业、个人的居住地与案件办理地不一致的情形，案件办理地检察机关可以委托居住地第三方机制管委会选任组成第三方组织直接开展监督评估，也可商请居住地检察机关或者报请上一级检察机关协作启动。

2014 年，陈某某（时任天津 A 公司法定代表人）请托时任北京 B 装备制造有限公司总经理马某某（已判刑），为天津 A 公司承揽业务提供帮助。2014 年至 2020 年，马某某利用职务便利，为天津 A 公司承揽业务提供帮助。陈某某多次给予马某某钱款，共计 83 万余元。

北京市人民检察院第四分院审查后认为，鉴于涉案企业注册地在天津市武清区，属于异地监管，为便于第三方专业人员开展评估考察工作，经向最高人民检察院法律政策研究室请示，决定该案申请天津市人民检察院协助选任天津当地专业人员组建第三方组织，并向天津市人民检察院出具商请协助开展企业合规第三方监督评估工作的函。

本案为京津两地检察机关首次就企业合规开展异地协作，天津市人民检察院高度重视，指令涉案企业所在地武清区人民检察院协助组建第三方监督评估机制，并以个案协作为切入点逐步建立常态化协作机制。武清区人民检察院通过查询工商登记、联系涉案企业等方式确认企业所在位置确在本辖区范围内，检察官深入企业生产一线，进行多方面考察，核查确认涉案企业已成立 12 年，工业生产总值 1 亿多元，缴纳增值税 153 万余元；拥有 22 项发明专利和 5 项实用新型专利，为多家交通运输单位提供产品，具有一定的经营和技术研发能力。涉案企业仍有生产经营能力，市场竞争力较强，愿意接受监督评估，并进行合规整改。

作为办案地检察院与协助地检察院，北京市人民检察院第四分院与武清区人民检察院共同履行引导、监督、审查、建议职责。北京市人民检察院第四分院利用办案已掌握的信息，帮助协作地检察院完善社会调查的目标、方式、内容、重点等，并随时听取协作地检察院、第三方组织的情况汇报，提出意见建议。武清区人民检察院按照办案地检察院委托，采取现场检查、书面审查等方式对涉案企业进行调查。在天津当时还不是试点地区，还未建立第三方机制管委会的情况下，积极能动履职，协助第三方组织开展监督评估工作。两院通过视频会议形式随时沟通，及时解决监督评估过程中的问题，发挥检察一体化优势，形成检察合力。

针对涉案企业产值规模不大、组织架构相对简单、属于中小企业这一情况，结合其犯罪行为、所处经营领域、企业合规风险点等特点，武清区人民检察院联合区工商联，对全区律师、会计师和工程师群体进行筛选，最终确定委托来自上述领域的3名专业人员组建第三方组织，并确定3个月的整改考察期。区检察院多次带领第三方监督评估组织赴涉案企业进行监督检查，围绕涉案企业是否牢固树立"依法合规"的经营理念、是否规范经营行为，在招投标行为中恪守底线以及是否完善财务管理，保证公司资金依规使用等三个方面开展监督评估，并对涉案企业合规计划等材料进行详细审查。对第三方组织的工作进行监督，适时向其提出意见建议，并对其出具的合规考察书面报告进行审查。

为防止"纸面合规"，武清区人民检察院一方面引导涉案企业制定完善的合规计划，另一方面充分运用实地走访、现场考察、听取汇报、提出意见等多种方式，确定合规计划的实际执行情况。严格合规验收标准，第三方组织、北京市人民检察院第四分院和武清区人民检察院均共同参加了三个阶段的评估会。通过第三方组织严格把关、两地检察机关督促落实，促进涉案企业"真合规"。在涉案企业通过合规监督评估后，北京市人民检察院第四分院对涉案企业家陈某某作出从轻处罚的决定。武清区人民检察院确定了半年的跟踪回访考察期，不定期对企业进行现场考察，跟进合规管理体系运行情况①。

本案是京津两地首次适用异地企业合规的实践探索，面对涉案企业注册

---

① 本案系天津市人民检察院提供的典型案例。

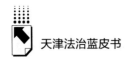

地和犯罪地不一致的情形，京津两地检察机关依托京津冀协同发展平台，构建起由委托方、受托方和第三方参与的合规考察异地协作模式，合力破解社会调查、监督考察等实务难题，降低司法成本，提升办案质效，为推动区域行业现代化治理提供了实践样本。

（二）探索涉案企业合规改革轻缓处理模式

全国工商联办公厅、最高人民检察院办公厅等部门联合印发的有关合规建设、评估和审查办法规定，涉案企业经过一段时间的合规建设后，如果经过评估达到有效性标准，人民检察院可以参考评估结论依法作出决定，如不批准逮捕、变更强制措施、不起诉，或者提出从宽处罚的量刑建议，根据实际情况也可向有关主管机关提出从宽处罚、处分的检察意见。实践中，在最高人民检察院公布的四批 20 个典型案例中，14 个案例的涉案企业经过合规建设，经评估符合有效性标准，办案检察院参考评估结论，依法作出了不起诉的决定，占比达到了 70%，对于在涉案企业合规建设中如何采取其他从宽激励措施特别是提出从宽处罚的量刑建议方面的实践经验较为有限，有待进一步挖掘和总结。天津市河北区人民检察院在办理白某娇虚开发票、洗钱案过程中进行了积极尝试，探索涉案企业合规改革轻缓处理模式[①]。

被告人白某娇于 2014 年与房某秀（另案处理）相识。2014 年 4 月至 2019 年 6 月，白某娇为牟取非法利益，通过自己虚开以及介绍他人虚开的方式，为房某秀虚开抬头为某区人民政府的发票共计 4396 张，后房某秀将上述虚开发票在单位入账报销，贪污相应现金或支票票面金额合计人民币 258 余万元，白某娇获利人民币 84 余万元。

2017 年 4 月至 2019 年 6 月，房某秀为将贪污所得支票变现，指使白某娇提供公司账户将支票入账倒现。被告人白某娇在明知房某秀提供的某区人民政府支票为贪污所得的情况下，仍提供自己名下 B 公司及他人经营主体账户将上述支票入账倒现 711 笔，金额共计人民币 143 余万元。

---

① 本案系天津市人民检察院提供的典型案例。

2021 年 12 月 23 日，河北区监察委员会以白某娇涉嫌共同职务犯罪对其进行立案调查，同年 12 月 27 日，在白某娇家中将其抓获。案发后，白某娇退缴违法所得款 84 余万元。

2022 年 8 月 30 日，天津市公安局河北分局以白某娇涉嫌洗钱罪、虚开发票罪向河北区检察院移送起诉。2022 年 12 月，河北区检察院以洗钱罪、虚开发票罪对白某娇提起公诉，并提出缓刑量刑建议。

本案中检察机关积极作为，提前介入侦查阶段，引导公安机关开展合规信息与材料收集工作，通过针对性开展工作，激发企业合规意愿，为后续合规工作的高效开展奠定了较为坚实的基础。之后案件承办人秉持"能合规尽合规"的能动司法理念，会同公安机关走访了解企业经营状况、治理结构、既往诚信及行业评价等情况，发现涉案企业符合合规条件，并决定对其适用企业合规制度，把促进合规的工作做在前面，推动合规改革释放出最优效果。

合规宣告后，为确保合规监管的有效性、公平性，确保涉案企业真合规、真整改，河北区检察院邀请区工商联、区税务局工作人员以及执业会计师等专业人员成立检查小组，通过座谈交流、查看台账、现场提问等方式，对企业合规整改情况、合规管理体系运行情况进行全面考察，督促涉案企业做实合规建设，并在现场发放《税收征管法》《反洗钱罪》测试题对公司人员法律法规掌握情况进行考察。经考察，涉案企业合规整改计划有序推进，员工合规意识明显提升，财务管理规范化、制度化明显改善，但合规制度建设局限于前两个方面，需进一步扩展至生产、经营全链条，评估小组反馈上述意见后，该公司表示将认真整改，继续坚持依法经营、合规经营。

三个月考察期限届满，河北区人民检察院对合规成效进行评估审查，认为涉案企业与个人均能积极进行合规整改，建立合规组织、完善了相关制度规范，有效完成企业合规建设的整改措施。为兼顾疫情防控与办案质效，以公开促公正，河北区人民检察院因疫情开展"云听证"，邀请听证员、人民监督员、侦查机关、注册会计师、企业负责人等线上参加听证会。经评议，参与听证各方一致认为，公司合规整改经公开考察、云听证评估合格，依法

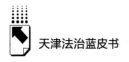

对白某娇作出缓刑处理决定。

本案中犯罪嫌疑人同时犯有洗钱罪、虚开发票罪，分别可能判处五年以上十年以下有期徒刑、二年以下有期徒刑，但考虑到犯罪嫌疑人此前无刑事犯罪前科或行政处罚记录，具有立功情节，认真配合检察机关进行企业合规整改工作且取得良好效果，对白某娇适用缓刑更能有效促进涉案企业合规发展，经委托当地司法机关进行社会危险性评估，并对其进行公开听证，均同意对其适用缓刑的处理意见，有力保障了企业的复工复产，同时也是对可能判处较重刑罚案件如何适用合规改革作出了有益探索。

三　涉案企业合规改革中存在的问题

涉案企业改革中存在的问题，有些具有共性和普遍性，这些问题在全国其他地区合规改革中均有所呈现。例如，案件范围和合规整改条件规定过于笼统和模糊，合规不起诉中检察裁量权的扩张与合法性的冲突，涉案企业合规较多在审查起诉环节适用，向前向后延伸不够，尚未全面适用于刑事诉讼全过程，单位犯罪和"企业家"犯罪的区分标准不够清晰等。有些问题则具有特殊性，与当地的社会政治经济现状密切关联，具有一定的地方性特征。

（一）办理案件类型和区域分布不均衡

如前文所述，截至 2022 年 12 月 31 日，天津市各级检察院共办理企业合规案件 100 件，这 100 件案件共涉及 21 个罪名，其中适用较多的罪名集中于危害税收征管类案件，其中虚开发票罪 39 件、虚开增值税专用发票罪 23 件、持有伪造的发票罪 4 件，占总体案件数的 66%；其他适用较多的罪名包括重大责任事故罪 8 件、走私普通货物罪 4 件。办理的合规案件涉及的罪名集中在刑法分则第三章"破坏社会主义市场经济秩序罪"第六节"危害税收征管罪"中的虚开发票罪、虚开增值税专用发票罪、持有伪造的发票罪，第二节"走私罪"中的走私普通货物罪，以及第二章"危害公共安全罪"中的重大责任事故罪,以上罪名涉及的案件占案件总数的78%。

企业合规改革不均衡现象不仅表现在案件类型分布上,还表现在区域分布上。统计数据显示,截至2022年12月31日,天津市各级检察院共办理企业合规案件100件,办案数量前三位的检察院为东丽区人民检察院20件、滨海新区人民检察院19件、静海区人民检察院6件,其他各分院及区检察院的办案数量在3件至5件范围内,有两个区检察院的办案数量仅为1件。前三个区检察院的办案数量达到45件,占总数的45%。就全市范围而言,涉案企业合规改革在区域分布上存在较为明显的不均衡现象。

涉案企业合规改革的案件类型和区域分布呈现不均衡现象,原因是多方面的,与各检察院对涉案企业合规改革意义的认识差异有关,与涉案企业合规适用的标准和条件的认识差异有关,也与检察机关对自身功能定位的认识以及"能动司法"的意识差异有关。要改变这种不均衡状态,要多管齐下、齐头并进,才能达到预期的改革目标。

(二)需进一步完善第三方监督评估多元保障机制

2023年3月,最高人民检察院案管办负责人就2022年全国检察机关主要办案数据答记者问,其中就大家关心的全国涉案企业合规改革的总体情况进行了介绍。就办案总数而言,全国各级检察机关全年办理涉案企业合规案件达5150件,其中有3577件适用第三方监督评估机制,占69.5%[1]。截至2022年12月31日,天津市各级检察院共办理企业合规案件100件,其中有76件适用第三方监督评估机制,无论是全国数据还是天津本地数据,均显示第三方监督评估机制已经成为推行涉案企业合规改革的主要形式。

具体说来,第三方监督评估机制是指人民检察院在办理涉企犯罪案件时,对其中符合合规改革适用条件的案件,引入外部监督机制,将案件交由

---

[1] 《最高检案管办负责人就2022年全国检察机关主要办案数据答记者问》,最高人民检察院官网,https://www.spp.gov.cn/spp/xwfbh/wsfbt/202303/t20230307_606553.shtml#2,2023-03-07,最后访问日期:2023年7月30日。

第三方监督评估机制管理委员会选任组成的第三方监督评估组织，由后者对涉案企业的合规承诺进行调查、评估、监督和考察。考察结果则作为人民检察院依法处理案件的重要参考①。第三方监督评估机制是一种创新的外部监督机制，其运行涉及检察机关、第三方监督评估机制管理委员会、第三方监督评估组织等主体。具有显著外部性特征的第三方监督评估组织，系由管理委员会从专业人员名录库中抽取相关人员组成，这些人员包括会计师、律师等高收入人群，其针对涉案企业合规承诺所展开的调查、评估、监督和考察工作，不仅专业性强，而且周期长、工作量大，其开展监督评估工作的活动经费、报酬由谁承担、如何承担目前并没有相关制度或者文件可以遵照，对涉案企业合规工作的可持续开展形成客观制约。

目前，第三方监督评估机制经费保障方式主要有涉案企业独自承担、列入地方财政预算、由检察机关从办案经费中支付三种模式。这三种模式各有利弊，应积极探索，尝试建立多元承担方式②，为涉案企业合规第三方监督评估机制可持续运行提供可靠的经费保障。

四　涉案企业合规改革的走向及展望

展望未来，应进一步明确涉案企业合规整改适用条件和合规不起诉条件，推动涉案企业合规在刑事诉讼全过程适用，从审查起诉阶段向侦查阶段和审判阶段两端延伸，全面落实少捕慎诉慎押刑事政策，推动治罪与治理并重，让合规守法经营成为企业的自觉遵循。

（一）进一步明确涉案企业合规整改适用条件

就制度规范而言，《指导意见》第 4 条规定，试点地区人民检察院对涉案企业适用合规改革须同时满足三项合作条件。《关于建立天津市涉案

---

① 《关于建立涉案企业合规第三方监督评估机制的指导意见（试行）》第 1 条。
② 刘博法、刘霜：《涉案企业合规第三方监督评估机制的实践瓶颈与解决路径》，《贵州大学学报》（社会科学版）2023 年第 2 期。

企业合规第三方监督评估机制的实施意见（试行）》第5条和《天津市检察机关办理企业合规案件工作指引（试行）》第5条，则在上述《指导意见》三项合作条件基础上增加了一项证据条件，即"案件事实清楚，证据确定充分、法律适用无争议"。无论是合作条件还是证据条件，均可归入积极条件之列，与之相对应的则是不适用企业合规整改的消极条件，如《指导意见》第5条规定的5种不适用涉案企业合规整改的情形。总的来说，国家和天津市对涉案企业能否适用合规整改，规定的条件较为笼统、模糊，难以对检察机关的裁量权行使形成统一合理的引导。鉴于检察机关一直秉持的谨慎适用、谨防滥用态度，对适用条件的理解和运用倾向于更为严格，因此，尽管制度设计中蕴含着减少限制条件积极鼓励涉案企业合规整改的良好愿望，但因为其规定笼统和单一，反而约束了涉案企业合规改革的动力和活力。

为有效引导检察机关行使裁量权，统一标准，可尝试在现有合作条件和证据条件基础上引入公共利益条件和补救条件。适用公共利益条件可重点从以下四个方面进行考量：一是考察企业发展前景和潜力；二是企业对社会的贡献，如就业、税收等；三是企业的社会综合评价；四是企业被起诉会造成的其他负面后果[1]。对涉案企业适用补救条件，要求对犯罪行为造成的损失进行弥补，涉案企业积极"补救挽损"、接受惩罚，有效弥补受害人的损失[2]。

（二）完善涉案企业合规不起诉条件

与涉案企业合规适用条件密切关联的另一问题是如何确定涉案企业合规不起诉条件。

现行《刑事诉讼法》规定了5种不起诉类型：法定不起诉、轻罪酌定不起诉、存疑不起诉、核准不起诉或特别不起诉、附条件不起诉。其中法定

---

① 李奋飞：《论企业合规考察的适用条件》，《法学论坛》2021年第6期。
② 张旭东：《企业合规不起诉中检察裁量权的合理规制》，《西南政法大学学报》2023年第3期。

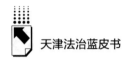

不起诉和存疑不起诉，属于未达到法定条件，在此情形下检察机关并无裁量权，检察机关应当依法作出不起诉的决定。检察机关在其他三种不起诉类型中有一定的裁量权，但空间有限。

第二种情形轻罪酌定不起诉，又称相对不起诉或轻罪不起诉①，其适用应当同时具备两个条件，即犯罪情节轻微和依法规定不需要判处刑罚或者免除刑罚。对上述两个条件进行解读，可以从总则规定、分则或司法解释规定、检察机关自由裁量角度出发将其细分为三种情形②。

目前涉案企业合规整改适用较多的是第二种情形轻罪酌定不起诉，同时纳入附条件不起诉的部分元素。检察机关为纳入考察对象的企业设立一定的考察期，根据其在考察期内的合规整改情况，作出起诉或不起诉的决定。但受制于轻罪酌定不起诉的适用条件，欲将责任人预期刑罚在3年以上有期徒刑的非轻微犯罪案件纳入合规整改对象，面临"超法规"实践的嫌疑，其权威性和合法性明显不足。鉴于此，应适时对《刑事诉讼法》进行修改，增设涉案企业合规附条件不起诉制度。附条件不起诉适用的犯罪案件范围可以不受轻微犯罪案件的限制，适用附条件不起诉的刑罚上限确定，以企业所犯罪行相应的刑罚档次的法定最高刑为7年有期徒刑为宜。与相对不起诉制度适当分工，对于附条件不起诉，可以考虑适用于重大单位案件③。法律同时要对不能适用附条件不起诉的单位犯罪案件作出限制性规定，这些限制性规定包括：涉嫌危害国家安全、恐怖活动犯罪的，造成重大人员伤亡的，等等④。

（三）推动涉案企业合规在刑事诉讼全过程适用

推动涉案企业合规在刑事诉讼全过程适用，实现涉案企业合规的全过程

---

① 陈光中：《论我国酌定不起诉制度》，《中国刑事法杂志》2001年第1期。
② 刘岳、李诗江：《相对不起诉适用条件与法律意义》，《检察日报》2018年4月20日，第3版。
③ 陈瑞华：《企业合规不起诉改革的八大争议问题》，《中国法律评论》2021年第4期。
④ 卞建林：《企业刑事合规程序的立法思考》，《政治与法律》2023年第6期。

从宽，是扭转目前涉案企业合规改革中过分倚重不起诉这一激励措施的有效对策，也是回归涉案企业合规改革初衷的必由之路。在实现路径选择上，应向侦查阶段和审判阶段两端延伸。

向侦查阶段延伸。在具体方式上，可以采取检察提前介入侦查的方式，通过专项调查，掌握相关信息，并与公安机关等机构紧密沟通协作，尽早就案件是否符合整改适用条件达成共识。如果检察机关认为案件符合合规整改适用条件，通过提前与企业协商，启动合规考察的方式，引导企业积极配合侦查，帮助公安锁定责任人，固定关键证据。"域外经验表明，只有将合规引入侦查阶段，才能激励企业配合侦查和尽早开展合规的目标。"① 展望涉案企业合规改革的下一步走向，不断丰富手段和方法，有计划有步骤地向侦查阶段延伸，无疑是涉案企业合规改革向纵深发展的重要内容。

向审判阶段延伸。对检察机关提起公诉的涉案企业合规整改案件，法院应当建立完善与检察机关的协作配合机制，做到法检各项工作有机衔接。在具体方式上，可从以下三个方面入手完善。一是明确涉案企业合规整改案件的情节定位②。二是建立完善涉案企业合规公诉案件审判程序。具体包括，随案移送涉案企业合规材料，持续开展涉案企业合规必要性审查，围绕涉案企业合规整改进行法庭调查和辩论，强化对涉案企业合规整改的实质审查和文书说理。三是探索建立针对涉案企业的撤回起诉制度。如果涉案企业在审判阶段的合规整改效果明显，可以探索对涉案企业撤回起诉③。

推动涉案企业合规在刑事诉讼全过程适用，从审查起诉阶段向侦查阶段和审判阶段两端延伸，必将进一步激发涉案企业合规制度活力、增强合规激励效果，实现优化营商环境、助力企业发展的制度目标。

---

① 李奋飞：《论涉案企业合规的全流程从宽》，《中国法学》2023 年第 4 期。
② 张朝霞：《涉案企业合规：检察经验与检法协作》，《政法论坛》2023 年第 4 期。
③ 张朝霞：《涉案企业合规：检察经验与检法协作》，《政法论坛》2023 年第 4 期。

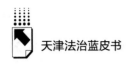

五　结语

由检察机关主导，公安机关、法院、行政机关、社会团体等协力配合的涉案企业合规改革，虽移植于国外相关制度，经过3年多的实践，已逐步呈现中国本土特色，对于优化营商环境、助力企业发展具有重要价值。涉案企业合规改革顺应了刑事政策从刑罚报应论向报应和预防统一转向的世界潮流，是检察机关从自身职能定位出发，有所作为、积极作为的突出成果，是能动司法的重要体现。

天津市涉案企业合规改革在探索建立涉案企业合规异地协作机制和涉案企业合规改革轻缓处理模式等方面积累了有益的经验，具有显著的地方特色。展望未来，应进一步明确涉案企业合规整改适用条件和合规不起诉条件，推动涉案企业合规在刑事诉讼全过程适用，全面实现涉案企业改革的制度目标，真正助力各类企业纾困发展。

参考文献

［1］陈光中：《论我国酌定不起诉制度》，《中国刑事法杂志》2001年第1期。
［2］陈瑞华：《企业合规不起诉改革的八大争议问题》，《中国法律评论》2021年第4期。
［3］李奋飞：《论企业合规考察的适用条件》，《法学论坛》2021年第6期。
［4］刘博法、刘霜：《涉案企业合规第三方监督评估机制的实践瓶颈与解决路径》，《贵州大学学报》（社会科学版）2023年第2期。
［5］张旭东：《企业合规不起诉中检察裁量权的合理规制》，《西南政法大学学报》2023年第3期。
［6］李奋飞：《论涉案企业合规的全流程从宽》，《中国法学》2023年第4期。
［7］张朝霞：《涉案企业合规：检察经验与检法协作》，《政法论坛》2023年第4期。
［8］卞建林：《企业刑事合规程序的立法思考》，《政治与法律》2023年第6期。

B.16
滨海新区"一企一证"综合改革
实践经验分析

滨海新区"一企一证"综合改革研究课题组*

摘　要：　随着我国经济的持续快速发展，优化营商环境和推进简政放权成为推动经济转型升级的重要举措。作为优化营商环境改革的关键之举，滨海新区"一企一证"综合改革在降低运营成本、提高企业效率、促进创新创业、增进市场主体满意度等方面具有重要意义。同时也存在仍需进一步解决的问题，如行政审批机制需继续完善、新技术运用场景有限等。下一步，滨海新区政府需要继续强化制度建设，完善行政审批机制，加强服务型政府建设，提高部门协同能力，优化信息共享机制，拓展新技术应用场景。

关键词：　"一企一证"　行政审批　市场监管　服务型政府

　　近年来，滨海新区坚持以习近平法治思想为指导，以推进国务院关于深化"放管服"改革、优化营商环境的要求为己任，坚持人民至上，把群众利益放在首位，持续深化机构改革、优化办事流程。为发挥相对集中行政许可权改革的优势，滨海新区率先推出了一系列务实举措，其中最为突出的是推行"一企一证"综合改革，该举措全面革新企业准营涉及的审批程序，将以往串联审批修正为并联审批，很大程度上实现审批程序简单化，提升了

　　* 执笔人：尚海涛，天津师范大学法学院教授，博士生导师；王崇倩，天津师范大学法学院硕士研究生；薛瑶，天津师范大学法学院硕士研究生。天津市滨海新区提供相关资料。

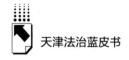

审批效率，实际有效地解决企业准营多头审批的问题，全面打造最优营商环境，也有力助推了滨海新区高质量发展。与此同时，要继续深化"一企一证"综合改革，持续发挥好滨海新区先行先试的优势，就必须直面问题持续发展创新。基于此，本文在分析滨海新区"一企一证"综合改革实践经验与现实问题的基础上，提出优化完善的对策建议。

一 滨海新区"一企一证"综合改革的实践

经党中央、国务院批准，天津滨海新区于 2014 年成立全国首个行政审批局，率先推行"一枚印章管审批"改革。近年来，滨海新区围绕企业和办事群众的痛点堵点问题，以企业需求为导向，率先推行了"一企一证"综合改革。"一企一证"综合改革的核心，是将一个市场主体在多个行业经营所需的多项行政许可事项整合，以一张行政许可证的形式予以颁发，该证照载明了所有相关行政许可信息。也就是说，一个企业只需一次申请，就可以将涉及的全部行政许可事项纳入该证照中，从而实现了"一证通办"，企业在行业准营阶段无须频繁申请不同的审批许可，大大减少了烦琐的审批程序。该行政许可证是"一企一证"综合改革试点行业经营的多项行政许可的综合证明。截至目前，滨海新区已在 50 个行业推行了"一企一证"综合改革，实现了高频民生行业的全覆盖，累计合并精简表格 132 个，精简率73.3%；减少要件 446 项，减少 61.3%；合并踏勘 85 次，合并率 67.8%；合并许可证 132 个，合并率 73.3%[①]。总结滨海新区"一企一证"综合改革的实践及经验，主要表现在下述四个方面。

（一）聚焦企业办事需求，破解跨行业准营难题

其一，当前市场主体的经营范围并不局限于某一行业，而是横跨多个行

---

① 陈璠：《深化改革实现发展环境、企业感受"双提升"》，《天津日报》2023 年 5 月 28 日，第 1 版。

业，尤其是随着新业态的发展，跨界经营更为普遍，行业边界也愈发模糊。滨海新区在企业需求和行政许可权改革的背景下，积极推动施行了"一企一证"综合改革，这项改革旨在打破以往企业在不同行业经营所面临的烦琐审批程序，将涉及的多个许可证整合为一张行政许可证，使企业在经营过程中只需要一张证照，即可涵盖其全部经营范围，从而实现更加便捷高效的经营管理，健全和完善了以市场主体为中心的综合审批和监管体系。

其二，滨海新区以积极探索的精神，率先在酒店、幼儿园、医疗机构、便利店等10个不同行业，推动开展"一企一证"综合改革试点工作，并成功颁发了全国第一批"一企一证"行政许可证。滨海新区"一企一证"综合改革以解决企业办事堵点痛点为出发点，以重塑办事流程为核心，以市场主体的需求和感受为出发点，切实落实了问需于企的惠民原则。滨海新区政府探索整合企业准营环节的前后置许可事项，并将其合为一个综合许可事项，精简了审批流程，减少了重复办理，最大限度为市场主体提供了便利，得到了社会广泛关注，先后被人民网、改革网、北方网、《天津日报》等媒体多次重点报道①。

（二）切实加强法治保障，确保改革于法有据

其一，为贯彻市委、市政府发布的《加快推进新时代滨海新区高质量发展的意见》，滨海新区人大常委会紧密结合滨海新区的实际情况，进一步发挥了改革开放的领头羊、尖刀团队和制度创新的试验场等优势，持续优化营商环境②，争当新时代高质量发展的示范标杆。根据国务院发布的《优化营商环境条例》《天津市优化营商环境条例》以及市人大常委会制定的《关于促进和保障新时代滨海新区高质量发展的决定》，滨海新区人大常委会发布了《天津滨海新区关于推进"一企一证"综合改革的决定》，该决定明确

---

① 参见中共天津市委天津市人民政府推进京津冀协同发展领导小组办公室《天津市推进京津冀协同发展典型案例》，《宏观经济管理》2022年第1期，第36~39页。

② 参见《滨海新区人大常委会作出关于探索"一企一证"综合改革的决定》，https://www.tjrd.gov.cn/xwzx/system/2020/01/02/030014646.shtml，最后访问日期：2023年7月20日。

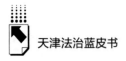

了推动"一企一证"综合改革的任务和目标。明确了区政府确定的"一企一证"综合改革牵头单位，区政务服务办负有重要责任，需要协同促进滨海新区有关改革探索工作，积极引领和组织实施"一企一证"综合改革，具体工作涵盖明确试点范围、建立试点行业清单管理制度等。

其二，为支持滨海新区先行先试，深化"一企一证"综合改革，2021年7月，天津市推进政府职能转变和"放管服"改革协调小组办公室发布了《关于扩大滨海新区"一企一证"应用范围的通知》。根据该通知规定，在拥有滨海新区行政审批局颁发的行政许可证情况下，天津市各企业等市场主体可在天津市行政区域内办理各项政务服务、行业年检、招标投标、银行贷款等事务，无须再次提供已经包含在行政许可证中的单项许可证。这意味着市场主体只需携带一张行政许可证，便能涵盖其全部经营许可事项，无须再为不同的行政审批事项分别提供单独的许可证明。这样的改革举措在极大简化企业办事流程的同时，也提高了政府部门的服务效率。此外，该通知进一步明确了各级行政机关和公共服务部门的服务义务。根据该通知规定，涉及部门不得因市场主体未提供单项许可证而拒绝办理或提供相关服务，也不能对其进行处罚，即拥有滨海新区颁发的行政许可证后，市场主体便可在全市行政区域内自由行使各项经营权利，不再受特定地区或特定许可证的限制，真正实现了"一证准营，全市通用"①。

（三）加强系统集成，实现全流程线上运行

其一，滨海新区政府从企业申办业务角度出发，将准许企业经营作为核心目标，通过将涉及多个部门的企业准营审批改为并联处理，从而很大程度上减少审批所需材料和所耗时间，有效解决了企业准营前面临的多头审批问题。同时，滨海新区将企业所需的数个前置及后置许可合并为一个综合许可事项，更进一步简化审批程序，为企业节省宝贵的时间和金钱。滨海新区

---

① 《一证准营，全市通用　滨海新区"一企一证"应用范围实现突破》，https://zwfwb.tj.gov.cn/sy/gzdt/202108/t20210808_5528330.html，最后访问日期：2023年7月20日。

"一企一证"改革，让企业更加高效地完成准营手续，减少企业准营难题，提升企业获得感和满足感。此外，此次"一企一证"综合改革还集成了工作要件及办事程序。政府对多项行政许可事项进行全面改革，将这些许可事项分类集成，实现合并操作，同时精简审批条件和申请要件。实施这一合并踏勘的过程中，相关部门联合前往企业现场，以协作方式提供审查意见，这意味着企业仅需准备一次迎接检查，无须为多个许可事项多次重复准备材料；针对多个事项进行勘查，相关部门将一并告知整改要求，使企业可以在同一次踏勘中全面了解自身存在的问题，以便及时改正。这一方面减轻了企业迎检的负担，另一方面也提高了政务办事效率。

其二，滨海新区政务服务办公室构建了滨海新区政务在线帮办平台，并设立"一企一证"模块，通过在线智能问答全面了解企业需求，自动生成相应的"一张表单"。一旦企业在线自助申报，系统将自动提取并传送信息至相关部门，实现多个部门同一时间处理和反馈。另外，此模块还包含了联合踏勘功能，一键发起踏勘请求，各部门能够即时响应，最终将证照信息线上汇总，一并制作许可证。通过系统优化，滨海新区实现了各个审批环节的并行处理，将复杂的数页表格汇总到一个综合表格；一旦完成填写，系统将自动分拆数据并发放至有关部门；踏勘和制证等过程也全部在平台上完成，实现了业务全周期闭环管理①。

（四）提高群众参与度，强化联合监管机制

其一，滨海新区政府在推进审批改革过程中，采用申请人"一事一评一议"和审批管理部门"一件一回访"制度，使得审批权力透明化运行②。在确定行政审批服务内容、工作方式、审批流程时，滨海新区政府充分重视改革

---

① 参见《政务服务升级提速 持续优化营商环境——滨海新区政务服务办"一企一证"综合改革》，https://www.tjbh.gov.cn/ZT/contents/15916/490651.html，最后访问日期：2023年7月20日。

② 参见《一颗印章管审批》，https://news.ifeng.com/a/20140703/40996131_0.shtml，最后访问日期：2023年7月20日。

对象的意见和建议，采取了诸如听证会等数种方式广开言路，积极采纳实际可行的意见和建议，并对有益于政府改革的个人、组织给予多种形式的奖励，一定程度上激发公众参与审批改革的积极性。确保审批服务更贴近市民和企业的实际需求，促使政府与社会建立了更加紧密的联系及更加融洽的关系。

其二，滨海新区充分发挥推行相对集中行政许可权改革的优势，明确在审管两个阶段分别由不同单位牵头①。其中，审批阶段由行政审批局牵头，负责统一受理申请材料，统一组织联合踏勘，统一颁发行政许可证。在监管阶段，区市场监管局统一协调组织各个行业的主管部门，根据计划进行部门联合"双随机、一公开"检查，督促引导市场主体按时提交年报。同时，加强审管联动，建立审管信息共享互通模式，确保监管到位、审批及时。

二 滨海新区"一企一证"综合改革的经验

第一，坚持问题导向。企业营商环境改善的关键在于真正摸清企业办事的堵点和痛点，对基层的调查研究正是事关改革成败的大问题。正如习近平总书记指出的，调查研究"要坚持问题导向，增强问题意识，敢于正视问题，善于发现问题，既看'高楼大厦'又看'背阴胡同'，真正把情况摸清、把问题找准、把对策提实"②。滨海新区行政审批改革就是以市场主体的需求和感受为出发点，切实落实问需于企的惠民原则。

第二，坚持制度先行。建立健全完善的改革制度，是建设法治政府的题中应有之义，也是助推改革规范化的前提和基础。滨海新区政府和人大先行出台文件，抓实抓细制度建设，做强做牢制度支撑，具体包括明确试点行业范围、划清部门职能与责任、再造业务流程、优化审批事项指引等内容，坚决杜绝部门间权责不清、推诿扯皮现象。更为重要的是，文件明确了"一

---

① 中共天津市委、天津市人民政府推进京津冀协同发展领导小组办公室：《天津市推进京津冀协同发展典型案例》，《宏观经济管理》2022年第1期，第36~39页。
② 《在学习贯彻习近平新时代中国特色社会主义思想主题教育工作会议上的讲话》，人民网，http://dangjian.people.com.cn/n1/2023/0504/C117092-32677733.html，2023-04-30。

证"的证明效力,即市场主体只要在经营场所公示行政许可证,便视为满足各监管部门的亮证要求,各监管部门和公共服务部门不得以市场主体未出示单项行政许可证为由对其进行处罚或不提供相关公共服务。

第三,加强部门协同。一方面,在行政审批中,滨海新区注重集成工作要件及办事程序,尽可能简化审批流程、缩短审批耗时。例如:利用"并联审批",有效化解多头审批问题;采用部门间"联合踏勘",切实减轻企业迎检负担,提高政务服务效率;构建在线帮办模块,及时发送信息,加强部门间信息协同。另一方面,在行政审批后的监管中,滨海新区在注重审批与监管职能分离的同时,还加强了审管联动,建立审管信息共享互通模式,确保审批及时、监管到位。

第四,站稳人民立场。滨海新区行政审批改革特别注重群众参与,坚持开门办改革。一方面,通过听证会、在线平台等悉心听取群众意见,确保改革贴近市民和企业实际需求,不断深化改革服务理念。另一方面,滨海新区将"群众满不满意"作为改革实效的根本评判标准,及时全面收集申请人反馈并切实做到扬长避短,坚持把行政审批改革置于群众和社会监督之下,避免"自说自话、自弹自唱"。

三 完善"一企一证"综合改革的路径及对策

在总结实践经验的基础上,还要注意滨海新区"一企一证"改革中存在的问题,以便不断深化改革,发挥更优示范引领作用,惠及更多市场营商主体。具体而言,一是改革缺乏整体性设计,呈现碎片化、间断性的特征,无法实现改革全面突破,使得打通跨部门信息壁垒、实现审批管理协调联动等协同机制创新成为难题。同时,行政审批局作为"一企一证"的办理机构,具有庞大的规模和复杂的架构,面临管理有效性和成员向心力不足的问题。二是审批服务理念还需深化,"一企一证"改革更多是部门间物理空间上的融合,忽略了服务细节,如办事指南多采用公务人员熟悉的语言,法言法语晦涩难懂,不利于群众具体实施。此外,"审管分离"强调的是行政审批局和市场监管局职能分离，导致的联动不及时、协作不紧密问题仍不可忽视。三是"一企一证"改革涉及行政审批局、市场监管局、烟草专卖局、消防救援支队等数个部门，由于部门间信息化程度差异，引发"信息孤岛"与"信息烟囱"问题。四是"一企一证"改革还未将数字技术大面积运用于行政审批和市场监管，运用场景有待丰富。基于上述问题，课题组在广泛调研的基础上，提出以下完善路径及对策。

（一）强化制度建设，完善行政审批机制

为更好地推进政务服务和行政审批改革，滨海新区需要建立健全统筹推动"一企一证"改革领导小组，负责协调各方整体推进改革工作，保障部门协同机制的确立。在"服务型政府"建设中，滨海新区需进一步完善"一企一证"综合改革制度，消除制约审批改革转型的体制机制障碍。还应加强政策供给，制定更加开放和支持创新的政策，鼓励企业和市场主体积极参与，并为其提供更多便利和支持。出台相关决定或规范性文件，为行政许可证照和电子证照的效力界定提供明晰的指引，确保行政审批合法性和有效性的同时，减少企业使用证照的阻碍。此外，行政审批和市场监管作为政府进行市场管理的关键"工具箱"，增强审管协同性和实现良性互动更有助于发挥"宽进严管"政策的作用。因此，要从审管部门内部管理联动、审管政策联动、审管信息联动三方面推动①，建立健全审管衔接监督协调机制，确保审批和监管部门信息共享畅通，使审批和监管无缝对接、形成合力；逐步建立健全审管衔接的实施方案，逐渐完善工作细则，尤其是针对问题频发的事项和审批部门、监管部门的具体职责界限。

政务服务办公室要积极履行协调资源职责，进一步整合公共服务物质资源和人力资源。作为促进政府服务实施的机构，政务服务办公室负有推动操作流程标准化、办事指南完备化等确保政务服务规范化和法治化的职责。优

---

① 田秀娟、范文宇：《"宽进严管"背景下行政审批与市场监管良性互动研究》，《三晋基层治理》2021年第1期，第107页。

化审批事项分类，对涉及企业生产经营的审批事项进行科学分类，分为核心事项、一般事项和辅助事项。对于核心事项，可以采取"一网通办"模式，即由主管部门统筹负责，相关部门辅助。对于一般和辅助事项，可以简化审批流程，缩短办理时间。此外，对于企业办理相关手续，应实行"容缺受理、限时办结"原则①。在审批过程中，对于不影响安全和法律法规的问题，可以先受理并办理相关手续，而不必等待所有材料齐全后再办理。

（二）深化审批理念创新，提高部门协同能力

服务型政府将公民和企业的需求放在首位，倾听公众的意见和建议，为公众提供个性化、定制化的服务。因此，"一企一证"的制度设计要充分考虑市场主体需求，加强市场主体与相关部门的联系。可以通过开展满意度调查，了解市场主体对政务服务的评价，及时改进服务质量，让市场主体感受到政府的关怀和支持，还要畅通监督投诉举报热线，针对市场主体反映的问题及时调整并引以为鉴。

滨海新区可以推动智慧型政务服务升级，引入诸如人工智能、大数据等先进技术，确保提供服务的精准度和全面性。政府可以使用智能问答和语音助手，公民和企业办理政务服务时可以直接与智能机器人对话，强化服务的便捷性和个性化。此外，为管控服务供给，大数据技术可以依据需求群体所在的政务服务生命周期实现对该服务需求的预测。对于群众满意度低的服务，平台可以利用评论数据进行文本挖掘，发现服务的短板；对于耗时长的服务，平台可以建立流程仿真优化模型，找到实现高效服务的突破点。这些分析结果能够帮助平台合理配置人力资源、优化部门协作关系、提高服务效能等，为解决问题提供智能化决策支持②。

还应制定明确的合作机制和合作协议，明确各部门在行政许可审批过程

---

① 参见《国务院：推行告知承诺制和容缺受理服务模式》，https：//credit.shandong.gov.cn/657/136057.html，最后访问日期：2023年7月20日。

② 孟庆国、鞠京芮：《人工智能支撑的平台型政府：技术框架与实践路径》，《电子政务》2021年第9期，第43页。

中的职责和义务，确保部门合作顺畅。实行清单化管理，将所有环节纳入全链条归集，克服传统公共行政中等级制和专业化分工带来的"碎片化"问题。实现政府部门间协同合作，关键在于线下的实际组织行动。互联网虚拟组织作为现实组织在网络空间的映射，二者形成闭环联系，产生"线上指导线下、线下反馈线上"的交互模式。这种模式使政府部门能够充分利用数字技术的优势，进行任务目标的判断、信息的统计与分析、资源要素的分配，从而为部门的行动决策提供必不可少的依据和支持①。

（三）优化信息共享机制，拓展新技术应用场景

优化信息共享机制，进一步克服数据壁垒。强化统一数字平台建设，打破不同部门间信息壁垒，以便各部门能够共享数据和信息资源。引入先进的数据集成和共享技术，如数据接口开发、数据集成平台等，还要加强数据仓库和数据湖等数据集成和共享的重要基础设施建设，实现全面、一体化的数据运用。要重视对数据分类分级、安全标准体系等技术规范和实施细则的供给，与整体立法保持同步②。确保共享数据的安全性是数据共享的前提，而建立完善的数据安全体系，包括数据加密、身份认证、访问控制等措施，以防止敏感信息泄露和非法访问。与此同时，各部门还要确保共享的数据质量，建立数据质量管理流程，包括数据清洗、验证、校验等环节，保证共享数据的准确性和可信度。此外，不同部门可通过签订数据共享协议，明确数据共享的目的、范围、权限和责任，这样可以增强政府部门之间的互信，确保数据使用符合法规要求。

拓展新技术应用场景，推动监管智能化。为推动大数据、区块链等新技术在市场监管中的有效应用，监管部门要展开深入分析，充分了解现有监管工作的特点和问题，以及新技术能够提供的解决方案。在这一过程中，明确技术应用的具体场景和需求至关重要。首先，要推进数字化与物联网技术结

---

① 参见吴克昌、唐煜金《边界重塑：数字赋能政府部门协同的内在机理》，《电子政务》2023年第2期，第65页。

② 徐玉梅：《我国重要数据安全法律规制的现实路径——基于国家安全视角》，《学术交流》2022年第5期，第44~45页。

合，在改革中构建智能化的企业信息管理体系，通过在企业和政府部门内部智能设备和传感器的部署，实现数据自动采集和传输，提高信息处理的效率和准确性；要利用物联网技术，实现企业资产、设备和人员的信息化管理，为企业提供更智能化、精准化的服务。其次，要运用人工智能和大数据分析技术，对企业的数据进行深度挖掘和分析，为政府部门提供更准确的决策依据。例如，通过人工智能技术，对企业的经营状况进行预测和评估，帮助政府及时了解企业的需求和困难，并针对性地提供支持和政策优化建议。最后，区块链技术具有去中心化、不可篡改等特点，可以有效解决信息安全和信任问题。在改革中，可以运用区块链技术，建立企业信息的共享和验证平台，实现企业证照的全程可溯源，提高数据的安全性和可信度。

为适应互联网时代的市场监管需求，政府监管部门应积极利用社会共治的力量，树立"多元监管""协同监管"的思想和理念，主动与网络销售平台开展深度合作。此类合作让监管部门能够更好地把握市场信息，更加精准地发现潜在问题，采取针对性的监管措施，提高监管的效率和准确性。财政专项经费的支出，应优先保障、提高智慧监管平台、系统和应用能力建设，为监管工作提供更实质性的支持，保障监管体系的稳健运行。

作为改革开放的前沿阵地，天津滨海新区以其特殊的地理位置和资源优势，以企业需求为导向，积极推进"一企一证"综合改革。本文对滨海新区"一企一证"综合改革实践经验的深入剖析中，着重强调加强法治保障、优化审批流程的重要性。加强整体性设计、完善行政审批机制等措施将是改革的重要支撑。通过对实践经验的总结与思考，进一步加强法律法规的整合和优化，建立长效机制，保障改革的可持续性和稳定性。同时，政府部门要加强协同合作、形成合力，推进综合改革的顺利实施。通过不断探索创新，滨海新区"一企一证"综合改革将会取得更加显著的成果，为天津经济的持续发展和社会进步贡献更大力量。

B.17
南开区青少年法治宣传教育的创新实践

南开区青少年法治宣传教育研究课题组 *

摘　要： 南开区将法治教育放在国民教育的重要位置，深入实施《青少年法治教育大纲》，大力推进青少年法治宣传教育的体制机制、方式方法改革创新。通过多部门联动、多元化参与、多内容供给和多模式推广，创新建立南开区青少年法治宣传教育立体格局，不断提高青少年法治宣传工作实效，增强青少年法治意识和法治素养。

关键词： 法治宣传教育　工作机制　阵地建设　创新形式

《中共中央关于全面推进依法治国若干重大问题的决定》把法治教育纳入国民教育体系，要求从青少年抓起，在中小学设立法治知识课程[1]。2016年7月，教育部、司法部、全国普法办印发《青少年法治教育大纲》的通知，要求加强青少年法治教育，使广大青少年学生从小树立法治观念，养成自觉守法、遇事找法、解决问题靠法的思维习惯和行为方式，是全面依法治国、加快建设社会主义法治国家的基础工程，凸显青少年法治教育的重要性和紧迫性[2]。2020年11月，习近平总书记在中央依法治国工作会议上强调，

---

* 执笔人：魏慧静，天津社会科学院法学研究所助理研究员。天津市南开区提供相关资料。

① 《中共中央关于全面推进依法治国若干重大问题的决定》，人民网，http://cpc.people.com.cn/n/2014/1028/c64387-25926125-5.html，2014-10-28。
② 《教育部　司法部　全国普法办关于印发〈青少年法治教育大纲〉的通知》，教育部政府门户网站，http://www.moe.gov.cn/srcsite/A02/s5913/s5933/201607/t20160718_272115.html，2016-07-04。

"普法工作要在针对性和时效性上下功夫，特别是要加强青少年法治教育，不断提升全体公民法治意识和法治素养"①。

南开区是天津市6个中心城区之一，是天津城市的发祥地。深厚的文化底蕴、丰富的科教资源，成为南开区打造特色青少年法治宣传教育工作的优势与基础所在。2022年11月，中央全面依法治国委员会办公室印发《关于第二批全国法治政府建设示范地区和项目命名的决定》（中法办发〔2022〕6号），命名天津市南开区"'青春与法 护航成长'的青少年法治宣传教育"为第二批全国法治政府建设示范项目。南开区以示范项目创建为契机，不断深化青少年法治宣传教育实践，创新发展举措，在增强青少年法治意识和法治素养方面取得了显著成效。

一 青少年法治宣传教育体系的创新发展举措

近年来，南开区深刻认识开展青少年法治教育工作的重要意义和紧迫性，大力推进青少年法治教育的体制机制、方式方法改革创新。紧扣青少年心理生理特征，聚焦青少年法治思维培育，紧抓青少年"拔节孕穗期"，建立党政引领法治、校园学习法治、社会践行法治的"三位一体"法治宣传教育系统。

（一）多部门联动，健全青少年法治宣传教育工作机制

南开区委、区政府高度重视法治宣传工作，加强组织领导，压实普法责任。南开区印发《南开区关于在公民中开展法治宣传教育的第七个五年规划（2016~2020年）》，明确将青少年普法工作打造成南开区特色的普法品牌，以创新的思维、创新的方法和创新的举措全面提升青少年法律素养②；

---

① 《为全面建设社会主义现代化国家提供有力法治保障》，人民网，http：//politics. people. com. cn/n1/2020/1120/C1001-31937596. html，2020-11-20。

② 张驰、范瑞恒：《为青少年种下法治信仰的种子 天津南开区打造立体式法治宣传教育格局》，《法治日报》2023年4月10日。

2021 年下发的《关于开展法治宣传教育的第八个五年规划（2021～2025 年）》明确，加强青少年法治教育，将法治教育融入学校教育各个阶段，进一步健全学校法治教育内容和体系，从课时、师资、教材等方面加大学校法治教育保障支撑力度，并开展形式多样的法治教育实践活动①。同时，南开区在每年制发《南开区普法依法治理工作意见》及《南开区未成年人思想道德建设工作实施方案》等文件时，都会对青少年法治宣传教育作出专门部署，指导督促各有关单位开展形式多样、成效显著的青少年法治宣传教育主题实践活动②。南开区坚持由区普法办主导，各普法成员单位参与，将青少年法治宣传教育工作纳入普法责任清单内容，细化任务、整合资源、加强联动。由此，南开区逐步建立"区委领导、政府部门主责、各方合力推动"的青少年法治宣传教育工作格局。

（二）多元化参与，扩大青少年法治宣传教育覆盖面

部门参与方面，南开区委宣传部、区教育局等普法成员单位积极履行普法宣传社会责任，重点加强了《宪法》《民法典》《义务教育法》《未成年人保护法》《预防青少年犯罪法》等法律常识教育，以及以预防性侵、防止校园欺凌、防止网络沉迷及远离毒品危害为主要内容的普法宣传活动。

学校教育方面，南开区坚持将加强法治建设作为办学治校的重要理念，培育校园法治文化。南开区为辖区内所有中小学配备法治副校长、年级法治辅导员，实现全覆盖；多年来，法治副校长参与开展模拟法庭、法治课、微视频大赛、法治夏令营、法治讲座、与家长老师座谈等法治活动 1000 余次。辖区内 2145 名中小学德育教师组成法治宣讲教师队伍，不断提升法治教育教师法治专业素养和教学水平。

社会力量方面，南开区先后成立"护苗"志愿服务队伍 183 个，深入

---

① 《南开区"八五"普法规划全文发布》，天津市南开区人民政府，https：//www. tjnk. gov. cn/NKQZF/XXDT856/GGGS5677/202207/t20220704_ 5925397. html，2022-07-04。
② 张驰、范瑞恒：《为青少年种下法治信仰的种子 天津南开区打造立体式法治宣传教育格局》，《法治日报》2023 年 4 月 10 日。

全区中小学开展各类法治宣传活动 400 余场，切实提升青少年自我保护意识；同时，依托社区律师、普法讲师团、社区宣传员，建立了高素质的"一师一团一员"青少年普法队伍，把青少年法治宣传教育融入法治建设、融入基层治理、融入日常生活，确保青少年法治宣传教育工作有力、有序、有效，社会力量的参与在青少年法治宣传教育中发挥了不可替代的作用。

（三）多内容供给，提升青少年法治宣传教育品质

南开区始终坚持以习近平法治思想引领普法宣传，使广大青少年能够运用法治思维解决问题，依法维护权利和履行义务，法治素养与时代发展保持良性互动，法律人格逐步形成并完善。面对青少年多样化、异质化的法治教育需求和法治文化需求，法治宣传教育的内容供给也要适应这种多样性、异质性。因此，南开区组织教师力量并辅以交通消防等专业指导，研究开发了有关交通安全教育课、消防安全课、安全避险课、国防教育课、环境保护课等校本法治课程；由田家炳中学制作的法治微课，分为"政治篇""经济篇""人权篇""环境篇""安全篇"五个单元，并在逐步完善后建立了法治课程资源库，供全区学生在线观看；此外，区普法办组织编写《法润心灵》，以精选案例和优秀课程等内容形式，指导青少年法治教育课程。南开区通过补充完善青少年法治宣传教育课程资源，实现多内容供给，从而提高青少年法治宣传教育效果和品质①。

（四）多模式推广，创新青少年法治宣传教育形式

在青少年法治宣传工作开展过程中，南开区不断创新法治宣传教育形式，让法治宣传教育贴近青少年，通过精准宣传、主动服务、品牌打造、智能运用等多模式推广，提高青少年法治宣传教育的工作效度。例如，广泛开展"法治第一课""法治成人礼""法治晨会""模拟法庭""云课堂"普法

---

① 张驰、范瑞恒：《为青少年种下法治信仰的种子　天津南开区打造立体式法治宣传教育格局》，《法治日报》2023 年 4 月 10 日。

教育等载体多样、内容丰富的普法活动；紧密围绕重要时间节点，如六一儿童节、"6·26"禁毒日、"12·4"国家宪法日等，开展丰富的第二课堂、普法社团等活动；疫情防控期间，法治副校长通过制作疫情防控法律知识PPT、录制法律讲堂 vlog 等形式，为"宅家"的同学送去线上"法治大餐"，深受学生欢迎；在"和美南开""文明南开"微信公众号公布"《民法典》小课堂走进校园""预防校园欺凌　关爱学生成长"等青少年法治宣传教育信息 200 余条；区公共场所显著位置设置关爱保护未成年人健康成长和普法宣传公益广告牌 3500 余块、印制宣传海报 7 万余张，在全区营造出浓厚的法治宣传教育氛围。截至 2023 年，南开区共开展青少年法治宣传教育主题活动 1238 场次，惠及青少年 41 万人次。

二　青少年法治教育实践基地建设创新实践

南开区集中优势推进青少年普法宣传，通过高水平整合资源、高标准建设阵地、高频率开展法治实践，实现"点线面"结合、"中小幼"一体、线上线下互联互通，形成立体式法治宣传教育格局；持续践行"家校社"参与融合的青少年法治教育发展理念，打造具有南开特色的青少年法治宣传教育项目品牌"青春与法　护航成长"①。

（一）打造"一园一所一地一校"青少年法治教育示范线

南开区通过积极打造"一园一所一地一校"青少年法治教育示范基地，发挥阵地引领和示范作用，实现青少年学法和用法的有机统一，不断提升普法的生动性和有效性。"一园"即在长虹生态园成立首个"南开区青少年法治文化基地"；"一所"即在行通律师事务所建立了全市第一个以律师事务所为依托的中小学生法治教育实践基地；"一地"即跨区域建立

---

① 张驰、范瑞恒：《为青少年种下法治信仰的种子　天津南开区打造立体式法治宣传教育格局》，《法治日报》2023 年 4 月 10 日。

南开区青少年毒品预防教育基地，成为天津市首次将禁毒预防教育与学生社会实践相结合的范例；"一校"即在田家炳中学（育红中学）建立了全市第一个校园青少年法治教育基地。此外，还建立了两个模拟法庭、两个禁毒教育馆，多样化打造青少年法治教育实践基地，成为中小学开展法治教育的重要支撑。

作为首个南开区青少年法治文化基地，长虹生态园充分发挥法治宣传教育基地作用，每年均有大量的青少年专题法治宣传教育活动在此开展，区属各执法部门充分利用基地内的教育设施和环境，组织开展大型宣传、咨询、专题展览以及法律服务活动，共青团、少工委为青少年在此举办成人典礼和入队仪式等。此外，长虹生态园内建有南开区禁毒教育展馆，展馆面积400多平方米，采取声、光、电等现代媒体技术，以展牌、视频、VR、实物等手段通过互动形式全面展示了毒品的危害性。该基地对外开放，不定期组织禁毒主题教育，引导市民尤其是青少年远离毒品、珍爱生命①。青少年法治教育实践基地建设，为营造良好的社会法治宣传氛围发挥了重要作用。

（二）筑牢"校园—家庭—社会"青少年成长安全守护线

作为青少年法治宣传教育的基础阵地，学校积极开展法治课程教育，法治副校长、法治辅导员积极履职，除了学校教育学习，辖区内约25万名学生注册禁毒教育平台和宪法小卫士平台，完成在线学习，且100%通过考核，不断提高自身法律素养。家庭作为青少年生活和成长的主要环境，守护青少年成长安全是家庭重要的监护责任，通过"小手拉大手"将青少年法治教育辐射家庭，同时提高家长的法治素养和法治观念。青少年群体还面临社会上的不安全因素，为帮助青少年应对社会风险，除了学校和家长的安全教育，辖区内"护苗"志愿服务队、社区律师、社区宣传员、普法讲师团

---

① 《南开区长虹生态园法治宣传教育基地》，天津市南开区人民政府，https://www.tjnk.gov.cn/NKQZF/XXDT856/bmdt/202306/t20230618_ 6287746. html，2021−08−26。

等深入全区中小学开展各类法治宣传活动，切实提升青少年自我保护和风险防范意识。"校园—家庭—社会"青少年成长安全守护线越筑越牢，青少年安全防范意识和自我保护能力也越来越强。青少年违法犯罪得到有效预防，近年来，南开区在校学生违法犯罪率为零。

（三）打造"机关—学校—社区—基地"法治教育阵地拓展线

南开区除了创设"一园一所一地一校"青少年法治教育示范基地，还积极利用新时代文明实践中心（所、站）、爱国主义教育基地和公共文化体育等阵地，遵循因地制宜、注重实效、运行良好的原则，不断拓展青少年法治宣传教育阵地的覆盖面和实效性。例如，着力发挥全区 122 个社区"五爱"教育阵地、168 个社区"快乐营地"和周恩来邓颖超纪念馆、南开中学校史馆、"双学"主题馆等爱国主义教育阵地作用，开展丰富多彩的主题活动。此外，南开区通过整合区域内法治教育基地资源，充分利用天津市高级人民法院、市消防总队、天津市人民检察院的法治教育基地，为学生提供参观学习和法治实践平台。

三 创新法治宣传教育方式方法

加强青少年法治宣传教育，要结合青少年身心发展特点和行为规范以及日常学习生活中的实际问题，对不同阶段的青少年制定的法治宣传教育策略也应不同。不断创新法治教育方式方法，使青少年更易于接受和传导，提高青少年法治宣传教育工作成效。

（一）"寓教于乐"，提高青少年法治宣传教育效度

青少年法治宣传教育要结合不同年龄和教育阶段青少年的认知特点，寓教于乐，贴近实际生活。南开区连续 20 年举办法治故事演讲、法治小品、法治漫画、"我与法"主题班会等形式的"天平杯"（行通杯）系列青少年法治教育活动；举办的"宪法小课堂"活动，央视新闻全程直播；走进社

区，为未成年人演出法治情景剧《压岁钱的那些事儿》，深得青少年群体的喜爱；漫"话"《民法典》等宣传活动，用青少年听得懂、喜欢听、记得住的语言讲授《民法典》知识；在"童心向党"教育实践活动、"扣好人生第一粒扣子"主题教育活动、文明校园创建等活动中深入开展青少年法治专题教育；"寓教于乐"贯穿法治教育各方面，不断提高青少年法治宣传教育的效果。

（二）"寓教于动"，提高青少年法治宣传教育参与度

亲身体验和实践是青少年法治宣传教育的有效形式，南开区通过丰富多彩的冬/夏令营、模拟法庭训练营等形式，让青少年在行动和实践中学法、知法、用法。组织近百名中小学生赴杭州参加法治夏令营，参观"五四"宪法纪念馆，在沿途城市开展法治宣传和签名活动；举办"我与法律共成长"主题爱心体验营暨"小小检察官"聘任仪式，并设计了小小检察官徽章和"小弋姐姐"卡通形象；举办"津彩假日——我是小法官"红领巾公益冬令营，以"检爱同行　共护未来"开启天塔灯光秀活动，开展"法律小讲堂——法律知识大比拼"活动等；南开区还打造"秒变法律人"公益品牌，开展青少年模拟法庭训练营等体验活动。此外，南开区在青少年法治宣传教育中积极开展以案释法、以案普法活动，走进庭审现场，邀请学生、家长观摩庭审过程。通过青少年在法治宣传教育过程中的亲身实践，提升青少年对法治宣传教育的体验感和参与度。

四　南开区青少年法治宣传教育的经验启示

（一）注重制度化运行，实现法治宣传教育常态化和可持续

在青少年法治宣传教育工作推进中，南开区及时总结评估各类创新措施的实际成效，对青少年法治宣传教育工作实践中被证明切实有效的改革措施，及时总结归纳成功经验，再通过明确适用情形、责任部门、各方职责、

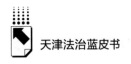

时间节点、结果运用等，科学制订青少年法治宣传教育工作方案和计划，形成重点任务清单，并将指标任务落实到具体单位，将青少年法治宣传教育融入其日常工作的常规内容，并通过全国法治政府建设示范项目创建的契机，将试验性改革措施转化为规范化的正式制度，切实推动青少年法治宣传教育的常态化和可持续。

（二）多元力量参与，助力共建青少年法治宣传教育新格局

南开区充分发动政府部门、学校教育机构、社区力量作用，积极培育社会力量参与青少年法治宣传教育。压实"谁执法谁普法"责任制，各职能部门建立协调联动机制，积极履行普法宣传社会责任；坚持发挥学校主阵地、学校教育主渠道作用，加强法治专职教师队伍建设和能力培养，进一步提升法治教学质量和教学水平；律师、法官、检察官、青年干警以及志愿服务队、普法讲师团等，都在青少年法治宣传教育工作中承担了重要职能、发挥了重要作用，成为构建青少年法治宣传教育工作新格局的重要参与者。社会力量的充分发动和赋能，为青少年法治宣传教育创新工作的深入推进提供了重要支撑和不竭动力。

（三）坚持分类施策与法治实践，力求精准化和提高参与度

青少年法治宣传教育应充分关注青少年多元化、差异化的法治教育和法治文化需求，根据不同年龄和教育阶段青少年群体的认知特点进行分类施策和多内容供给。对于幼儿园及小学低年龄组的学生，法治宣传教育应以建立基础的法律认知和安全意识培养为主；对于更高年龄组和教育阶段的学生，应充分增强其安全防范意识，培养其用法律规范自身行为、善于运用法治思维等法治素养，培育建立法治信仰。

青少年法治宣传教育要创新服务方式，贴近青少年群体学习和生活，用青少年乐于听、喜于学、善于行的宣传教育方式，不断提高青少年法治宣传教育工作的效度。青少年法治宣传教育若只一味宣传宣讲，不仅不利于形成法治教育的良好效果，还极易打消青少年群体接受法治教育的积极性。实践

出真知，让青少年群体结合自己的学习生活，真实体验和参与法律实施的过程，在实践和体验中学法、知法、用法，培养法治思维。

（四）注重法治文化建设，为青少年法治宣传教育提供不竭动力

将社会主义核心价值观贯穿到青少年法治宣传教育全过程，以法治宣传教育推动青少年社会主义核心价值观的培育践行。以教育培育、宣传引导、亲身体验、文化熏陶和制度保障，使公正、法治的价值观内化青少年群体的精神追求，外化为守法用法的自觉行动。充分利用法治文化阵地，通过打造可漫步、可阅读、可体验的功能性法治文化阵地，创设"一园一所一地一校"青少年法治教育示范基地。青少年法治教育实践基地（阵地）为青少年营造了良好的法治宣传氛围，法治文化更是为青少年法治宣传教育提供本源动力。

青少年法治宣传教育是一件功在当代、利在千秋的宏伟事业。几年来，在全区上下的共同努力下，南开区在校学生违法犯罪率为零，青少年法治宣传教育机制日益健全，法治宣传教育效果充分展现。广大青少年能够正确认识权利和义务的关系，正确认识自身在全面推进依法治国中的主体地位，理解法律本质，运用法治思维，依法维护权利和履行义务的素质、修养和能力持续提升，法治素养与时代发展保持良性互动，完整法律人格逐步形成和完善，对实现全面依法治国的总目标充满信心。

参考文献

[1]《中共中央关于全面推进依法治国若干重大问题的决定》，人民网，http：//cpc. people. com. cn/n/2014/1028/c64387-25926125-5. html，2014-10-28。

[2]《教育部　司法部　全国普法办关于印发〈青少年法治教育大纲〉的通知》，教育部政府门户网站，http：//www. moe. gov. cn/srcsite/A02/s5913/s5933/201607/t20160718_272115. html，2016-07-04。

[3] 张驰、范瑞恒：《为青少年种下法治信仰的种子　天津南开区打造立体式法治

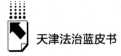
宣传教育格局》，《法治日报》2023年4月10日。

［4］ 《南开区"八五"普法规划全文发布》，天津市南开区人民政府，https：//
www. tjnk. gov. cn/NKQZF/XXDT856/GGGS5677/202207/t20220704 _ 5925397. html，
2022-07-04。

［5］《南开区长虹生态园法治宣传教育基地》，天津市南开区人民政府，https：//
www. tjnk. gov. cn/NKQZF/XXDT856/bmdt/202306/t20230618 _ 6287746. html，
2021-08-26。

典型案例

Typical Instance

B.18

天津市推进跨省异地就医直接
结算制度改革

天津市跨省异地就医直接结算制度研究课题组*

摘　要： 天津市大力推进异地就医直接结算制度改革，拓展异地就医备案"一件事一次办"渠道，打造15分钟异地就医直接结算便利圈。深入推进京津冀异地就医协同发展，构建了异地就医直接结算制度体系，异地就医结算便利度得到明显提高。在未来发展中，坚持问题导向和实践导向，继续完善跨省异地就医结算法规制度，着力构建更加完善的异地就医服务体系，推动法治医保向更高层次发展。

关键词： 法治医保　异地就医　直接结算

天津市围绕医保领域重点问题，加快立法工作，努力健全依法行政制度

---

* 执笔人：王光荣，天津社会科学院社会学研究所研究员。市医保局提供资料。

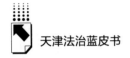
体系，积极培育执法人才队伍，着力营造尊法学法守法用法氛围，持续推进法治医保建设。医保领域相关制度进一步健全，执法流程进一步细化，执法队伍工作能力得到有效提升，执法监督切实强化，规范文明执法水平稳步提高。聚焦医保领域的新实践新需求，深化异地就医直接结算制度改革，创新异地就医直接结算制度体系，强化服务管理，提高了异地就医直接结算便利度和法治化水平。

一 推进异地就医直接结算体系建设

（一）健全异地就医直接结算制度

2023 年 1 月，出台关于异地就医结算的系列制度文件，促进业务管理再规范、备案服务再优化、覆盖机构再增长、互认范围再扩大、异地报销再便捷，促使制度体系更加完善，制度保障更加有力。一是响应国家改革任务要求，印发《关于进一步做好天津市基本医疗保险异地就医直接结算工作的通知》，全面衔接国家政策，深化基本医疗保险异地就医结算改革，着力构建政策优化集成、管理规范统一、业务协同联动、服务高效便捷的制度机制，提升人民群众异地就医结算服务水平。二是立足群众就医需求，印发《天津市完善异地就医直接结算工作方案》，拓展线上服务渠道，深化医保电子凭证等推广应用，开展跨省异地就医垫付医疗费用线上报销试点。三是聚焦规范管理要求，印发《天津市基本医疗保险参保人员异地就医结算管理办法》，从人员管理、备案管理、转诊就医管理、医疗费用支付等方面明确了异地就医直接结算的方法，为异地就医结算提供了指南和依据。

（二）拓宽异地就医备案"一件事一次办"渠道

通过细化事项信息、梳理业务流程、拓展线上渠道、优化线下服务等方式，全面推进异地就医备案实现"一次告知、一表申请、一窗受理、一次办结"，实现异地就医备案"一件事一次办"，使参保群众异地就医备案更加便利。一方面，拓宽"网上办"渠道。在天津医保服务网厅、天津网上办事大厅等渠道开通异地就医备案服务，在全国一体化政务服务平台天津市"跨省通办"专区开通异地就医门诊直接结算主题特色服务。在"津医保"App上线异地就医业务办理功能并与"津心办"App对接，完成非依托数字化政务服务业务中台的"异地就医备案"一件事应用场景分期上线，在全市一体化政务服务平台电脑端（天津网上办事大厅）和移动端（"津心办"平台）实现功能集成，不断丰富线上经办服务渠道，开展跨省异地就医医疗费用线上手工报销试点。另一方面，拓宽"线下办"渠道。在各区服务大厅拓展个性化窗口帮办服务，开展"我填单，您确认"和"我操作，您确认"行动，对有服务需求的老年人，现场帮助填报表单、操作自助查询系统等，切实提升异地就医备案服务水平。

（三）打造15分钟异地就医直接结算圈体系

2021年，天津市在全国率先实现了异地就医住院、门诊和门诊慢特病医疗费用直接结算全覆盖，开辟了医院和药店双通道，实现了异地就医住院和普通门诊直接结算定点医疗机构全覆盖。全市普通门诊定点医疗机构覆盖范围达到1146家，5种门诊慢特病定点医疗机构覆盖范围为269家，覆盖各区、各级各类定点医疗机构，全面提升异地医保服务温度。2022年以来，加快推进全市门诊扩面工作，普通门诊定点医疗机构覆盖范围扩大至1187家，全市所有具备对外服务资质的定点医疗机构实现动态全覆盖，为异地参保人员打造15分钟异地就医直接结算便利圈。门诊慢特病定点医疗机构覆盖全市各行政区域，范围扩大至292家，覆盖各级各类定点医疗机构，为在天津市工作、生活的异地参保人员异地就医直接结算提供更加方便、快捷的服务，使异地医保服务更有"温度"。

（四）深入推进京津冀异地就医协同发展

一是加强医保资源共建共享。依据《京津冀医疗保障协同发展合作协议》，天津市医保局牵头制定《京津冀医保协同发展2022年工作要点》，推

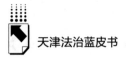

动异地就医门诊直接结算、药品耗材联盟采购、医疗保障协同监管、医保服务一体化等方面深度合作，促进京津冀医疗保障公共服务共建共享。二是建立京津冀定点互认动态管理机制。在将京冀区域内三级、二级定点医疗机构全部纳入互认范围的基础上，明确三地新增纳入医保定点管理且开通异地就医直接结算服务的三级和二级定点医疗机构，直接纳入京津冀定点医疗机构互认范围，实现定点互认常态化制度化。2022 年 1~11 月，天津市参保人员累计在北京、河北就医直接结算 76.02 万人次，发生金额 8.51 亿元，北京、河北参保人员累计来天津市就医直接结算 102.64 万人次，发生金额 25.35 亿元。三是推进京津冀医保基金协同监管。强化异地就医直接结算智能监控，将三地跨省异地就医直接结算医疗费用逐步纳入本地智能监控系统。围绕医保基金行政监管、协议管理、基金监管立法等工作，持续加强交流合作，凝聚维护基金安全合力。四是构建服务产业转移机制。立足支持北京和河北在天津重点企业发展，建立重点企业包联工作机制，安排专人对接服务，帮助解决企业员工异地就医结算难题。

二　深化异地就医结算管理服务

（一）规范就医凭证管理和异地就医费用结算

本市参保人员跨省异地就医时，须主动表明其参保身份，同时出示医保电子凭证等有效证件。本市异地就医联网定点机构须做好身份验证工作，引导未办理备案人员按要求履行相关手续，为符合就医的规定门（急）诊、住院患者，提供科学规范的就医服务和简便高效的跨省异地就医结算服务。

关于异地就医的费用结算工作，就医地医药机构会将费用明细转换成全国统一的大类费用信息，同时依照就医地支付范围及相关规定，对每一笔费用的具体内容进行分类分割，经国家、省级异地就医结算系统实时传输至参保地，参保地按照当地政策规定计算出应由参保人员本人负担以及各项医保基金支付的金额，并将结果回传至就医地定点医药机构，由后者据此进行直接结算。

（二）协同管理就医地医保业务和异地业务

本市医保经办机构将异地就医人员纳入本地统一管理，在医疗信息记录、绩效考核、医疗行为监控、费用审核、区域点数总额预算等方面提供与本市参保人员相同的服务和管理，并在定点医药机构医疗保障服务协议中对此予以明确。由市医保中心在全市范围内统一组织、协调并实施跨省异地就医直接结算管理服务工作。市、区两级医保经办部门对具体工作机制予以健全完善，大力提升问题协同、线上报销、费用协查与信息共享等方面的协同管理能力，形成了权责明晰、流程统一的异地就医协同管理体系。

（三）加强异地就医信息子系统建设

市医保信息部门全力做好编码动态维护和深化应用，完善医保信息化运行管理体系，建立健全包括基础设施、网络安全、云平台等多领域在内的运行管理流程与制度体系。积极推动数据共享，加快有关医保电子凭证、移动支付、服务平台网厅和小程序的推广应用，不断完善跨省异地就医管理子系统，推进与定点医药机构接口改造适配工作，加快推动医保电子凭证、居民身份证作为就医介质，提升系统性能，缩短响应时间。市医保信息部门按规定做好系统停机切换时的事前报备、事中验证、事后监测，解决好相关信息变更对在途业务的影响，确保业务平稳衔接和系统稳定运行。

三　加强异地就医结算全程监管

（一）强化异地就医资金管理和基金监管

市医保部门和市财政部门严格执行"先预付后清算"的资金管理规定，具体负责异地就医资金预付、清算资金划拨和收款等工作。划拨跨省异地就

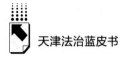

医资金过程中发生的银行手续费、银行票据工本费不得在基金中列支。预付金在就医地财政专户中产生的利息归就医地所有。在结算清算过程中形成的预付款项和暂收款项，按相关会计制度规定进行核算。

认真落实就医地和参保地监管责任，将外地参保人员在天津市异地就医直接结算作为监管检查工作的重点，坚决打击各类欺诈骗保行为，精细处理可疑线索，认真配合参保地做好相关核查工作，保障医保基金安全合理使用。

（二）强化异地就医子系统规范化管理

严格执行系统停机切换时的事前报备、事中验证、事后监测规定，妥善处理个人编号等信息变更对在途业务产生的影响，实现业务平稳衔接并维持系统稳定运行。强化安全管理责任，增强系统安全运维能力，注重信息系统边界防护，规范跨省异地就医身份校验，全面保障数据安全。建立异常交易报错信息描述标准和规范，便于及时高效响应处理异常交易问题。

近年来，异地就医直接结算制度改革快速推进，取得了阶段性成效，为参保人员异地就医提供了便捷服务。未来一个时期，坚持问题导向和实践导向，在已取得成效的基础上，继续完善异地就医直接结算制度和举措，促使业务管理更加规范、备案服务更加优化、覆盖机构更加广泛、结算病种覆盖更广、异地报销更加便捷，逐步形成完善的异地就医服务体系，不断提高居民异地就医体验感和医疗保障满意度。

B.19
天津市不动产司法拍卖联动机制的
实践检视及展望

吕姝洁*

摘　要：　近年来，天津市深入践行习近平法治思想，致力于解决执行难问
题，切实推动审判执行工作提质增效。在执行工作中，为解决不
动产司法拍卖中出现的人民法院与其他各行政部门工作衔接问
题，建立不动产司法拍卖联动机制，打造以人民法院为中心、其
他行政部门联动协作的执行模式，天津市相继出台《关于建立
天津市司法裁判执行联动中心的实施方案》《关于建立完善执行
联动协作机制的意见》。针对涉税问题，为税务机关与人民法院
在不动产司法拍卖活动中出现的困难提供方案并取得显著效果，
同时，建立"点对点"不动产网络查控系统，助力司法查控
工作。

关键词：　不动产　司法拍卖　联动协作

不动产司法拍卖的完成，涉及法院、税务、规划和自然资源等部门，
各部门均有办理相关手续的特定流程，只有通过构建不动产司法拍卖联
动机制，才能有效破解执行过程中各行政部门与法院的程序壁垒。不动
产司法拍卖联动机制不仅是解决被执行人资金困难的主要渠道，更是盘
活资金的重要机制，有利于买受人在竞买后解决涉案税费缴纳、涉案标

---

* 吕姝洁，天津商业大学法学院副教授。市高级人民法院、市税务局提供相关资料。

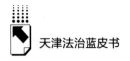

的物交付以及所有权转移登记等问题，能有效推进执行程序。天津市通过积极探索新方法、新举措，逐渐探索出一套不动产司法拍卖联动机制的新模式。

一　不动产司法拍卖联动机制概况

（一）构建联动机制的时代背景

2010 年，为确保生效法律文书得到有效执行，切实维护公民、法人和其他组织的合法权益，最高人民法院与多个部门印发《关于建立和完善执行联动机制若干问题的意见》（法发〔2010〕15 号)[①]，明确要加强部门联动，研究解决执行联动机制运行中出现的问题，确保执行联动机制顺利运行。2018 年，最高人民法院《关于人民法院解决"执行难"工作情况的报告》指出，"财产变现难"是"执行难"的主要问题之一，应当积极探索新方法解决"执行难"问题[②]。不动产司法拍卖联动机制就是在这一问题导向下，构建的一套解决"执行难"的有效机制。同时，最高人民法院建立"总对总"网络查控系统，与公安部、民政部等16 家单位和3900 多家银行业金融机构联网，实现对被执行人主要财产形式"一网打尽"。2019 年，最高人民法院公布的《最高人民法院关于深化执行改革　健全解决执行难长效机制的意见——人民法院执行工作纲要（2019~2023）》（法发〔2019〕16 号）进一步提出，要建立健全解决执行难长效机制，促进执行联动工作机制常态化运转[③]。不动产司法拍卖联动机制贯穿不动产网络查控、法拍房

---

① 《关于建立和完善执行联动机制若干问题的意见》，最高人民法院官网，https：//www. court. gov. cn/fabu-xiangqing-1538. html。

② 《最高人民法院关于人民法院解决"执行难"工作情况的报告》，最高人民法院官网，https：//www. court. gov. cn/zixun/xiangqing/124841. html。

③ 《最高人民法院关于深化执行改革　健全解决执行难长效机制的意见——人民法院执行工作纲要（2019~2023）》，最高人民法院官网，https：//www. court. gov. cn/zixun-xiangqing-163022. html。

竞买人资格审核以及不动产登记、涉税事项等不动产司法拍卖工作的全过程，需要各部门的协作与配合。

（二）联动机制的价值选择

坚持执行效率与公正并行，是不动产司法拍卖联动机制的价值追求。在执行活动中，公正和效率是不可分割的，两者的平衡是执行活动成功的关键因素之一。一方面，在追求效率的同时，不以牺牲公正为代价。执行活动应科学、理性地解决纠纷，以控制和减少当事人对司法资源和其他公共资源的过度使用和浪费。在司法拍卖联动机制中，执行机构与各部门共同努力消除执行中的阻碍、降低时间成本，使各方当事人的合法权益得到有效保护，提高执行效率。另一方面，应加强对执行过程的监督和管理，制定相应的规章制度，以确保执行活动的公正性。执行活动公正性的实现，要求必须严格按照法律规定的程序进行，确保当事人的权利得到充分的制度保障。执行法官坚持客观公正原则，在执行过程中维护法治的公正性和权威性。追求公正和效率是执行工作的双重目标，只有在公正与效率相互促进、相互补充的基础上，才能实现更高水平的司法服务，为人民群众提供更加公平、公正、高效的司法保障。执行工作要把握好"快"的限度，也要保证"慢"的质量，高效司法是人民的期盼，公平正义是司法的灵魂和生命，二者相辅相成、缺一不可。

（三）不动产司法拍卖联动机制的功能定位

1. 推进人民司法高质量发展

不动产司法拍卖联动机制在被执行人不动产查控过程中发挥着重要作用。受市场主体的兴衰变化和相关部门及其职权调整的影响，执行联动机制应适时进行动态变化以适应执行工作的实际需求。在执行工作中，相关信息的滞后性会严重影响实际的查控效果。不动产司法拍卖联动机制为人民法院与各政府部门的信息交流提供平台，促进不动产查控工作增速。同时，不动产司法拍卖联动机制促进不动产拍卖过程中参与的各个部门有效沟通，共同

提升司法和行政效率。

2. 保障各方当事人的财产权益

不动产司法拍卖有利于及时保障债权人胜诉债权，既要维护司法权威的公共利益，也要促使双方当事人的私人利益最大化。传统的司法拍卖模式拍卖周期长、程序烦琐，尤其在涉税事项上，容易导致拍卖进程陷入僵局。不动产司法拍卖联动机制打破僵局，建立了有效沟通的桥梁。以不动产司法拍卖中缴纳税款为例，不动产转让时由出卖人履行缴纳税款义务，而出卖人成为被执行人时往往无履行纳税义务的能力，如仍坚持由出卖人缴纳，会导致不动产拍卖进程受阻。不动产司法拍卖联动机制打通了各部门的沟通渠道，由人民法院向税务机关出具"协助执行通知书"，明确由买受人代被执行人办理涉案不动产转移登记税费申报等，有效解决程序上出现的堵点，加快申请执行人权利的实现，盘活被执行人的财产，也让买受人尽早享有不动产产权权利。

3. 以法治手段优化营商环境

不动产司法拍卖联动机制，有利于加快打造市场化、法治化的营商环境。无论是大型企业的资金周转还是小微企业的货款流通，在当今国内市场经济高速发展的背景下，都对执行效率提出了更高要求。在执行过程中，申请执行人向法院申请冻结、查封被执行人名下财产，被执行人财产被执行后其账户资金的解冻有一定迟延，不利于盘活资金。不动产司法拍卖联动机制，通过有关部门协助执行，有利于加快被执行人名下正常资金的自由流转，提高效率，让被冻结的资金顺利实现市场流通，为优化营商环境保驾护航。

二 天津市的实践成果及创新经验

（一）实践成果

1. 搭建联动协作平台，建立合作机制

2020年，天津市委依法治市办出台《关于建立天津市司法裁判执行联

动中心的实施方案》（以下简称《实施方案》）①，设立由市委政法委、市高级人民法院、市人民检察院、市发展改革委、市公安局等 21 个成员单位组成的联动中心，推动建立市级层面司法裁判联动中心。根据《实施方案》，天津市高级人民法院执行局设立了市司法裁判执行联动中心办公室，联动中心主要负责召集联席会议和处理日常事务。为确保联动中心的有效运作，整个执行联动机制的重点成员单位根据需要派员到执行局驻点办公，直接参与联动中心的工作。各区也在辖区内成立了司法裁判执行联动中心办公室。执行联动中心主要围绕以下六个方面开展工作：第一，健全网络执行查控系统，以提高执行工作的效率和准确性；第二，建立健全查找被执行人协作联动机制，确保对被执行人的准确定位和追踪；第三，加快推进失信被执行人信息共享工作，促进各相关部门信息交流和共享，增强对失信行为的打击力度；第四，完善失信被执行人联合惩戒机制，确保失信行为得到有效制约和惩罚；第五，加强对公职人员的信用监督，确保公职人员履行诚信义务；第六，加大对拒执罪行为的打击力度，维护司法执行的公正和权威。

为保障执行工作顺利进行，《实施方案》还明确规定，市高院在必要时可以依法出具协助法律文书，各成员单位有责任按照法律规定向人民法院反馈查询信息和控制结果。《实施方案》对检察、教育、公安、民政、建设规划、交通、文旅、市场监督、税务、通信、金融等相关行业单位协助人民法院执行工作具体承担的职责作出了详细要求。这些举措将协同各方力量，确保执行工作能够高效有序展开，为社会治理和司法公正作出积极贡献。

2.打通不动产司法拍卖链条，解决税费办理难题

天津市税务局《2022 年度法治政府建设情况报告》显示，其与天津市高级人民法院、规划和自然资源局、住建委协同构建的不动产司法拍卖全流

---

① 最高人民法院执行局编《执行工作指导》（总第 73 辑），人民法院出版社，2020，第 159 页。

程联动机制，有效解决了税费办理及产权过户等疑难问题，年度内累计办结相关税费征缴业务 776 件，涉及房产 1143 套①。2020 年 8 月，天津市高级人民法院与市税务局就加强执行联动协作签署了《关于建立完善执行联动协作机制的意见》②，规定了双方具体的工作内容。一是双方将建立"点对点"网络查控系统，高效便捷实现税务机关对执行工作的协助。该系统可协助法院快速查找被执行人的财产线索，拓展执行过程中被执行人财产发现的途径，从而推进司法强制执行工作的顺利进行。二是人民法院需要查询被执行人税务信息的，执行法官提供工作证件及协助执行（查询）的相关法律文书，税务部门根据查询申请，及时反馈被执行人基本信息、缴税账户信息、受税务机关处罚信息、缴退税明细信息等。查询过程自动推送、自动比对、自动查询、自动反馈，促进提升执行效率。三是建立联席会议和信息通报制度。执行协助的各单位每年定期召开联席会议，共同总结交流经验，及时解决工作中遇到的困难和问题，推动执行联动协作机制不断深化。

通过《关于建立完善执行联动协作机制的意见》，市高院与市税务局加强合作，确保司法强制执行工作的顺利进行。这一合作机制的建立对于有效打击失信行为、维护社会稳定和促进司法公正具有积极意义。2022 年 2 月，天津 J 公司通过司法拍卖成功竞得了被执行人天津 H 公司在宝坻区的一处房产。由于被执行人无力申报缴纳不动产转移登记所需的税费，导致该案的执行工作陷入停滞。为解决这一问题，宝坻区税务局积极展开执行联动协同合作，和天津市二中院、宝坻区规划资源局以及宝坻区住建委密切配合，启动不动产司法拍卖联动程序，制订了一系列措施。根据联动机制，买方先行垫付相关税款，并在后续的拍卖款项中为其扣除上述税款的相应金额。宝坻区税务局与相关部门紧密沟通，确保及时将税款入库，成功解决了该案件的执行难问题，实现了税款入库，数额超过 200 万元，并顺利完成了转移登记

---

① 《2022 年度法治政府建设情况报告》，国家税务总局天津市税务局官网，http：//tianjin.chinatax. gov. cn/11200000000/0100/010003/20230331145616127. shtml。

② 《天津高院与市税务局建立完善执行联动协作机制》，天津法院网，https：//tjfy. tjcourt. gov. cn/article/detail/2020/08/id/5425363. shtml。

手续。通过不动产司法拍卖税费负担联动机制，天津 J 公司成功拍得房产，税费问题得到解决，资产得以快速流通[①]。该机制的实施在全国司法协作和税收共治领域走在了前列，并受到了广泛的认可和赞誉。

3. "点对点"不动产网络查控系统，助力司法查控工作

2022 年 12 月 29 日，天津市滨海新区人民法院与天津东疆综合保税区规划国土和建设管理局共同签署了《互联网+不动产司法查控合作协议》，同时，双方搭建的"点对点"不动产网络查控系统正式上线，实现了不动产司法查控全流程在线办理，成为天津市首个区级"点对点"不动产网络查控系统。依托网络查控系统，执行干警可以足不出户办理涉东疆辖区的不动产查控业务。同时，东疆不动产部门协助法院执行部门核实不动产相关线索，并进行不动产登记过户预审。此外，网络查控系统也开通了专门通道，为异地法院委托滨海新区法院协助执行的不动产事项提供查控服务，形成全国执行工作协调互助的局面。滨海新区法院执行局主要领导表示，以此次系统上线为契机，可以推动更多的联动部门展开联动执行、联网协助。

为保证数据安全、规范数据使用，并防止数据泄密，滨海新区法院指定专人负责不动产查询、材料审查和系统使用，并建立了线上查控及时响应机制。通过短信提醒的方式，提醒业务办理人员及时处理线上请求事项。对法院执行部门发出的查控请求，系统将在 2 小时内予以反馈；对系统运行不畅的问题，专门技术人员将在 24 小时内解决。滨海新区法院利用"点对点"查控系统，能够积极与其他执行联动部门对接沟通，并推动了其他辖区不动产网络查控系统建设[②]。

（二）创新经验

天津认真贯彻落实最高人民法院及各部委提出的"加强部门间的联动"

---

① 市税务局提供相关资料《天津市税务局推动构建四部门不动产司法拍卖联动机制》。

② 《天津市首家区级"点对点"不动产网络查控系统上线》，天津法院网，https：//tjfy. tjcourt. gov. cn/article/detail/2022/12/id/7082457. shtml。

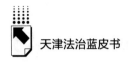

重要意见。坚持问题导向，从不动产拍卖出现的问题出发，分析问题成因，找到问题突破口。挖掘天津自身优势、结合自身特点，认真倾听民众的声音，顺应民心为民解困，从而找到新方法解决新问题。

1."为人民"——纾困解难惠民生

执行是权利实现的最后一个环节，也是最容易出现权利实现不完全的一个阶段[①]。此时当事人很容易出现失落与无助感，影响司法的权威性和公信力。不动产司法拍卖税费负担联动机制的建立，解决了因被执行人不配合而引发的诸多问题。税务部门与天津市二中院密切配合、灵活应对执行过程中被执行人的缴税难题，不仅使得被执行人脱离资金紧张的泥潭，也使得买受人能够获得房屋权利而无后顾之忧，有效化解了执行工作中法院的"执行难"、税务机关的"征收难"、债权人的"受偿难"以及买受人的"过户难"等困扰。法税联动疏通不动产执行中的"淤堵"，在保证严格执法的基础上，贯彻落实以人民为中心的工作理念，以群众诉求为重不做甩手掌柜，既保障了申请执行人的胜诉权益，也能加快被执行人进入失信、限高程序。天津市在不动产执行拍卖活动中真正做到了执行为民，保障民生惠民纾困，以实际行动践行司法为民理念。

2."促效率"——切实解决执行难

执行联动机制是超越部门、行业视野的制度创新，是全社会共同协力提高执行效率的一项制度。不动产司法拍卖联动机制通过内外联动推动矛盾纠纷在诉前实质化解，完善诉源治理、执前督促程序中执行联动的制度设计，打通执行联动的诉前、诉中、诉后应用渠道，保障执前治理成效。以执行查控为例，执行查控是不动产司法拍卖的前置程序，被执行不动产的顺利处置，需要及时、准确的执行查控信息。在落实信息共享和沟通方面，天津法院与税务局、规划国土和建设管理局等建立"点对点"网络查控系统，极大程度确保了被执行不动产相关信息能够快速传达给后续参与方，包括法

---

① 张卫平：《民事执行基本原则：构成要求与体系——以〈民事强制执行法〉的制定为中心》，《北方法学》2023 年第 1 期，第 11 页。

院、拍卖机构、买家和卖家等。过去，要查控被执行人名下的不动产，执行法官需要携带执行公务证和工作证到不动产登记部门业务窗口现场办理，不仅耗费了大量的人力、物力和时间，还受制于天气、交通等因素不能及时办理。该查控系统上线后，有效解决了上述困难，大幅提升了执行效率。减少信息不对称，加强协作。另外，针对部分被执行人难以承担税费问题，通过协调税务部门优化资源配置，根据案件实际情况协调各部门，通过买方先行垫付税款，拍卖款项扣除相应金额的方式，确保能够高效率维护案件各方合法权益，维护了法治的公平和效率。不动产司法拍卖联动机制的建立，提高了被执行不动产处置执行效率，也增强了拍卖的公信力和市场影响力。

3. "讲合作"——打造执行一体化

合作不是目的而是手段，联动机制的设计要把握各部门的个性和总体联动的共性，明确各部门的任务内容以及衔接流程。天津司法执行联动工作中人民法院与各部门各司其职、各负其责、协调互通，使得不动产拍卖执行工作高效运转。首先，根据《关于建立和完善执行联动机制若干问题的意见》第 22 条规定，天津在各辖区内分别建立执行联动中心，让各级法院在执行联动工作中都有交流平台。与此同时，联动中心能够及时发现人民法院执行联动过程中出现的问题并补足短板，针对辖区法院联动执行的困难有的放矢地开展协调工作，推动天津市加强综合治理，从源头切实解决执行难问题①。其次，执行查控是不动产司法拍卖的前置程序，人民法院掌握的被执行人财产信息相对有限，"点对点"网络查控系统实现了辖区内不动产线上查冻功能，查控方式的变革大大推动司法拍卖活动进程，实现"众人拾柴火焰高"的效果。最后，人民法院与税务部门联手，一方面是对"党委领导、政法委协调、人大监督、政府支持、法院主办、部门联动、社会参与"执行工作部署的回应；另一方面也是联手强化人民法院执行能力和税务机关

---

① 最高人民法院执行局编《执行工作指导》（总第 73 辑），人民法院出版社，2020，第159 页。

税费征缴的执法，促进生效法律文书的执行和保障国家税款及时入库，为解决司法、税务部门共同面临的执行难问题提供新思路。

三　未来展望

（一）坚持习近平法治思想指引

必须坚持以习近平法治思想为指导，坚持以人民为中心的发展思想，充分发挥中国特色社会主义的政治优势、制度优势。实现不动产司法拍卖联动机制的法治价值追求，必须在实践中将制度落到实处。首先，不动产司法拍卖联动机制工作坚持人民主体地位，体现人民利益，倾听人民愿望，以此不断完善和优化自身，努力增进人民福祉。其次，将不动产司法拍卖联动视为一个系统工程，必须整体谋划、统筹兼顾，确保各部门之间形成整体性、协同性。在不动产司法拍卖联动机制建设中，推动执行工作由"法院单打独斗"向"各部门集成作战"。最后，构建德才兼备的高素质法治工作队伍，加强不动产司法拍卖联动工作中各部门的理想信念教育，坚持建设德才兼备的高素质法治工作队伍①。在不动产司法拍卖联动机制建设中，努力推进各部门的法律专业水平、职业素养，严于律己、廉洁为民、德法兼修，塑造忠于人民、忠于法律的专门法治队伍。

（二）加强法院与政府部门的协作

解决不动产司法拍卖中存在的执行效率低、办证手续繁、拿证周期长等问题，应当坚持不动产司法拍卖联动一体化，打造执行工作"一盘棋"。"联动"是打通渠道、搭建沟通桥梁的有效治理方式，是法院与各政府部门的密切协作。一是以司法裁判执行联动中心为交流平台，人民法院连同各政府部门立足自身责任分工密切沟通，在执行工作中互相支持、互相配合，树

---

① 习近平：《论坚持全面依法治国》，中央文献出版社，2020，第228~231页。

立大局观念，促进各部门工作衔接。二是不断健全横向联动、纵向贯通、协同高效的联动协调机制，充分发挥社会综治部门、基层组织和网格员作用，进一步推动执行协作融入基层治理，确保执行联动机制常态长效。三是根据《中央政法委关于切实解决人民法院执行难问题的通知》的精神，完善不动产司法拍卖联动运行机制，做好迭代升级工作，着力解决分歧矛盾，不断健全横向联动、协同高效的联动协调机制[①]。四是以不动产登记、交易、缴税"一窗受理、并行办理"为依托，加强各部门工作联动，推动健全完善"党委领导、政法委协调、人大监督、政府支持、法院主办、部门联动、社会参与"的综合治理格局。

（三）细化联动机制相关制度

实施不动产司法拍卖联动机制，应当明确与《税收征收管理法》、不动产登记等相关法律法规的衔接问题，从而形成完整的司法拍卖法律体系[②]。部门间有效沟通是完善不动产司法拍卖联动机制的关键。建议由司法裁判执行联动中心牵头，立足"切实解决执行难问题"目标，紧紧围绕不动产司法拍卖工作大局，结合各部门的工作机制，形成内部统一的联动机制。一是完善不动产税费调查协作机制。不动产税费协作机制涉及人民法院、自然资源部门、住房和城乡建设部门、税务机关等部门的工作协调，各部门应对人民法院和税务机关查询和调取涉案不动产相关底档信息提供支持，保证税费调查工作顺利进行。二是加强人民法院与税务部门的协作，明确不动产司法拍卖涉税调查、定向询价和应缴税费测算、纳税缴费义务确定、税费凭证和发票取得等事项办理要求，定期研究解决辖区内不动产拍卖涉税事项办理相关问题。三是建立不动产登记工作联动机制，明确申请人办理不动产登记业务涉及生效法律文书无法提交等情形时，由不动产登记中心工作人员，通过

---

① 高骏、周凌云：《关于执行联动机制迭代优化的思考》，《人民法院报》2023年7月19日，第7版。

② 杨程：《不动产司法拍卖税费承担的路径重构——从包税条款切入》，《上海房地》2023年第7期，第46页。

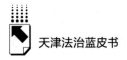

与人民法院的工作协作完成登记业务。通过制定和细化不动产司法拍卖联动程序，为不动产司法拍卖各环节人民法院与各部门的工作衔接提供制度依据。各部门要加强内部工作部署，将解决不动产司法拍卖有关问题制度化，确保不动产司法拍卖工作的每个环节依法运行。

（四）提升联动处置智能化

创新司法执行工作技术，以现代信息技术为支撑，依托大数据平台，做到联动部门不动产拍卖信息共享。推动搭建统一执行联动平台，拓展执行联动功能，确保执行查控精细化、智能化。将执行联动数据安全放在首位，分类设置各类人员查看权限，推动实现数字化全流程执行联动监管，增强应用数据安全技术屏障，确保数据绝对安全。切实解决不动产成交后买受人需要在法院、不动产登记中心、税务局等部门来回办理业务的问题，探索"一站式"全流程服务，实现当事人在某一节点即可办理查询、缴税、不动产过户等业务。

B.20
天津市和平区法治政府建设示范
创建的实践探索

和平区法治政府建设示范创建课题组*

摘　要： 2022 年，天津市和平区被评为第二批全国法治政府建设示范区。在法治政府建设中，和平区党委、政府高度重视，围绕政府职能、行政制度体系、行政决策、行政执法、行政权力监督、重大突发事件预防处置、社会矛盾纠纷化解、政府工作人员法治素养等方面全方位改革和提升，并取得了显著成效。在关键少数引领方向、强化法治思维、政务服务精准高效、执法包容审慎、行政复议制度优势发挥等方面形成了一系列可复制可推广的成功经验。

关键词： 法治政府建设　示范创建　依法行政

　　天津市和平区自开展法治政府建设示范创建以来，紧密围绕党的十八届四中全会提出的"依法全面履行政府职能""健全依法决策机制""深化行政执法体制改革""坚持严格规范公正文明执法""强化对行政权力的制约和监督""全面推进政务公开"① 等法治政府建设重点任务，依照中央依法

　＊　执笔人：张智宇，天津社会科学院法学研究所助理研究员。天津市和平区提供相关材料。本文系天津社会科学院 2023 年院委托科研项目（23YWT-15）的阶段性成果。

　①　《中共中央关于全面推进依法治国若干重大问题的决定》（2014 年 10 月 23 日中国共产党第十八届中央委员会第四次全体会议通过），中央人民政府网站：https://www.gov.cn/zhengce/2014-10/28/content_ 2771946. htm。

治国办《市县法治政府建设示范指标体系》的具体要求，积极推进政府职责、行政决策、行政执法、法治化营商环境等各方面改革及实践，2022年被评为第二批全国法治政府建设示范区。

一 和平区法治政府建设示范创建主要做法

天津市和平区法治政府建设示范创建，在政府职能、行政制度体系、行政决策、行政执法、行政权力监督、重大突发事件预防处置、社会矛盾纠纷化解、政府工作人员法治素养等方面进行全方位改革和提升，成效显著。

（一）政府职能依法全面履行

加大简政放权力度。和平区行政审批服务广泛采用数字互联网技术，实现审批服务快速、便捷、自助和就近，让群众切实体会"零跑动"；全面推行"证照分离""跨省（市）通办"，在工程建设项目审批领域深化制度改革，企业开办时间压缩至1个工作日，一般社会投资工程建设项目审批时间压缩至40个工作日；清理"奇葩证明"，取消所有不涉及行政许可的审批事项。940项政务服务、141项行政许可办理时限全面压缩，实现平均3个工作日完成办理。其中工程建设项目领域的中海多伦道项目完成全流程审批仅用时12个工作日，刷新了天津市该领域审批"最快纪录"。

全面落实权责清单、负面清单制度。建立权责清单管理联席会议和月度自查制度，公布并调整区政府各部门权责清单。2021年、2022年和平区政府公布44个"九+X"类权责主体权责清单4031项和4012项，2022年和平区政府公布公共政务服务事项清单940项。全面执行负面清单制度，全面推行行政事业性收费清单，梳理"网上办"34项负面清单、18项"一次办"负面清单。

加强事中事后监管。按照行政执法体制改革要求，制订详尽具体的实施方案，实施执法"双随机、一公开"。运用企业信用信息公示系统归集信息，健全失信联合惩戒机制；涉企现场检查事项多、频次高、随意检查等问题明显减少。目前，建立检查对象库 16 个，检查人员库 15 个，检查企业 59 家，发现问题 44 个，问题整改率 100%。

持续打造法治化营商环境。和平区积极落实党中央关于深化"放管服"改革和改善营商环境的决策部署，在全市率先推进政务诚信建设；制发了《和平区进一步优化营商环境十项措施》，率先建成了信用中国（天津和平）信息共享平台；全面组织清理涉企收费和摊派事项，严厉打击教育和用电等乱收费行为。

优化公共服务。全面推行承诺审批制，全面开展政务服务"好差评"，完善"政务一网通"审批系统，实现一个窗口并联、限时、透明和网上办理，"网上办"办理率达 90% 以上，实施 7×24 小时预约审批"不打烊"。与 32 家律师事务所签订协议，打造区、街、社区三级标准化公共法律服务平台，全年办理公证 7375 件，法律援助 668 件次。建立"三级为民服务网络平台"，统一"政务咨询投诉举报平台"，累计受理"12345 政务服务便民专线"、政民零距离、公仆接待日等平台问题 60023 件。

（二）健全法治化行政制度体系

坚持党的领导，发挥区委、区政府统筹指挥作用。区委设立机构并发挥好对党委文件前置审核、发文审核和党内法规备案管理作用，提升党委文件质量。严格管理制度，完善行政规范性文件制定、备案、监督管理的各项规定，不定期或定期对外公布适时调整的《和平区行政规范性文件制定主体清单》；年初向区人大报送"年度制定计划"；启用"和平政规""和平政办规"文号，建立了文件"三统一"制度。

完善行政规范性文件制定程序。征求意见、合法性审核、集体审议成为行政规范性文件对外发布前的必经步骤。在和平区，行政规范性文件合法审核率已经实现 100%，所有文件制定过程中一律向社会公开征求意见，引入公众参与规范性文件的制定进程。政府制定的行政规范性文件对外发布后 30 日内，必须向市政府和区人大报送备案和审核。

落实后评估制度，及时清理文件。对已经生效的文件组织后评估，及时

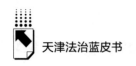

评估文件产生的实际效果和引起的社会影响。及时清理不适宜的行政规范性文件，保证规范性文件适用时的统一。对外公示目录。在和平政务网开辟专栏，对外公示行政规范性文件目录。共制发行政规范性文件 5 件，提出审核意见 26 条，组织专项清理 6 批次。

（三）重大行政决策科学民主，程序合法依规

落实重大行政决策制度。出台《和平区重大行政决策程序暂行办法》，程序制度化、法治化。涉及经济、社会发展等广大人民群众切身利益的，主要负责人必须在集体讨论后方能作出相关决定。就重大决策社会稳定风险评估制定相关制度文件。前期论证环节，引入党政机关法律顾问或专职律师参与，促进重大行政决策更加科学规范。2022 年中共和平区委、和平区人民政府实现党政机关法律顾问和公职律师全覆盖，聘任法律顾问 19 名，公职律师 38 名。

遵守重大行政决策法定程序。决策过程畅通公众参与和公共决策渠道，充分听取社会公众意见，重视专家论证和风险评估的实际效果。重大行政决策制度和决策结果及时对外公示，2022 年和平区政府公布两份行政规范性文件和 5 个重大行政决策事项。制定年度重大行政决策事项目录，及时对外公布并定期或不定期动态调整，2021 年对外公布重大行政决策事项目录 24 个。

（四）行政执法公正严格，过程文明规范

以权责统一为目标规范执法，提升效率，增强公信力。进一步改革城市管理综合执法，根据职能需要调配力量，建设完成城市管理综合执法队伍五支，分别负责市场监管、文化市场、住房建设、生态环境和城市管理。深入推行行政执法"三项制度"。在和平政务网开辟"行政执法信息公示专栏"，2022 年对外公示执法主体 33 个、执法事项权限 3575 项、执法人员 945 名。落实重大执法决定法制审核制度，在执法单位内设法制科或加挂法制科牌子，31 个执法单位中已有 7 个单位增设（或挂牌）法制科，法制审核人员达 88 名。全面推行行政执法全过程记录制度，共配发执法记录仪 469 台，

全面建立执法全过程痕迹管理体系。

针对重点领域加强执法力度。涉及教育、食药、安全、卫生、劳动、生态、金融等领域行政执法，进一步加大执法力度。健全食品安全退查和联合惩戒机制，创建国家食品安全示范区。开展非法收药专项打击治理，重点打击非法行医，依法查处非法医疗美容等。落实生态文明建设党政领导"一岗双责"和生态损害责任终身追究制度，对污染点位 24 小时巡查。建立健全安全生产责任管理制度和隐患风险防控体系，强化安全生产培训，现场监管施工工地。规范人力资源市场秩序，打击传销活动，2020 年和平区人社局被国家人社部、公安部、市场监管总局评定为"清理整顿人力资源市场秩序专项行动突出成绩单位"①。强化教育监管，组织暑期校外培训机构专项治理行动，对全区面向中小学生的校外培训机构进行全覆盖检查。严格金融服务监管，对小额贷款、融资担保、典当公司等进行走访并约谈企业高管和实控人。优化改进执法方式，重点在教育执法领域推行说服教育、劝导示范、行政指导等非强制执法手段。

严格执法人员资格管理。2022 年和平区组织 945 名参加执法证件年检注册考试或新增执法人员专业法、公共法考试②。全面落实责任，通过"行政执法监督平台"，建立日常检查监督机制，平台全年累计归集执法检查 3033 件，行政处罚 885 件，开展案卷评查 1272 件。

（五）行政权力制约有力、监督有效

强化监督效果。对行政权力的监督，尤其是重点执法领域、重要环节和关键岗位的监督，党内尤其是纪检监察机关至关重要。此外，人民代表大会及其常委会、政治协商会议，也是保障行政权力规范运行的重要力量。和平

---

① 《和平区人社局综合行政执法支队荣获"清理整顿人力资源市场秩序专项行动突出成绩单位"称号》，天津市人民政府网站：https：//www.tj.gov.cn/sy/zwdt/gqdt/202109/t20210914_5595019.html。

② 《和平区 2022 年度行政执法工作报告》，天津市和平人民政府网站：https：//www.tjhp.gov.cn/zw/xzzfxxgs/xzzfgzbg/202302/t20230220_6112862.html。

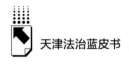

区一贯重视人大代表、政协委员的建议和提案，2021 年各级行政机关共办理 253 件建议（意见），全部得到落实，反馈满意度达 100%。

落实行政机关负责人出庭应诉制度。2022 年和平区各级行政机关参与 29 件行政诉讼案件、166 件行政复议案件，负责人出庭应诉率实现 100%。司法机关向区内行政机关发出的各类法律文书，包括审判机关发出的司法建议、作出的裁判文书，检察机关作出的检察建议，行政机关做到全部尊重执行，及时落实反馈，2022 年累计办理建议反馈 47 件次。全面推行政务公开清单管理制度。

全面推行政务公开。各级行政机关对外发布政务公开清单，并定期或不定期动态更新，群众提出的依申请公开信息的申请得到 100% 答复。

（六）依法化解社会矛盾纠纷卓有成效

创新和发展新时代"枫桥经验"，按照天津市委统一部署，建立并完善矛盾纠纷预防调处化解机制。和平区建立区、街道两级社会矛盾纠纷调处化解中心，委派调解员和律师进驻两级中心；建立 84 个覆盖街道、社区、行业性和专业性人民调解组织网络，实现街道、社区人民调解组织全覆盖。2021 年和平区各级人民调解组织成功调解矛盾纠纷 1859 件，访调对接 18 件，诉调对接 186 件，公调对接 65 件，街道和其他转办 7 件，2022 年排查各类矛盾纠纷 694 件，调处率 99.8%。

落实行政复议体制改革要求。和平区成立改革领导机构和咨询委员会；制定印发实施细则和工作台账、改革十项配套制度和管理手册；增设行政复议科 2 个，新增编制 3 名，设功能室 7 间，面积 202.4 平方米。2021 年区政府行政复议案件 51 件，行政应诉 34 件，区政府无败诉发生，区属部门出庭应诉 118 件，败诉 1 件。

完善诉源治理机制。涉及矛盾纠纷化解的相关部门依法履职，法院、人社、司法、信访、各街道等有效化解纠纷。落实行刑衔接，2021 年全年区市场监管局将涉嫌违法行为案件移送公安机关依法审查并抄送检察机关 4 件。落实"谁执法、谁普法"普法责任制。将法治宣传教育纳入国民经济和社会发展规划，将法治宣传经费纳入财政预算。落实"谁执法谁普法"责任清单，创立"法治和平"专题栏目。

（七）依法预防、妥善处置重大突发事件

运用法治思维，采用法治方式，妥善应对各类事件。建立健全各类突发事件应急处置制度，提升先期处置和快速反应能力。完善突发事件应对机制制度。制定印发《和平区突发事件总体应急预案》和《和平区重污染天气应急预案》，全年编修应急预案47个。提高突发事件依法处置能力。制订预案启动审批及发布程序，收集、使用个人信息时采取必要措施。组建专业技术和区级综合队伍。做好公共安全、公共卫生等领域的应急演练活动。加快社会治安防控体系建设。完成"雪亮工程"建设，建立健全社会矛盾预警机制，加强重点人群、重点区域、重点场所的预警监测，加强矛盾隐患萌芽的重点排查，加强突发事件预防，成为全国第一批市域社会治理现代化试点地区。

（八）公职人员法治思维意识培养和依法行政能力提升

评判和选任干部首要考察法治素养和法治能力。区委组织部把能不能有效运用法治思维和法治方式作为考察识别干部、优先提拔使用的重要条件。中共和平区纪委监委严格执纪问责，对法治观念淡薄的干部严肃处理。2021年查处违纪违法46人次。

深入学习宣传贯彻习近平法治思想。借助中共和平区委常委会会议、和平区人民政府常务会、区处两级理论学习中心组加强学习；通过"和平大讲堂""政法大讲堂"、区委党校集中授课培训和全区处、科两级习近平法治思想专题培训班等形式，全面提升领导干部运用法治思维的意识和能力。重视和加强公职人员法律知识培训，在领导干部任前法律考试、干部在线学习平台、机关人员网上学法用法考试中增加习近平法治思想相关内容。2021年组织开展区、处两级理论中心组专题学习18次，各级党政主要负责人带头讲法治课72次，区委党校举办培训28期，培训人员1683人，区委组织部组织73名处、科级干部任前考试，合格率100%。

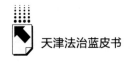

二 和平区法治政府建设示范创建的经验总结

法治政府建设示范创建，对其他地区法治政府建设找差距、补短板、激发内生动力具有重要引领、带动作用。天津市和平区法治政府建设示范创建，凸显地方党委政府重视和推动，关键少数引领方向，强化法治思维，政务服务精准高效，执法包容审慎，塑造规范公正文明人性化的执法环境，积极发挥行政复议制度优势等亮点和特色。

（一）党政主要负责人高度重视，积极推动各项工作落实到位

中共和平区委、和平区人民政府主要负责同志高度重视法治政府建设示范创建工作，将其纳入规划计划。年度工作规划和工作计划中，法治政府建设相关内容写入"区委工作要点"和"政府工作报告"。制定印发《和平区法治社会建设实施意见（2021~2025）及任务分工方案》《法治和平规划》，起草《和平区法治政府建设实施纲要》。成立"中共和平区委全面依法治区委员会"和"天津市和平区法治政府建设示范创建工作领导小组"，组织召开党政主要负责人履行推进法治建设第一责任人职责、法治政府建设示范创建、迎接中央法治督察等专题会议，印发实施方案，将任务分解到58个单位。中共和平区委常委会会议、和平区人民政府常务会议专题听取相关工作汇报，有效发挥4个协调小组作用，全面统筹推动，持续不断抓好落实。科学制定《和平区绩效管理工作实施方案》，将法治政府建设纳入全区绩效考核指标体系。党政主要负责人对法治建设作出专项批示，听取专项汇报，对依法治区工作亲自推动部署，切实履行法治建设第一责任人职责；将法治建设内容写入各级领导的"年度述职报告"；区政府主要负责同志落实专题述法要求，年底前向市政府专题进行了述法汇报。区年度法治政府建设工作报告经区政府常务会议、区政府党组会议通过后，按时向市委、市政府和区委、区人大常委会报告，并对外公开。

（二）强化"关键少数"方向引领，持续强化法治思维

确立干部选任的法治倾向，制定《和平区关于加强干部法治素养和依法履职情况考核评价的实施意见（试行）》。中共和平区委理论学习中心组重点学习习近平法治思想，将"关键少数"作为提升法治素养工作的核心和重心。区委主要负责同志认为，作为法治建设的'关键少数'，各级领导干部应率先做到尊法、学法、守法、用法，不断主动提升法治素养，秉持尊崇法律、敬畏法律，积极掌握法律、主动捍卫法律，依法办事坚持不懈。2022 年和平区共举办习近平法治思想专题、法治政府建设研讨、政法大讲堂等各类报告会、培训班 40 余场（次），累计培训人员 5100 余人（次）。推动宪法宣誓制度全面实施，深入增强领导干部法治观念，已有 63 个关键岗位的国家工作人员完成宪法宣誓。和平区 3916 名工作人员借助"共性+个性"学法清单制度，全部参加学法用法网上学习和考试活动。法治思维是依法行政的理念基石，关键少数的法治思维是引领法治政府建设的根本思想保障。

（三）政务服务精准高效，全面提升法治政府建设示范效果

始终贯彻"以人民为中心"的发展思想，把服务人民作为法治政府建设的宗旨。坚持以"营商环境就是生产力"，将企业发展作为优化营商环境的关键，把管行业就要管服务要求贯穿到政府工作各领域。以"双万双服促发展"活动为抓手，构建领导牵头包联企业、部门齐走访的"大服务"工作格局，制定出台和平"亲商十条"，推出政企沙龙等多项新举措，解决了一批企业急难愁盼问题，既优化了营商环境、改善了政商关系，又促进了更多新企业入驻和现有企业巩固发展。

推行"一口受理、内部流转、限时办结、一窗出件"，企业提交完成后，信息在政府部门之间流转审批，让企业少跑路，只进一扇门。全面推行证明事项告知承诺制，围绕企业办事遇到的高频次、高成本行政事项，全面推行证明事项告知承诺制、事项清单化管理，通过破解"人在证途"和

275

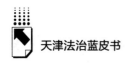

"信息孤岛"等难题，让企业得到更多看得见摸得着的实惠。"中海多伦道项目"审批中，中海地产天津公司非常希望项目早期开工。2021 年 11 月初，公司向和平区政务服务办申请"工程建设项目全流程审批"，当时因个别相关申请报件要件不全，地产公司担心审批受阻。和平区政务服务办接受报件后，急企业所急，想群众所想，积极与规划、住建、发展改革等职能部门对接，压缩流程、简化材料，充分利用政策，以精准高效的政府服务在最短时间完成审批，从项目备案到施工许可的"全流程审批"，比正常流程快了近 40 天，刷新了全市"最快纪录"。

（四）执法包容审慎，塑造规范公正文明、人性化的执法环境

和平区注重行政执法包容审慎，严格规范执法活动，着力打造优质的营商环境。执法部门全面落实行政执法公示制度、行政执法全过程记录制度和重大执法决定法制审核制度，依据法律规定，确立有法可依的行政处罚裁量基准。全面倡导柔性执法，完善从轻处罚、减轻处罚、不予处罚清单制度。推行"双随机、一公开"行政执法监管模式，全面规范行政执法活动。塑造规范公正文明、人性化的执法环境，为和平区建设市场化、法治化、国际化的一流营商环境提供源源不断的助力。

2022 年 4 月，五爱里片区山西面馆和重庆面馆两家经营商户营业执照和食品摊贩备案证到期，因两家商户经营场所为住宅性质房屋，不符合餐饮经营要求，证照无法续期，且两家商户带来环境保护、消防安全、居民纠纷等一系列隐患问题。执法部门考虑民生经济和社会稳定等综合因素，未简单"一刀切"关停取缔，积极督促商户整改，在消除各类安全隐患的基础上，给予商户八个月过渡经营期，助其业态调整，最后帮助经营者联系满足许可条件的经营场所，彻底解决商户的实际困难，帮助商户实现规范经营。两家商户的整改过程，执法部门充分展现了规范的执法尺度、公正的执法立场、文明的执法风格和人性化的执法态度，切实实现了执法包容审慎。

2022 年，和平区 33 个执法部门共开展行政执法 378 件次，行政处罚 274 件。通过实施"柔性执法""错时执法"等机制，广泛运用说服教育、

劝导示范、警示告诫、指导约谈等方式①，不断提高执法水平，确保让人民群众在每一个案件中感受到公平正义。

（五）积极发挥行政复议制度优势，着力实现行政纠纷和谐化解

2021 年，和平区行政复议体制改革全面完成。行政复议机关坚持"人民至上"，以公正高效、便民为民为目标，在妥善化解行政纠纷工作中发挥了重要作用。对行政复议案件，复议申请受理审查不设门槛，复议申请应受必受、能受尽受、存疑先收，避免群众多跑路，节约时间，并对前来咨询的群众提供答疑咨询服务，疏导群众心理，解答群众疑惑，指明维权路径。在案件审理阶段，以人民为中心，急群众所急，在法律规定办理时限内，加快提速办理案件，绝不拖沓，实现案件"快审快结"。案件办理注重实际效果，不走形式，不推诿，不逃避，力争复议争议能及时有效实质化解，办案质效和群众满意度不断提升。和平区行政复议机关通过开展实地调查取证、召开听证会等方式，做到依法复议、有错必纠，让行政复议充分发挥其公正高效、便民利民的制度优势。2021 年以来，办理行政复议案件 163 件，经实质调解后申请人撤回申请、终止审理 18 件，较好化解了行政争议。

复议机关积极履行监督职责，针对行政执法机关办案中的不足进行指导和提示，以个案带一般、以案释法，帮助办案机关全面提升依法行政能力，切实实现严格规范公正文明执法。复议机关借助行政复议意见书、典型案例通报等方式，发挥"办理一案、规范一片"的效应，充分实现行政复议警示、指导、监督的功能和作用。和平区行政复议工作不限于案件办理，更重视从源头消除引发行政争议的土壤和诱因，力争从根本上提升行政机关依法行政能力，实现社会治理法治化水平的全面提升，进一步为法治政府建设示范创建添彩争辉。

---

① 中共中央、国务院印发《法治政府建设实施纲要（2021~2025 年）》。中央人民政府网：https://www.gov.cn/gongbao/content/2021/content_ 5633446. htm。

B.21
河东区以"枫桥式"派出所创建为载体
打造新时代"枫桥经验"新高地

河东区"枫桥式"派出所创建研究课题组*

摘　要： 近年来，天津市公安局河东区分局学习贯彻"枫桥经验"，按照中央部署要求推进创建"枫桥式"派出所，摸索了一整套创新实践机制，形成了新时代"枫桥经验"的新高地。河东分局通过创建"党建引领型""警网互助型""亲民互动"等特色警务区，实现立体化的治安防控体系建设。河东分局通过实现纠纷化解主体多元化，推动群防群治工作，通过推动纠纷化解机制多元化，促进"调防结合，以防为主"工作方针的落实。河东分局通过深化智慧平安社区建设，推动综合治理，将"枫桥经验"与智慧平安社区建设相结合，是"枫桥经验"在平安建设领域的生动实践和创新之举。

关键词： 枫桥经验　特色警务　源头治理　智慧平安社区

2023 年既是毛泽东同志批示学习推广"枫桥经验"60 周年，也是习近平总书记批示强调坚持和发展"枫桥经验"20 周年，历经一甲子几代人的接力传承与创新，新时代"枫桥经验"在党的领导、预防为主、依靠群众、源头治理精神内核的引导下，丰富和拓展了理论内涵，各地区也在实践中针对新领域、新情况、新问题，探索了具有示范意义的实践方法和运作

---

* 执笔人：巩哲，天津社会科学院法学研究所助理研究员。天津市河东区提供相关资料。

机制。2019 年，公安部印发《关于全国公安机关坚持发展新时代"枫桥经验"的意见》，要求以着力打造一批立得起、叫得响、过得硬的"枫桥式派出所"为载体，在新时代基层公安工作中弘扬"枫桥经验"。近年来，天津市公安局河东区各派出所积极践行"枫桥经验"，筑牢"派出所主防"的平安根基，成为"枫桥经验"在津沽大地焕发蓬勃生机的一面鲜红旗帜。

一 立体化治安防控：创设特色警务区

"枫桥经验"之所以能够长期在中国大地上得以运用，并不断激发出新的生机活力，最为本质的因素是党的领导，而强化党的建设是"枫桥经验"创新理论发展的前提，也是促进政治建警、锻造公安铁军、扎实推动警务工作的根本要求。天津市公安局河东区各派出所牢牢把握公安姓党的根本政治属性，践行强化党建引领工作，创设"党建+警务室"工作模式。

（一）以党建促警建，创设"党建引领"型警务室

天津市河东区陶然庭苑社区是建于 2013 年的年轻社区，曾因社区生态环境整洁优美、人居氛围和谐静谧，广受社区内居民好评，很多新天津人选择来此安家置业。但随着时间的推移，由于缺乏有效的社区管理与服务，区域内私搭乱建、乱堆乱放、圈占绿地、违规停车等问题越来越突出，由此引发的邻里矛盾、纠纷冲突也呈现频发态势。为解决陶然庭苑社区出现的这一系列问题，提高社区治理效能，该社区探索了党建引领、融合统一、上下联动的社区治理架构，突出公安民警在基层治理中的支撑和保障作用，筑牢最后一道防线，集中体现为"六融八合"工作方法。

"六融"是指六个融入：融入党群中心、融入网格体系、融入基层治理、融入智慧警务、融入公调对接、融入社区群众。"八合"即八个合力：合力采集实有人口、合力排查矛盾纠纷、合力维护平安稳定、合力安全防范宣传、合力收集社情民意、合力消除安全隐患、合力开展治安管理、合力为民排忧解难。"六融八合"工作法的前提是"六个融入"，其中融入党群中

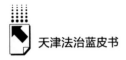
心，以党的领导充分调动基层治理多元主体，将社区警务工作与各类型基层治理力量相结合，能够形成应对基层警务工作中矛盾纠纷排查化解、整治安全隐患等复杂工作的合力。

首先，领悟"枫桥经验"，建设"枫桥式"社区警务，必须坚持党建引领，通过社区党组织的集中统一领导，形成各基层部门协同配合的工作局面。推动社区治理向综合治理方向共同发力，对各类违法犯罪形成高压态势，对矛盾纠纷形成排查调处的组合拳，对社区治安共建共享共治起到引领带动作用。

其次，"枫桥经验"根植基层，来源于群众，"相信群众，依靠群众，从群众中来，到群众中去"是"枫桥经验"的核心内容之一。陶然庭苑警务室通过运用"六融八合"工作法，社区党员模范先锋广泛动员组织包括治安积极分子在内的广大群众，参与基层警务活动，形成"群防"队伍，加强了与基层群众的信息、资源互动，扩大了社区群防群治主体队伍，增强了社区治安防控力度。

最后，"六融八合"工作法通过基层警务与基层党建相互融合，"吹哨申请、问题研判、应哨派遣、问题处理、结果反馈、综合评价"的社区警务工作处置机制和评价体系。改变了过去基层单位"吹哨"，相关机关"报到"的模式，形成了"居民吹哨，社区民警报到"的"吹哨—报到"新模式，使人民群众能够获得快速报警、咨询、求助等服务，最终实现矛盾化解在基层，问题就地解决的"枫桥式"社区警务生态。将警务工作与民警党建工作相融合，以党建引领促政治建警，弘扬新时代"枫桥经验"，践行人民警察为人民的初心使命。

（二）多元主体协同共治，创设"警网互助"型警务室

天津市河东区互助西里社区始建于1998年，社区内共有45栋居民楼、3000余户、8000余人，但网格员只有13名，管理难度较大。社区内民警积极对接网格员，参与网格内重复报警、重点隐患区域报警等异常警情的信息分享，并集合网格员、社区楼栋长等开展问题攻坚，成效显著，起到了事半

功倍的效果。

基层社会推动治理能力向现代化转型，必须重视治理所产生的实际效果，以实际效果作为检验治理能力的最终标准。有效性、便捷性是"枫桥经验"的一个重要特点，基层警务工作直接面向人民群众，是基层治理的窗口，能够体现一地警务服务的温度与治理的力度。河东区公安机关将警务机制改革的发力点放在社区警务与社区网格互动融合上，实现社区网格与社区警务互动、互通、互助，充分发挥社区民警在网格中的核心作用，调动全域网格员，集成社区治理资源，整合社区内治理力量，拓展治理的职责边界，增强社区警务工作的整体性、协同性，以"小网格、微单元"熟悉度为支撑，共筑"全网格、大社区"治理格局，形成了服务有温度、管理有力度的基层警务工作面貌，协同发力解决群众急难愁盼问题。

（三）警民互动常态化，创设"亲民互动"型警务室

天津市河东区文华里社区处于大直沽腹地，社区人口组成结构中老龄人口占比较高，另外辖区内有两所学校，突出体现为"一老一小"问题，养老托育负担较重。社区民警在服务群众过程中，逐渐总结出了"贴心、交心、暖心、爱心"的"四心"服务群众工作法。用"贴心"换"放心"，社区民警在日常工作中主动靠前，参与辖区内群众棘手琐事的解决，赢得群众对社区民警的信任；用"交心"换"安心"，社区民警在与群众接触过程中能从群众角度出发思考解决问题的方法，真正让群众放心社区警务工作处理的公正性；用"暖心"换"宽心"，社区民警在处理警情过程中，始终注意执法的温度，让文明执法、热情执法、弹性执法常态化，促进警民沟通，减少警民矛盾冲突；用"爱心"换"开心"，社区内存在不少一老一小弱势群体，关心关爱辖区内这一类弱势群体，帮助他们摆脱生活中的困境，增加群众对警务工作的满意度。

基层公安机关加强同人民群众的血肉联系，贯彻"枫桥经验"的人民主体立场，首先，就必须转变社区警务观念，坚持将警力对接一线繁、难、重、苦的任务，并加强力量下沉的保障投入，不可人浮于事，只做表面文章。其

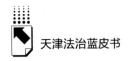

次，基层公安机关要进一步向以人民为中心的思想理念转变，培育厚植人民情怀，内化于心外化于行，积极主动了解群众急难愁盼问题，并尽快解决。最后，要强化人民群众在基层治理中的主体地位，坚持"专群结合"，将人民全过程参与作为基层警务工作的重中之重，依靠群众力量实现社会治安综合治理发挥实效，共同形成维护基层社会良好秩序的合力。

二 强化源头治理：完善纠纷多元化解机制

2020 年 3 月，习近平总书记在浙江省安吉县视察社会矛盾纠纷调处化解中心时明确指出："矛盾处理是一个国家、社会长治久安的一个基础性工作。把人民群众的事情做好了，都处理得有条不紊，老百姓都能够顺心满意。"① 习近平总书记的指示不仅表明群众矛盾纠纷的化解工作是国家其他各项工作的基础，对社会秩序安定和谐，提高国家整体向心力、凝聚力的重要作用，也给公安机关做好矛盾纠纷化解工作提出了更高的要求。

（一）推动群防群治：纠纷化解主体多元化

近年来，天津市公安局河东分局为坚持和发展新时代"枫桥经验"。积极推进群防群治力量建设工作，打造"警民联防"矛盾化解核心力量架构，现已发展为 23800 余人的工作队伍。

1. 社区基础队伍

社区是矛盾纠纷的第一板块，也是"枫桥经验"鼓励纠纷就地化解的基础层级，社区基础队伍直面矛盾纠纷第一线。一方面，能够及时接触基层群众，掌握区域内矛盾纠纷的类型、内容以及严重程度，方便与警情对接，形成警情预报机制。另一方面，社区基础队伍能够实现对矛盾纠纷的长期动态监测，分担、减少基层警务压力，实现警务资源的合理配置。目前，河东

---

① 《化解基层矛盾的有力之举》，2020 年 11 月 4 日，宿迁网，http://www.ccdi.gov.cn/yaowen/202003/t20200331_ 214529. htm。

区形成了以社区平安志愿者、社区工作者、物业保安、网格员、楼门栋长、退役军人等为多元主体的社区基层队伍，共计9000余人，常态化承担社区内宣传预防、综治组织、巡查防控、治安排查等多项工作。

2. 党员示范队伍

党员队伍是基层治理中的先锋模范，既在人民群众心目中具有较高的威望，有事找党员已经逐渐成为纠纷调解的选项之一，党员也长期接受党的思想政治教育，具有较高的党性修养，在基层矛盾化解事务上能够积极主动承担责任。同时，党员来自各个行业，具有一定的专业知识，可以为对解决复杂纠纷矛盾提供智力支持。天津市公安局河东分局主动联络社区党员干部，以退休公检法司及老教授、老教师等党员群防队伍人员为基础，形成了8000多人的党员先锋模范队伍，他们利用自身专长，在法律宣讲、法律援助、调解纠纷等方面发挥以点带面、不可替代的作用。

3. 新兴业态队伍

进入社会主义新时代，随着经济水平的不断提升，以及大数据、云计算等互联网信息技术的长足发展，加之人民群众日益增长的消费需求，催生了一些新的发展业态，给人们带来了更高层次和个性化的服务，这类服务的提供者——新兴业态从业人员如"网约房推销员""快递小哥""房屋管家"等群体，数量大，行业类型多样，信息渠道具有"门清、人熟、覆盖广"的职业优势。河东区分局及时吸纳这类从业人员参与联防联控，起到"千里眼、顺风耳"的独特作用，形成了一支2000余人规模的队伍。

（二）促进调防结合：纠纷化解机制多元化

1. 推动矛盾纠纷化解在源头

河东区社区民警与社区网格员、调解员等多元纠纷调解主体形成纠纷解决共同体。首先，开展社区纠纷拉网式排查，定期形成清单台账，梳理矛盾纠纷易发生问题点，持续跟进化解；其次，社区民警对社区群众矛盾纠纷进行分类处理，根据矛盾纠纷的类型、内容，针对性地选择网格员、相关专业党员组成处理专员团队，充分发挥"公调对接""律师进社区"等多元化解

优势，通过强化矛盾纠纷早发现、早化解，避免了小矛盾拖延成为大矛盾。2022 年以来，河东区社区民警共排查矛盾纠纷 9792 起，其中化解 9790 起，矛盾化解率达到 99.98%。

2. 强化防范宣传有效果

宣传是架起警民血肉联系的一座桥梁，警情民意通过宣传的桥梁得到有效交流。河东区社区民警构筑自身的防范宣传阵地，组织精干力量参与社区宣传工作，充分将集体活动、屏幕、抖音等平台利用好，把防范宣传挺在矛盾纠纷产生之前。2022 年以来，发动群防群治力量参与各类活动 8 万余人次，其中集中防范宣传 3650 次，播放宣传视频 20 余万次，发放各类宣传材料 40 余万张，各类安全教育 7695 次，受教育群众达到 50 余万人。

3. 加强社区巡防除隐患

社区民警加强社区巡逻，一方面有助于及时发现警情，及时处理社区居民之间的矛盾冲突；另一方面，能够震慑社区内不法分子，防止矛盾进一步升级演变为刑事案件。河东区基层民警组织扩大巡逻队伍，河东区共有 162 个社区，每个社区都建立不少于 15 人的群防群治义务巡逻队伍。2022 年以来，组织义务巡逻队伍开展巡逻 6500 余次，群防群治巡逻队通过佩戴"红袖章"、身穿"红马甲"、头戴"小红帽"、手提"红喇叭"，在社区内开展常态化巡逻防控，与社区民警一起营造安全氛围。

三 推进综合治理：深化智慧平安社区建设

"枫桥经验"与平安建设有千丝万缕的联系，可以说两者一脉相承，平安建设脱胎于"枫桥经验"。天津市公安局河东区分局在推动智慧平安社区创建过程中，注重采用"枫桥经验"的价值理念，深化智慧平安社区顺利创建。

（一）实事求是，因地制宜，科学谋划平安社区建设

天津市公安局河东区分局在谋划平安社区建设期间，组织精干力量耗时

2~3 个月深入基层，对所有的辖区内社区进行实地踏勘，为每个社区专门绘制点位图，"一小区一方案"，保证建设目标清晰，考核量化精准。在此基础上出台相关管理办法，严格要求将智慧平安社区建设纳入新建住宅的验收条件，以对人民负责的历史态度，推进新建小区均达到智慧平安社区技术水平，新建小区未达标实现"零增加"。

（二）与时俱进，科技创新，有效压降发案

河东区公安机关不断创新警务工作手段，运用智慧平安社区科技新方法，实现对各个平安社区常住人员、流动人口等的自动感知，基层民警得以迅速掌握社区内人员、车辆信息，提高警务工作效率和治安防控能力。自从 2021 年智慧平安社区建设任务完成后，全区社区安全防范能力得到显著提升，入室盗窃警情同比下降 82.4%；诈骗警情同比下降 21.12%。充分印证科技引领警务在实战中精确制导、精确打击的作用，立足警情指挥警务，结合科技新手段和传统防范方法，构建智慧警务管理社区的新模式。

（三）以民为本，为民造福，有力服务人民群众

河东区公安机关通过智慧平安社区建设，将社区采集的信息数据统一纳入公安系统资源管理体系，通过运用大数据分析方法，挖掘深度信息，形成信息谱系，提高公安警务工作效率的同时服务人民群众。遇有人口走失等类似警情，河东区公安机关通过调取智慧平安小区监控设备的采集数据，并实地走访调查，成功找回走失群众，获得群众衷心赞誉，解决了群众急难愁盼问题，以实际实效让人民群众的获得感、幸福感、安全感更加充实、更有保障、更可持续。

"枫桥经验"的本质和精髓是以人民为中心的群众路线，依靠人民群众发现和解决问题，最终治理成效由人民共享，这是"枫桥式公安派出所"的核心要求。只有更好地加强基层警务工作与人民群众的血肉联系，才能切实发挥基层警务工作在整个公安工作体系中的战斗堡垒、阵地前移作用，让基层警务成为连接公安机关与人民群众的桥梁、纽带。

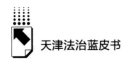

参考文献

[1] 宋世明、黄振威：《在社会基层坚持和发展新时代"枫桥经验"》，《管理世界》2023 年第 1 期。

[2] 张永林：《"枫桥式"社区警务及其应用路径》，《北京警察学院学报》2020 年第 6 期。

[3] 谢伊云：《系统不响应：对基层矛盾治理中"小事拖大"现象的考察与分析》，《湖北社会科学》2022 年第 7 期。

[4] 中共绍兴市委政法委课题组、吴海洋：《坚持和发展新时代"枫桥经验"一体协同推进平安绍兴法治绍兴建设——〈绍兴市基层治理平台建设促进条例〉立法项目前期调研报告》，《浙江警察学院学报》2022 年第 3 期。

[5] 俞流江：《坚持发展新时代"枫桥经验" 勇当率先走出整体智治之路排头兵》，《浙江警察学院学报》2022 年第 5 期。

[6] 王欢欢、李雨倩：《"枫桥经验"在公安基层基础建设中的应用——以宁德市古田县派出所为例》，《宁德师范学院学报》（哲学社会科学版）2022 年第 2 期。

[7] 刘海亮：《公安机关化解矛盾纠纷长效机制研究——以新时代"枫桥经验"为切入点》，《山东警察学院学报》2021 年第 3 期。

B.22
红桥区重大行政决策合法性
审查"123"模式

红桥区重大行政决策合法性审查"123"模式课题组*

摘　要： 天津市红桥区贯彻落实国务院《重大行政决策程序暂行条例》
和天津市重大行政决策程序"1+4+5"制度体系，充分发挥合法
性审查在坚持科学决策、民主决策和依法决策中的重要作用，形
成极具特色的红桥区"123"模式。作为贯彻落实依法行政目标
的重要措施之一，红桥区通过构建程序规范、公开透明、职责分
明且多方主体密切协作的合法性审查工作机制，为推动自身经济
社会高质量发展提供有力的法治保障。科技进步与创新能力逐渐
成为国家经济发展的强大驱动力，科技创新战略也成为国家综合
实力提升和参与国际竞争的重要手段和决定因素。

关键词： 重大行政决策　合法性审查　两级联动　三重审查

党的二十大报告指出，作为坚持法治国家、法治政府和法治社会一体建
设的主要任务之一，完善中国特色社会主义法律体系，应当以坚持科学决
策、民主决策、依法决策为指引，全面落实重大决策程序制度。同时，要确
保行政机关所作决策在内容上于法有据、程序上合法规范，切实加强对重大
行政决策的合法性审查，是加快推进依法行政、建设法治政府的必然要求。
近年来，红桥区委、区政府高度重视重大行政决策法治化建设，围绕贯彻落

实国务院发布的《重大行政决策程序暂行条例》和天津市重大行政决策程序"1+4+5"制度体系，创新形成极具特色的"123"模式（即一张清单、两级联动、三重审查模式），将合法性审查工作作为推动依法行政的有力抓手，通过明确审查事项、压实主体责任与采取多元审查模式，力求提升审查的实效性，推动经济社会高质量发展。

一 现行立法有关重大行政决策
合法性审查的规定

就我国现行立法涉及重大行政决策合法性审查的规定而言，在中央层面，2019 年国务院发布的《重大行政决策程序暂行条例》针对重大行政决策的合法性审查机制作出一般规定，明确了重大行政决策合法性审查的事项范围、审查主体、工作流程以及审查标准等核心问题，为确保行政主体所作重大决策的民主性与合法性提供了原则规范。为大力提升天津市重大行政决策工作的科学化、民主化与法治化水平，保证相关工作环节的规范、有序开展，天津市政府在遵循前述上位法规定的基础上，结合本地情况制定发布了《天津市重大行政决策程序规定》。随后，制定并实施《天津市重大行政决策事项目录管理办法》等 4 个重大行政决策程序规定配套文件，以及《天津市重大行政决策合法性审查工作规则》等 5 个工作规则配套文件，形成全面系统的"1+4+5"制度体系，其中包括合法性审查的相关规定和运行机制。

（一）《重大行政决策程序暂行条例》的相关规定

1.重大行政决策的事项范围

作为目前我国有关重大行政决策作出与调整要求的统一程序规范，《重大行政决策程序暂行条例》第 3 条采取概括列举的方式，以是否属于重要经济性管理事项或社会性管理事项为判断标准，对重大行政决策的范围作出大致界定，主要包括公共服务、市场监管、社会管理与环境保护等领域的重大公共政策和措施；涉及经济、社会发展等方面的重要规划；有关开发利用、保护重要自然资源和文化资源的重大公共政策和措施等事项。根据本条第3款规定，决策机关可在遵循前述规定的前提下，结合自身法定权限和当地实际确定具体的决策事项目录，并在报同级党委同意后予以公布。

2. 重大行政决策合法性审查的主体

受制于重大行政决策涉及内容事项的复杂性与专业性，现行国家法律中关于审查主体资格及其职能定位的确定，坚持由具备行政工作经验的政府法制机构发挥主体作用，同时注意发挥法律顾问、公职律师在合法性审查过程中的积极作用。

3. 重大行政决策合法性审查的工作流程

就一般的工作流程而言，首先是由审查小组根据具体的决策情形，视实际审查需求确定决策承办单位应当提交的材料。对经审查确认相关材料不符合要求的，应由负责审查工作的部门退回，或是要求决策承办单位进行补充。其次，在确认提交材料收集齐全之后，审查小组应组织成员对重大行政决策草案进行正式审查。最后，作为判断决策草案能否移交集体讨论决定的依据，负责审查的法制机构应及时提交相应的合法性审查意见，并对其意见负责①。

4. 重大行政决策合法性审查的标准和处理方式

现行国家立法关于重大行政决策合法性审查标准的规定，原则上采取三要素判断标准，涉及法定权限、内容以及程序审查三个方面。根据《重大行政决策程序暂行条例》第27条的规定，法制机构进行合法性审查，主要是对行政主体所作决策事项是否符合法定权限范围、是否依法履行相关程序要求、草案内容是否符合有关法律和国家政策规定予以确认。此外，对于法制机构提出合法性审查意见的处理，现行立法规定决策承办单位应结合审查意见的具体要求，对决策行为进行完善。

---

① 梅扬：《重大行政决策合法性审查制度的构建》，《江西社会科学》2018年第8期。

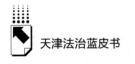

（二）天津市"1+4+5"制度体系中的合法性审查机制

1.《天津市重大行政决策程序规定》的相关规定

《天津市重大行政决策程序规定》第 28 条至第 32 条规定，决策承办单位在将重大行政决策草案提交集体讨论之前，应当由相关审查部门对草案情况进行合法性审查。第 30 条针对应当提交合法性审查的材料类型作出细化规定，包括决策草案及其起草说明、相关法律法规和政策依据的文本、有关专家论证意见的采纳情况与风险评估报告、决策承办单位的合法性审查意见、下一级政府及相关职能部门的意见采纳情况等材料。此外，有关部门主要围绕重大行政决策的作出是否符合法定权限要求、是否依法履行相关程序，以及是否符合有关法律和国家政策等问题进行审查，在此期间可咨询并听取法律顾问、公职律师的建议。

2.四个重大行政决策程序规定中的相关规定

以《重大行政决策程序暂行条例》《天津市重大行政决策程序规定》等相关规定为参照，结合本地实际，市政府办公厅发布了《天津市重大行政决策事项目录管理办法》《天津市重大行政决策跟踪反馈办法》《天津市重大行政决策后评估管理办法》《天津市重大行政决策过程记录和材料归档管理办法》。其中，与重大行政决策合法性审查工作联系较为密切，且为合理把握作为审查对象的决策事项范围，《天津市重大行政决策事项目录管理办法》就适用于市、区两级政府的重大决策事项目录管理制度作出详细规定。根据相关法条规定，市、区两级政府应于每年一季度制定本级、本年度的事项目录，并按照国家和本市有关重大行政决策的程序规范，依法形成或调整纳入目录范围的决策事项。

除前述法定重大行政决策事项之外，来自不同领域的多方主体可以就决策事项向市、区两级政府提出建议。经政府有关部门对决策建议拟解决的问题、确立依据和相应解决方案进行论证后，对可纳入重大行政决策事项目录的，须由本级政府相关负责同志审示并提交政府常务会议审议。最终，经同级党委同意，市、区两级政府办公厅应对年度重大行政决策事项目录予以公布。

3. 五个工作规则中的相关规定

为优化完善依法决策工作机制,天津市政府办公厅发布了《天津市重大行政决策合法性审查工作规则》《天津市重大行政决策公众参与工作规则》《天津市重大行政决策专家论证工作规则》《天津市重大行政决策风险评估工作规则》《天津市重大行政决策专家库工作规则》。为确保合法性审查工作的规范运行,《天津市重大行政决策合法性审查工作规则》除遵循上位法及其他程序规定关于审查标准、审查流程等事项的规定外,特别提出将决策草案提交本级司法行政部门进行合法性审查的要求,并制定相应程序规则。

重大行政决策草案被提交决策机关讨论之前,决策承办单位应将决策草案提交本级司法行政部门展开合法性审查。司法行政部门可视实际情况,采取书面审查、举行座谈会、组织实地调研或专家学者论证等方式,对决策草案的形成是否符合法定权限、依法履行相关程序,以及符合有关法律和政策规定进行审查,同时组织法律顾问和公职律师提出建议。经审查,如若确认决策草案制定超越法定权限或违反相关法律的,建议不提交决策机关进行讨论;未依法履行程序要求的,应退回决策承办单位补全程序或出具不履行情况说明后提交审查;内容不合法的,应提出对应修改意见。此外,对于尚无明文立法规定的探索性改革决策事项,司法行政部门可采取明示相关法律风险的做法,提交决策机关讨论。

二 红桥区"123"模式的经验做法

近年来,红桥区结合自身实际发展,通过健全机制、强化措施和狠抓落实等方式,不断推进本区域重大行政决策合法性审查机制的改进与创新,致力于从源头规避决策风险,为实现政府决策法治化提供坚实的制度保障。

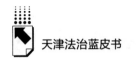
（一）加强顶层设计，贯彻落实"一张清单"制度

为深入贯彻执行《重大行政决策程序暂行条例》《天津市重大行政决策程序规定》及其配套制度文件，红桥区政府采取加强顶层设计的方式，严格规范该区合法性审查机制的建立与运行过程。

第一，健全制度规范体系，提升全区重大行政决策科学化、民主化和法治化水平。红桥区政府先后印发《红桥区重大行政决策程序规定实施办法》（以下简称《实施办法》）、《红桥区关于贯彻落实重大行政决策相关法规的实施意见（试行）》（以下简称《实施意见》），对本区域内重大行政决策形成涉及的启动、公众参与、专家论证、风险评估、合法性审查、集体讨论、决策公布与执行、决策后评估与调整等事项的程序规则及各项工作要求进行梳理，特别是对事关合法性审核机制运行的内容、时限等要求作出针对性规定。

第二，坚持贯彻落实"一张清单"制度。红桥区通过制定《合法性审查材料清单》，将重大行政决策形成过程中的公众参与、专家论证、风险评估、合法性审查与集体讨论五大环节汇集成一张表格，并配套对应工作模板。其中，需确认是否报审的材料主要包括：决策草案及起草说明、本单位的合法性审查意见（盖公章）及有关材料、相关法律依据与政策规定、是否履行征求部门意见及其采纳情况说明、是否履行征求公众意见情况说明及有关网页截图、是否履行专家论证情况说明及相应论证报告、是否履行风险评估情况报告说明、涉及市场主体经济活动的需提交"公平竞争审查表"等。由此，红桥区实现了重大行政决策合法性审查材料清单化、账目式闭环管理，促使各单位审查工作开展愈发明晰，大幅压缩了不同部门的沟通时间，报审材料的初审通过率大幅提高。应当说，红桥区通过规范审查流程、细化审查标准、明确审查时限与落实审查责任，有效构建了程序健全、权责一致、衔接紧密、运行高效的重大行政决策合法性审查工作机制。

第三，确保决策形成过程的民主与公开。为保证有关群众能够及时有效行使知情权、参与权等法定程序权利，红桥区在政府网站专门设置"重大行政决策"栏目，包含相关制度文件、决策事项目录、草案意见征集及决策结果等内容，通过全方位公开展示重大行政决策形成过程，更好地实现决策工作中积极听取民意、广泛汇集民智的目的。近两年来，红桥区面向社会公开各年度本区重大行政决策事项目录，且各决策事项均已按时完成，透明高效的工作方法推动政府公信力和群众满意度不断提升。

（二）严格压实主体责任，开展两级联动式审查

红桥区委、区政府落实党政主要负责人作为推进法治建设第一责任人的要求，将重大行政决策工作纳入年度全面依法治区绩效考评与督查检查考核计划。关于该区重大行政决策合法性审查工作的权责分配情况，具体情形如下。

第一，细化决策分工，明确合法性审查主体职责。前述《实施办法》和《实施意见》详细分解了重大行政决策形成过程中各职能部门的工作任务，尤其是对决策承办单位的职责范围作出明确规定。具体到合法性审查工作中，要求严格压实各部门主体责任，开展决策承办单位与司法行政部门两级联动式审查，即为确保重大行政决策的科学有效，决策承办单位须经内部集体决策形成合法性审查意见，随后将决策事项提交区司法局进行审核。

第二，应审尽审，规范审查程序运行。根据上述相关法律规定，健全有关决策审查工作流程机制，要在不断积累审查工作经验、掌握不同类型的决策事项审查规律基础上，逐步建立一套审查工作流程。将整个审查工作划分为决策草案和材料的接收—初步审查—复核审查乃至集体讨论等若干环节，根据审查工作的困难程度，确定具体的审查部门并作出相应工作安排，合理划分每个环节的时限，在不断提升审查工作效率的同时，确保审查工作的稳步开展。实际工作中，红桥区将确需进行合法性审查的其他政府决策事项一并纳入审查范围，要求各行政部门拟定的决策草案在报送区政府审议前，须提前七个工作日交由区司法局进行合法性审查，实现重大行政决策与政府常务会议审议事项合法性审查率两个100%。

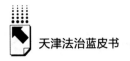

第三，积极打造不同部门衔接有序、协作有力的合法性审查格局。区司法局与区政府办密切联系，对于各决策单位应实施合法性审查而未实施或合法性审查未通过的事项，一律不得提交区政府常务会议进行集体审议，监督区政府各部门严格履行各项审查程序。

（三）打造"三重审查"创新模式，构筑坚固屏障

实际工作中，红桥区积极打造由决策承办单位初审、政府法律顾问复审、司法行政部门复核的"三重审查"创新模式。

第一，守好主责，把好首关。合法性审查工作的开展，要求各单位充分发挥其法制部门的职能，同时注意听取法律顾问、公职律师的意见，尽快健全合法性审查工作队伍，从而不断提高审查能力。2021年底，红桥区实现了公职律师100%全覆盖，2021~2022年公职律师累计履职3603件次。

第二，发挥专业人士在重大行政决策形成过程中的重要作用。红桥区政府组建包括法学专家、律师在内的24人专家智库团队，为重大行政决策和涉法事务等工作的开展提供参考建议。2021年以来，区政府法律顾问累计开展工作206件次，提出相关法律意见750项，大力推动自身高水平法治化建设。另外，为进一步完善重大行政决策法治化中的政府法律顾问工作机制，拓展法律顾问工作的广度深度，相关工作的开展应为外聘法律顾问预留充足的时间、配备齐全的材料，使其能够准确了解有待解决的问题、吸收外聘法律顾问深入一线调研、支持其发表不同于审查部门的意见以加强监督等。

第三，联合审查，实现合法性审查工作效益最大化。实践中，红桥区司法局对于重大、复杂或涉及历史遗留问题等涉法事务进行审查，是由包括局领导、相关业务骨干和公职律师在内的法治审核工作组负责。以多元主体联合审查、集体会商的形式，取代传统的单一职能科室审查。随后经协商讨论，区司法局提出合法且富有实效性的审查意见与工作建议，最大程度实现审查工作法律效果、政治效果和社会效果的统一。

综上所述，红桥区重大行政决策合法性审查"123"模式的经验做法，切实将各项审查工作的要求实现由制度设计到步骤方法、由抽象规定到明确

规则、由原则指引到刚性约束的转变，在推动该区法治政府建设过程中发挥举足轻重的作用。当前，有必要在深入落实国家和天津市重大行政决策有关规定的基础上，进一步明晰重大行政决策的事项目录范围，提升合法性审查清单制订的科学性与可操作性，优化并复制推广两级联动式审查，积极探索政府法律顾问、公职律师与专业人士参与合法性审查的完整工作机制，以及建立健全合法性审查履行情况考核和问责机制①。由此，通过持续加大合法性审查力度，确保有关主体真正落实依法行政要求，为推动全区经济社会高质量发展提供有力的法治保障。

---

① 马雄伟：《重大行政决策合法性审查制度研究》，《中国法治》2023 年第 1 期。

B.23
西青区智慧公共法律服务体系建设项目

西青区公共法律服务研究课题组 *

摘　要： 近年来，西青区相关部门强化顶层设计支撑、强化服务人才支撑、强化制度规范支撑、强化宣传引导支撑，在智慧公共法律服务体系建设上取得三大方面的成绩。一是实体平台全面覆盖，法律服务多台融合；二是智能终端全面配置，法律服务一机通办；三是智慧法律服务全面运行，法律服务可以实现掌上获取。展望未来，西青区智慧公共法律服务体系建设还应从三个方向发力，以提升智慧公共法律服务体系建设水平。一是强化基础建设，赋予智慧公共法律服务体系稳定性基础；二是提升网络平台能力，实现公共法律服务"掌上办、指尖办"；三是通过数据融合促进"三台"融合，推动智慧公共法律服务体系包容性发展。

关键词： 公共法律服务　智慧化　智能终端　融合发展

　　党的十八大以来，随着全面依法治国向纵深推进，全社会逐渐树立信仰法治、维护法治的思想观念，逐渐形成尊重法律、学习法律、遵守法律、运用法律的法治社会氛围，人民群众对高质量法律服务的需求也越来越高。习近平总书记高度重视公共法律服务体系建设，提出一系列重要论述，要求深化公共法律服务体系建设，尽快建成覆盖全业务、全时空的法律服务网络，夯实依法治国的群众基础。天津市西青区司法局认真落实中办国办印发

---
　　* 执笔人：巩哲，天津社会科学院法学研究所助理研究员。天津市西青区提供相关资料。

的《关于加快推进公共法律服务体系建设的意见》和市委全面依法治市委员会印发的《关于加快推进公共法律服务体系建设的实施方案》，结合西青实际，建立起覆盖区、街镇、村（居）三级的智慧公共法律服务网络，初步实现建成辐射全区的智慧公共法律服务体系的目标，形成了一些智慧公共法律服务体系建设的"西青经验""西青智慧"。

一 西青区智慧公共法律服务体系现状

西青区位于天津市西南部，总面积 545 平方千米，目前辖四街七镇（李七庄街、西营门街、赤龙南街、津门湖街，杨柳青镇、张家窝镇、精武镇、大寺镇、辛口镇、中北镇、王稳庄镇）和一个开发区。共有 133 个行政村（包括自然村）及 128 个社区。多年来，西青区公共法律服务统筹区内外多重资源，不断增加软硬件投入，基本构建完成了实体服务、网络服务、热线服务三大法律服务平台，并且缩短法律服务与人民群众的最后一段距离，将信息与服务渠道扩展到大众能够接触到的微信公众号，初步形成了广泛覆盖城市与乡村的公共法律服务体系。

（一）实体平台全面覆盖，法律服务多台融合

西青区经过多年公共法律服务体系建设，统筹运用市、区两级法律服务资源，实现实体、网络、热线三平台建设，特别是针对实体平台，西青区司法局依托基层司法所以及街道社会服务中心、基层公共法律服务中心，搭建11 个街镇、开发区公共法律服务中心，以实体与网络并举的方式实现全链条公共法律服务供给。在农村公共法律服务薄弱地区与基层自治组织相互配合，建立了公共法律服务站点，实现法律顾问乡村 100% 配备，实现"送法下乡"，打通了公共法律服务的"最后一公里"。

西青区司法局还在法院、检察院、监狱等矛盾纠纷多发的单位和领域，提供针对特殊群体的法律服务，实现服务对象全覆盖、无差别、无漏项。同时，利用司法局联络律师的便利，将法律人才这一重要资源引入公共法律服

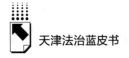

务领域，进一步做好公共法律服务人才的资源储备库，制度化安排律师下沉基层公共法律服务中心以及各个特殊服务站点，促进城乡公共法律服务资源均等化。实体平台的全覆盖避免了线上服务与线下服务供给的脱节，实现了线上与线下资源配合。

（二）智能终端全面配置，法律服务一机通办

天津市司法局以及西青区司法局加强公共法律服务平台建设的同时，注意经常被忽略的终端建设，优化提升用户服务体验。目前，西青区共有各类公共法律服务智能终端机 42 台，其中擎盾智能终端机 5 台，便携式智能终端机（含律师端、客户端）28 台，律品智能终端机 9 台，这些智能终端广泛分布于各街镇公共法律服务中心。

智能终端机融合视频咨询、法律文书模板、智能 AI 机器人回答等多种功能，这种智能终端机既节约了广大人民群众获得法律服务的时间，突破了获得法律服务的空间限制，接受法律服务实现随时随地，体现了公共法律服务便捷性、均等性、普惠性特点，也节约了公证、法律咨询等法律服务资源，降低了经费成本，同时又避免因人为因素出现的服务差错，提高法律服务的内容准确度。截至目前，西青区各公共法律服务站点公共法律服务智能终端累计访问量达到了 5 万余人次，视频咨询近 1 万余人次，取得了较好的效果。

（三）智慧法律服务全面运行，法律服务掌上获取

西青区司法局盘活利用现有平台资源，增强法律服务平台宣传力度，着力提升天津法网、天津掌上 12348 微信公众号及小程序的社会影响力。借助"法治西青"微信公众号开设了智慧法律服务功能，并上线公共法律服务掌上服务大厅，增加了群众便捷取得法律服务的渠道。在特殊时期，西青区智慧法律服务还会满足特殊群体的需求，开设相应专栏，以方便解决各类主体的法律问题。在疫情期间，西青智慧法律服务就开通"防控疫情法律专栏"，用以提供疫情法律解答、疫情法律知识普及、疫情心理咨询等多项服务，针对疫后"复工复产"，开设相应服务专栏，提供企业复工复产信息、

减免税费优惠信息，以及推送民商法、知识产权法、劳动法等与企业生产经营息息相关的法律知识。为了给企业和群众纾困解难，西青区司法局利用微信号公众平台开通律师与公证法律咨询专线，极大便捷了特殊情况下企业、群众获取法律服务的途径，人民群众、企业家对西青区公共法律服务工作的满意度逐步提升。据统计，截至目前，西青区各类公共法律服务智能端口总访问量已达 16 万余次，其中使用较多的智能咨询量 69051 次，代拟法律文书 51313 次，赔偿计算使用 22294 次，视频咨询 7830 次，掌上服务 9652 次，得到了群众的普遍认可。

二 西青区智慧公共法律服务体系建设的实践经验

天津市西青区司法局着眼普惠、面向普通、惠泽普遍，以数字化改革为牵引，以三大平台为依托，强化"顶层设计、服务人才、制度规范、宣传引导"四大支撑，深入推进智慧公共法律服务体系建设和乡村振兴工作任务落实，最大限度统筹法律服务资源。

（一）强化顶层设计支撑

西青区认真落实中办、国办《加快推进公共法律服务体系建设的意见》，高度重视本区公共法律服务体系建设，自 2019 年开始，公共法律服务体系建设每年纳入区委重点工作。为提升公共法律服务智能化水平和乡村法律服务供给，2019 年制定《西青区智慧公共法律服务体系建设三年行动方案》，做到顶层有规划、行动有计划、落实有效果。同年 11 月，统筹区财政和中央转移支付资金，正式启动全区智慧公共法律服务建设工作。

第一步，利用"互联网+"技术和视频咨询管理系统，以实体平台为依托，在区公法律服务中心、11 个街镇、开发区公法服站及群众法律服务需求较多的区市民中心、区劳动仲裁院、部队配备了便携式或立式智能终端机共计 32 台，初步形成区、街镇两级智慧公共法律服务网络。

第二步，利用人工智能+大数据，依托"法治西青"微信公众号，建设

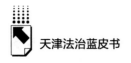

了"公共法律服务掌上服务大厅",开通律师、公证、鉴定、复议四条视频咨询专线,搭建"云平台",落实"云接访",初步将各项法律服务线上化,实现公共法律服务"全时空、全业务"。

第三步,推动智慧公共法律服务向村（居）延伸,在全国民主法治示范村和大型社区试点建设了智慧公共法律服务室。对原有公共法律服务视频咨询设备与通道进行了改造升级,升级为智能终端设备、公众号、二维码三类用户端,同时提供律师、公证、鉴定、复议四类视频咨询服务的西青区视频咨询服务平台,进一步突破了以往法律服务受限于地理距离的问题,大大节约了法律服务资源、降低了乡村群众获得法律服务的成本,提升了法律服务质效。重点选取全国民主法治示范村、市级乡村振兴示范村、规模较大的社区等具有代表性的9个村（居）公共法律服务室配备便携式智能终端,推动智慧公共法律服务进一步向村（居）延伸。通过三年努力,实现"以点带面,构建区、镇街、村（居）三级智慧公共法律服务网络,初步建成辐射全区的智慧公共法律服务体系"建设目标。

（二）强化服务人才支撑

西青智慧公共法律服务除能为群众提供"全时空"法律服务机构查询、智能问答、代拟文书等法律服务外,"律师、公证、鉴定、复议"四条视频咨询专线提供的服务更为精准专业高效。统筹本区域内公证处、鉴定机构、复议等法律服务资源,面向27家律师事务所招募律师,每年两次通过案卷审核、知识测试、面试等多种方式,严格审核律师执业素养、执业纪律,吸纳符合条件且自愿参与公益服务的优秀律师加入区公共法律服务律师资源库,目前库内已有57名律师,由区司法局每月统筹安排库内律师值班,做到全区一盘棋,高效合理使用。对接公证处、鉴定机构等部门,由各部门根据本部门实际专业人员情况安排视频专线每天值班人员,公共法律服务科负责这些人员的政务服务基本培训及人员备案、投诉处理等。

（三）强化制度规范支撑

制定《西青区公共法律服务智能终端机管理使用规定》,明确智能终端机资产管理及日常管理职责，职责清晰，明确到人。同时建立衔接沟通、宣传培训、考核评价三项机制。建立公共法律服务科和各智能终端使用点位专门管理人员微信工作群，及时解决终端使用问题；持续与三大科技运营公司做好工作衔接，邀请技术人员对站点智能终端管理使用人员进行系统培训，使他们熟悉掌握智能终端的使用流程，大力引导群众通过自助途径获得法律服务；不定期实地抽查各站点智能终端使用情况，每月从后台监测智能终端使用数据和律师值班人员履职情况，并进行通报。注重结果运用，将智能终端管理使用情况纳入区依法治区考核指标。

（四）强化宣传引导支撑

借助各种普法载体，结合重要时间、重要节点，各类专项宣传活动，开通"青娃说法"快手、抖音平台等多途径积极宣传公共法律服务的内容，从2022年开始，强化"公共法律服务在您身边"品牌建设，连续两年组织开展了"西青区公共法律服务宣传服务月"活动，统筹资金制作宣传活动条幅、折页、易拉宝，印制《西青区公共法律服务指引手册》，在群众喜爱的茶巾、无纺布购物袋等宣传品上印制智慧公共法律服务宣传内容，采取线上线下相结合方式，积极向群众介绍西青区公共法律服务内容，推广"12348"热线、法网，西青智慧法律服务平台等智慧平台，并现场指导群众使用，扩大智慧公共法律服务的知晓率、使用率、满意率。

三　前景展望

繁难的智慧公共法律服务体系建设是一项紧随时代潮流，勇立时代潮头，不进则退的工作，必须以久久为功的态度，持之以恒地推动建设。西青区在公共法律服务智能化、信息化上进行了初步尝试，群众初步感受到由此带来的便捷和精准服务。为进一步惠及更多群众、更好利用各类资源，仍需继续深入推进智能化建设。

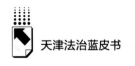

（一）加强基础设施和人才建设

继续在公共法律服务工作站、综合便民服务中心等地配置网络平台终端设备，提供音频视频咨询、业务办理、信息查询、普法宣传等功能。比如，为各服务机构的值班律师配备可视电话，为来自各种渠道的咨询者提供远程服务。将律师资源整合起来，统一调度，平衡供需矛盾。还可逐步将智能设备推广到基层村居社区，延伸服务范围，健全公共法律服务基础设施体系，既能提供法律服务，也可作为普法宣传阵地。还可配置公共法律服务机器人，放在需求大的公共法律服务大厅，代替重复人工动作，提升普法宣传效率，让群众感受到法律服务的智慧和便利。

公共法律服务人才队伍建设既是智慧公共法律服务体系建设的核心任务，也是需要持之以恒长久发展的一项工作。要加强招才引智，通过各级人才政策倾斜，发挥导向作用，促使更多高素质法律人才积极向基层公共法律服务体系流动。要积极与科研院所加强合作，利用科研院所的高素质人才优势，突出自身基层特色、一线特点，形成双向资源流动，充实公共法律服务队伍。

（二）提升网络平台能力

以智能化信息技术推动公共法律服务模式创新，提升网络平台服务功能和服务质量。例如，"法治西青"微信公众号中西青公共法律服务掌上服务大厅中的服务功能可以进一步完善，在原有基础上再集成以下服务功能：基于客观算法的律师推荐，老百姓通过描述问题就能找到合适的律师；在网络平台实现全业务、全流程办理。实现公证、鉴定、人民调解、法律援助等业务网上办理，包括申请、受理、审批、反馈等全部流程，让群众可以"只需跑一次"，甚至"一次都不用跑"。目的是将网络平台的各类服务能力从PC端、终端设备，延伸到微信公众号、小程序等，提供多种服务渠道，使法律服务触手可及，彻底打破空间限制。由此，构建起全时空法律服务能力，随时随地满足人民群众的法律服务需求，实现公共法律服务的便捷化。

（三）通过数据融合促进"三台"融合

汇聚三台数据，实现基础融合。通过汇聚网络平台（包括法网、微信公众号）、实体平台（各公共法律服务中心、司法所的智能设备）、热线平台的服务数据，构建统一的公共法律服务大数据平台，加强三大平台数据融合。通过数据积累，提炼关键信息，实现深度应用。利用大数据分析供求状况、预测热点问题、发现潜在规律。掌握公共法律服务宏观情况，协调服务资源，改善服务效果。提升法律服务和管理水平，用数据说话，用数据管理，用数据决策，提高服务水平，便于提供精准化服务。为事前、事中、事后矛盾纠纷化解提供数据支撑和决策支持。

智慧公共法律服务体系建设应当坚持开放、包容的发展路径，主动对接各政法机关，搭建数据共享平台，既成为数据的"分享者"，也要成为数据的"共享者"，使政法机关数据双向流动。这不仅有助于公共法律服务体系"智慧大脑"建设，不断提升服务质效，也将从整体上提升政法机关工作效率，节约司法资源，优化司法资源配置。

参考文献

［1］宋方青：《新时代建构智慧公共法律服务的必要性与路径》，《中国法治》2023年第2期。

［2］喻少如、许柯：《整体智治：公共法律服务数字化转型的内在机理与创新路径——以杭州市滨江区"一码解纠纷"为例》，《电子政务》2023年第5期。

［3］钱佳、姚晓炜：《智慧公共法律服务发展研究——以浙江省嘉兴市嘉善县为例》，《中国司法》2021年第2期。

［4］宋方青、张向宇：《公共法律服务体系建构的三重逻辑》，《华东政法大学学报》2022年第6期。

［5］项焱、郭元：《乡村振兴视域下诉源治理的新路径——数字赋能公共法律服务》，《河南社会科学》2023年第6期。

［6］蔡长春：《智慧法律服务如何惠及更多群众》，《法治日报》2021年3月22日，第7版。

B.24
小白楼街道积极打造
"全国立法直通港"

程 程*

摘 要: 作为促使基层群众直接参与国家立法活动的新型立法模式,基层
立法联系点制度应运而生。天津市和平区小白楼街道办事处基层
立法联系点自设立以来,逐渐形成"一家、一网、一站"的组
织架构,创新发展形式多样的征询工作机制,借助多元途径汇聚
民意民智。当前,为实现打造"全国立法直通港"工作目标,
进一步完善小白楼街道基层立法联系点的制度建设及运行状况,
一是要坚决落实全过程人民民主理念,深度把握联系点的工作定
位;二是统筹兼顾各方主体意见,探索街道人大工作的融合载
体,突出专家顾问、不同行业领域社会组织所提立法建议的代表
性;三是建立健全相关工作制度,优化立法工作运行机制;四是
制度设计要融合地方特色。

关键词: 基层立法联系点 立法征询 全过程人民民主 制度保障

2014 年,党的十八届四中全会审议通过的《中共中央关于全面推进依
法治国若干重大问题的决定》提出,为深入推进科学立法、民主立法,实
现立法精细化目标,应当健全向下级人大征询立法意见的工作机制,建立基

---

* 执笔人:程程,天津社会科学院法学研究所法学博士。天津市和平区提供相关材料。本文系
天津市法学会 2023 年度法学研究重点课题(TJ2023B006)的阶段性成果。

层立法联系点制度。作为一种促使基层群众直接参与国家立法活动的新型立法模式，全国人大常委会连续多年在立法工作计划中特别对基层立法联系点的运作事项作出安排，并在全国各地建立数十个基层立法联系点，使之成为汇聚普通群众最真实意愿，并将当前社会治理需求全面反馈给立法机关、作为立法建议参考的桥梁。2021年，全国人大常委会法制工作委员会确定天津市和平区小白楼街道办事处为第三批基层立法联系点。近年来，小白楼街道办事处紧密结合地方实际，有序引导基层群众参与立法全过程，积累了丰富经验，积极打造"全国立法直通港"。

一 小白楼街道基层立法联系点的运行现状

小白楼街道办事处位于天津市和平区东北部，辖区2.29平方千米，倚河傍水，揽桥铺陈，界内的大沽桥、解放桥、赤峰桥、保定桥和大光明桥将和平区、河东区与河北区相连，西面、南面分别与劝业场街、五大道街相邻，东南面与河西区相邻，地理位置极具优势。下辖开封道、崇仁里、解放路、承德道、长春道、达文里、树德里、大同道、泰安道9个社区居委会。常住人口26874人。辖区总体呈现党政机关企事业单位多、高端商务楼宇集聚、金融叶脉底蕴深厚、区域党建资源丰富、居民素质较高、民主氛围浓厚等特点。

作为全国人大常委会法制工作委员会在天津设立的首个基层立法联系点，小白楼街道办事处始终坚持深入贯彻习近平法治思想，以科学立法、加强基层立法作为推进治理能力现代化的重要途径。自联系点设立以来，小白楼街道办事处牢牢把握其作为体察民情、汇集民意和汲取民智的"立法直通港"定位，通过开展事前普法、事中搭台、事后反馈的全流程闭环工作，致力于实现立法活动的民主化。实践中，以坚持和发展全过程人民民主理念为指引，联系点广泛发动社会多元主体参与立法调研、立法征询和立法后反馈等环节，大力拓宽群众参与立法活动的深度和广度，及时将来自基层的有益建议传递至国家立法机关，以此确保相关法律制定能够最大程序体现人民

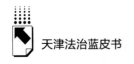

的意志、反映人民的利益，亦促使立法活动的开展更具实效。

目前，小白楼街道办事处共组织完成了 13 部法律草案的立法征询工作，包括《地方各级人民代表大会和地方各级人民政府组织法》《体育法》《公司法》《突发事件应对管理法》《妇女权益保障法》《无障碍环境建设法》《行政复议法》《慈善法》《海洋环境保护法》《行政诉讼法》《民事诉讼法》《增值税法》《反间谍法》等。该立法联系点向全国人大常委会法制工作委员会反馈意见建议 357 条，其中最新发布的《体育法》对 6 条建议予以采纳。此外，小白楼街道基层立法联系点已形成覆盖 9 个社区人大代表联络站、51 个居民网格征集点、163 家成员单位征集站、280 多个社区社会征集组织，以及 500 多名征集信息员的多方位工作格局。

二　小白楼街道基层立法联系点工作的具体做法

（一）建立"一家、一网、一站"的组织架构

小白楼街道基层立法联系点自设立运行以来，逐渐形成了独具特色的"一家、一网、一站"式组织架构。

"一家"是指依靠街道"人大代表之家"实施具体的立法征询工作。通过抽调工作人员组成联系点工作专班，由归属小白楼街道范围的全体区人大代表担任信息员，采取走访调研、开展座谈会等形式了解相关法律的实施情况，征集基层群众的意见，并进行必要的普法宣传。

"一网"是指联系点工作需形成涵盖不同领域、各方联系紧密的意见征集网。其要求大力发挥多元社会主体具备的职能优势，切实加强与人大代表、政协委员的联系，善于运用党政机关和企事业单位自身的充足资源，重视与科研院所、律师或会计事务所等专业机构的沟通与合作。

"一站"是指，立法联系点的稳定运行还有赖于对社会资源的灵活统筹，通过设立志愿者服务活动站、咨询服务队等，在就某些法律草案征求意见的过程中，完成法律条款专业表述与群众意见的有效转换，从而有助于提

高相关立法建议的采纳率。立足前述"一家、一网、一站"式组织架构，小白楼街道办事处同时承载"立法征询平台、基层治理抓手、民主展示窗口、普法教育载体"的多重身份，很大程度上实现了立法征集民意的全方位覆盖。

（二）创新立法征询工作机制，打造民主化立法特色品牌

第一，建立"上门谈法"机制，打造"和平夜话再出发，立法征询大家说"特色品牌。小白楼街道办事处通过开展"迎盛会、铸忠诚、强担当、创业绩"主题学习、"和平夜话再出发"和"我为群众办实事"等实践活动，组织党员干部、人大代表和志愿者等有关主体深入走进街道、企事业单位以及百姓家中收集并听取群众对民主法治建设的期望，做到真实反映来自基层的立法建议。例如，2022年11月，全国人大常委会法制工作委员会就如何制定"无障碍环境建设法"（草案）向小白楼街道办事处征集立法建议。随后，小白楼街道基层立法联系点以开展"和平夜话再出发，立法征询大家说"系列活动的形式，与来自养和里小区的十余名老年居民以及当地残联、住建、城管等部门的工作人员进行交流，认真听取群众针对"无障碍环境建设法"（草案）制定提出的建议。

第二，建立"优化常态问询"机制，打造"走街串巷拉家常，立法征询聚民智"特色品牌。一方面，小白楼街道基层立法联系点采取日常走街串巷方式，密切关注百姓的意愿，重点走访与法律草案制定修改相关的群众或利益部门，根据百姓的踊跃发言，建立社情民意库；另一方面，利用互联网信息技术的便利优势，小白楼街道基层立法联系点通过设置社区和成员单位意见征集站、开通立法征询意见网上端口及相关小程序、与新闻媒体确立合作、设立线上"基层立法联系点征求意见专栏"等形式，打造"线上+线下"全方位征询机制立体网络，打破时间空间的限制，加强与不同区域群体的密切交流，确保立法建议得到及时、有效沟通，实现立法征询工作的常态化运行。

第三，建立健全民主参与机制，打造"民主实践办实事，立法征询守

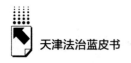

民心"特色品牌。小白楼街道基层立法联系点利用民生实事项目人大代表会商制等多元载体，大大拓宽了立法建议表达渠道，同时以解决社会治理中的实际问题为导向，通过深入调研听取群众的意见、汇集群众的智慧，大力发挥基层经验在国家立法活动中的重要作用。实践中，有的将法条建议直接传递到全国人大，有的借助人大代表提出建议等形式积极回应群众的诉求，利用立法征询过程中基层主体所能发挥的独特作用，丰富探索民主实践，守住民心。

（三）多渠道、多方式汇聚民意民智，增强普法宣传效果

第一，广泛听取民意，发挥人大代表的作用。小白楼街道基层立法联系点就如何修订《体育法》进行意见征询过程中，听取有关群众的建议，即希望政府能够在资金、训练场地等方面为体育类社会组织的发展提供支持，并将这一事项纳入民生实事项目人大代表会商制度。随后，联系点协调区属相关职能部门开展立项选址、勘测现场等一系列活动，由人大代表进行监督评估，进而一套健身设施在居民小区亮相。

第二，多种方式聚集民智。小白楼街道基层立法联系点通过开展"问慈善、做慈善"活动，将就《慈善法》修订工作进行意见征询所搜集的视力障碍人士想"听"电影的意愿，纳入2023年民生实事项目。同时，与"心目影院"联系，邀请爱心志愿者为有需求的视力障碍人士讲述电影。由此，联系点遵循循序渐进的立法征询过程，以期更好地聚集民智。

第三，打造百姓普法"播种机"。小白楼街道基层立法联系点通常会以易于理解的方式，向群众阐释征询法条的含义。区公证处志愿普法小分队就《妇女权益保障法》的修订草案情况进行意见征询时，特别把草案内容与有关再婚女性权益保障的真实案例相结合，运用诙谐的天津话和幽默的表演方式便于群众更好地理解法条。有鉴于此，基层立法联系点也成为深受百姓喜爱的普法"播种机"，辖区群众依法解决问题的法治素养逐渐提高。

三 小白楼街道基层立法联系点的特色经验

立足基层立法联系点的工作定位，小白楼街道办事处实施立法征询活动的最大优势是与一线群众保持紧密联系，能够搜集到最为真实、涉及多个领域的社情民意，在基层立法联系点运行过程中形成了特色经验。

（一）"直通港"的命名特色

聚焦基层立法联系点立法征询建议直通全国人大的核心功能，结合天津港口、和平紫竹林地区"老码头"这些特色元素，立足基层立法联系点本身就有的辐射和集聚特点，以形象类比方式设计"立法直通港"这个代表和平、代表天津的基层立法联系点形象。围绕基层立法联系点立法征询建议直通全国人大的核心功能，最大程度地收集"原汁原味"的立法意见建议，为国家立法提供有益参考。

（二）普法教育平台的建设特色

拓展基层立法联系点在立法、普法、守法等多方面的功能。通过举办法治大讲堂、普法微课堂等主题活动积极开展全方位的"全民法治教育"，把征集立法意见建议与宣传党和国家重大政策、正确引导民意有机结合起来，将征求意见环节与提高公民法律意识、推动其有效参与社会治理相衔接，显著增强基层群众对立法工作的关注度、参与度和认同感。

（三）街道人大工作相融合的载体特色

将街道人大工作和立法联系点工作融合，将规范化的街道人大代表之家建在立法联系点，将人大代表联系服务选民活动、代表之间履职交流活动、代表为"两高三化"新和平献计献策等活动和基层立法联系点工作有机结合，为人大代表联系群众、了解社情民意、服务区域经济发展搭建平台，使人大代表作用发挥最大化。

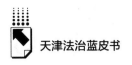

天津法治蓝皮书

（四）全过程人民民主展示的窗口特色

把基层立法联系点作为本地对外宣传的重要窗口，和辖区单位市政府外事办公室共建，邀请外国友人实地走访联系点以获得亲身感受，通过设置"全过程人民民主"展示区、"数智立法联系动态"展示区、"立法全过程参与"功能区与"立法议事与宣讲"功能区，深入落实全过程人民民主要求，用一个个鲜活真实的事例生动讲述中国民主故事、立法故事。

四　下一步完善发展的对策建议

当前，小白楼街道办事处通过建立全方位覆盖式的组织架构、创新立法征询方式，形成立法特色品牌，借助多种方式汇聚民意民智，在确保基层群众可以广泛、直接参与立法活动方面切实发挥了重要作用。为进一步完善小白楼街道基层立法联系点的制度建设与运行机制，可以从以下方面进一步优化提升。

（一）深度把握基层立法联系点的工作定位

参照现行法律有关基层立法联系点职责的一般规定，同时与实际立法工作相联系，小白楼街道办事处应按照明确立法任务制订工作方案、聚集相关联系对象，坚守立法为民原则，召开听证会、座谈会等形式广泛听取各方利益群体的建议，汇总征询意见并反馈立法机关等要求，保证立法征询全过程公开、民主。另外，需注意立法意见征询与宣传党和国家重大政策、开展普法守法教育等活动的紧密联系，广泛收集意见的同时努力提高公民的法律意识，以此增强广大群众对立法活动的关注度与认同感。

（二）统筹兼顾各方，突出立法建议的代表性

以维护人民权益、增进人民福祉作为推进基层立法联系点建设的出发点与落脚点，小白楼街道办事处通过广泛征集来自不同领域利益主体的建议，

在统筹兼顾各方立法诉求的同时，须充分发挥人大代表、专家顾问及相关社会组织等主体的专业优势，注意突出立法建议的代表性，从而实现立法过程中多元主体的有效互动。

（三）健全工作制度，优化运行机制

尽快制定并完善适应本地的基层立法联系点工作规则，就基层立法联系点的概念内涵、联系点的设立、工作目标与主要职责的厘定、立法征询程序性要求、相应工作流程和保障机制等事项作出详细规定，进而为推动联系点建设提供统一明确、针对性的制度依据。在将事前的立项与立法后评估环节纳入其工作范围的前提下，应当为相应意见征询工作确立具体操作方法。及时反馈经由立法联系点提出建议的采纳情况，增强立法工作报告的说理性。

（四）打造基层联系点的品牌特色

小白楼街道办事处要致力于打造富有地方特色的"全国立法直通港"品牌，关于联系点立法征询工作的标识设计和操作方法，可以结合小白楼街道的历史背景与特色元素，设计能够体现当地文化特色的"立法直通港"标识。同时根据联系点本身呈现的辐射和汇聚特征，将带有标识的意见征集箱分散置于各征集点，由此打造全方位覆盖和平区基层的立法联络品牌。还需注意立法征询意见中对地方问题的深刻反映，这要求联系对象参与立法应结合本地区、本行业的实际情况，就法律草案制定提出与当地经济社会发展经验适应的针对性建议。

Abstract

In recent years, Tianjin has organized all citizens to study and publicize and implement Xi Jinping's thought on rule of law comprehensively. It set the establishment of the rule-of-law pilot zone as its goal, adhering to the joint promotion of law-based management of the city, law-based governance, and law-based administration. It has integrated the rule of law in Tianjin, the rule-of- law government, and the rule-of-law society, paying close attention to the implementation of the "one plan and two guidelines" for the construction of the rule of law in Tianjin, and promoting comprehensively scientific legislation, strict law enforcement, fair justice, and law-abiding by all people. By ensuring high-quality development with high-level legal supply, deepening high-level reform and opening up, promoting law-based and efficient urban governance, and protecting people's high-quality life in accordance with the law, the construction of the rule of law in Tianjin has made new progress and achieved new achievements.

The Annual Report on Rule of Law in Tianjin No. 3 (2023), compiled by the Rule-of-Law Office of Tianjin Municipal Party Committee, the Tianjin Municipal Law Society and the Tianjin Academy of Social Sciences, provides a panoramic view of the major achievements made in the construction of the rule of law in Tianjin from 2021 to 2022. It reviews and summarizes systematically Tianjin's successful experience and practical innovations in scientific and democratic legislation, responding to social needs, advancing law-based administration, building a law-based government, strengthening legal protection, optimizing the business environment, deepening judicial reform, upholding fairness and justice, resolving conflicts and disputes effectively, maintaining social harmony, strengthening social participation, and building a law-based society jointly. It is of great significance for the continued development of rule of law in Tianjin. The book consists of one general report, four sub-reports, seven special reports, five innovative research achievements and seven typical cases.

The general report generalizes the practice and innovation process of Tianjin's rule-of-law construction since 2021 through a large number of data and materials, summarizes the mainachievements and outstanding practices of Tianjin's rule-of-law construction and development, analyzes the current problems, and makes predictions and prospects for the overall situation and relevant key areas of Tianjin's rule-of-law construction and development in the next few years. By adhering to strict law enforcement, and striving to build an inclusive and prudent law enforcement and oversight structure, we will continue to promote efficient governance and accelerate fair and efficient administration of justice. We will continue to carry out publicity and education on the rule of law, and strive to create a social atmosphere of honesty and trustworthiness.

The sub-report gives a detailed description, summary, reflection and prediction of the development of the rule of law in Tianjin from four aspects: scientific legislation, strict law enforcement, fair justice and law-abiding by the whole people. From 2021 to 2022, Tianjin has promoted scientific legislation further, improved the quality and effectiveness of legislation continuously, enhanced the legal system constantly, and formed a number of important legislative achievements and experience. We have promoted the strict law enforcement further, modernized the urban governance system and governance capacity on the track of rule of law, and provided a strong legal guarantee for comprehensively building a modern socialist metropolis. We have made significant achievements in judicial system reform, smart judicial construction, public legal services, and strengthened judicial supervision, and promoted the modernization of the judicial system and judicial capacity. Efforts have been made to promote law-abiding by all people, and remarkable results have been achieved in publicity and education on the rule of law, law-based governance at the community level, and the construction of a culture of rule of law. The atmosphere of rule of law in the whole society is becoming stronger.

The special report focuses on showcasing the unique systems, work, and

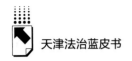

projects formed in the construction of the rule of law in Tianjin. At the macro level, Tianjin has coordinated and promoted the deep integration of governing the city according to law and governing the party according to regulations. At the middle level, committed to promoting the construction and optimization of the business environment governed by the rule of law, especially in the government environment, market environment, judicial environment, and social environment, Tianjin has made significant progress. The grassroots rule of law has achieved remarkable results in legislation, law enforcement, judicature, public legal services, and law popularization. Universities and research institutes have studied and implemented the spirit of the "Opinions on Strengthening Legal Education and Legal Theory Research in the New Era" issued by the two central offices, innovated and developed the legal education system and legal theory research system, and achieved a series of practical results. At the micro level, Tianjin has launched a series of effective explorations and practiced focusing on effectively improving the level of public disclosure of key information, legalizing petition work, and managing the network in accordance with the law.

The innovation research report mainly summarizes and analyzes the innovation of the coordination and supervision system of administrative law enforcement in the construction of the rule-of-law government in Tianjin, the comprehensive reform practice of "one enterprise, one certificate" in Binhai New Area, the promotion of compliance reform of the involved enterprises, the supervision of procuratorial suggestions in judicial practice, and the innovative practice of legal publicity and education for young people in Nankai District in the work of law popularization. It is of great significance to strengthen the construction of a service-oriented government, further optimize the business environment, exert procuratorial supervision, and strengthen the unique role of publicity and education of the rule of law in the construction of the rule of law.

Typical cases mainly focus on innovating the construction of legal medical insurance for cross-provincial medical settlement, the linkage mechanism of real estate judicial auction, the demonstration of the rule-of-law government in Hedong District, the creation of a "Fengqiao" police station in Hedong District, the "123" model for the legality review of major administrative decisions in Hongqiao

District, the construction project of the smart public legal service system in Xiqing District, and the creation of a "national legislative direct port" in Xiaobailou Sub district. Such typical cases sum up the experience and highlights in practice, and provide a good example and reference for the construction of the rule of law.

Keywords: Rule of Law Development; Promoting Rule of law; Reform and Innovation

Contents

I General Report

B.1 The Overall Situation and Future Prospects of the Development
of Rule of Law Construction in Tianjin from 2021 to 2022

Research Group of the Construction of the

Rule of Law in Tianjin / 001

1. Continuing to Promote the Study and Implementation of Xi Jinping

Thought on Rule of Law / 002

2. Ensuring High-Quality Development with a High

Standard of Legal Supply / 004

3. Deepening High-Level Reform and Opening up on the

Track of Rule of Law / 008

4. Promoting Efficient Governance with a

High Level of Rule of Law / 011

5. Protecting the People's Quality of Life in

accordance with the Law / 016

6. Strengthening the Construction of High-quality Legal

Personnel / 021

7. Strengthening the "Critical Minority" and Tightening the

Chain of Legal Responsibility / 024

8. Key Tasks and Prospects of the Next Step of Tianjin

Rule of Law Construction   / 026

Abstract: In recent years, Tianjin has deeply implement Xi Jinping Thought on the Rule of Law. By ensuring high-quality development through high-level legal supply, deepening high-level reform and opening up, promoting efficient and efficient urban governance in accordance with the law, and safeguarding the high-quality life of the people in accordance with the law, Tianjin has taken new steps and achieved new results in the construction of the rule of law. Adhere to strict law enforcement and strive to build an inclusive and prudent law enforcement and supervision pattern; Adhere to promoting efficient governance and accelerate the promotion of fair and efficient judiciary; Adhere to the promotion and education of the rule of law, and strive to create an honest and trustworthy social atmosphere. Tianjin will continue to deepen the study and implementation of Xi Jinping Thought on the Rule of law, deepen the construction of the rule of law, continuously explore new models in legislation, law enforcement, judiciary, and legal compliance and popularization, and achieve new results.

Keywords: Rule of Law Construction; Xi Jinping Thought on Rule of Law; High Level Rule of Law

Ⅱ Sub-reports

B.2 Research on Promoting High Quality Development through

High Quality Legislation in Tianjin   *Zhang Yiyun* / 030

Abstract: From 2021 to 2022, under the leadership of the Municipal Party Committee, the Tianjin Municipal People's Congress and its Standing Committee creatively carried out legislative work, ensuring high-quality development, promoting ecological civilization construction, and enhancing people's well-being through creative legislation, actively exploring and enriching legislative forms,

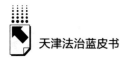
carrying out "small incision" legislation, practicing the entire process of people's democracy in legislative work, cultivating and practicing socialist core values, and innovating legislative work mechanisms to ensure legislative quality, The quality and efficiency of legislation have continuously improved, forming a batch of important legislative achievements and experience practices. In the next five years, local legislative work in Tianjin will adhere to the principle of centering around the center, serving the overall situation, closely focusing on the decision-making and deployment of the Municipal Party Committee to implement the Party Central Committee's major policies, and organizing the implementation of the "Ten Actions". It will further strengthen legislation in key and emerging areas, enrich and innovate legislative forms, and enhance the systematicity, integrity, synergy, and timeliness of legislation, To provide strong legal protection for the comprehensive construction of a socialist modern metropolis.

Keywords: Local Legislation; Creative Legislation; High–Quality Legislation; the Entire Process of People's Democracy

B.3 Practice and Prospect of Promoting Innovation in Administrative Law Enforcement in Tianjin

Tianjin Administrative Law Enforcement Innovation Research Group / 048

Abstract: Strict law enforcement is the core proposition and central task of building a government ruled by law. We will resolutely implement Xi Jinping Thought on the Rule of Law. Focusing on solving prominent problems in the field of the rule of law, we will promote the modernization of the urban governance system and governance capacity on the track of the rule of law, and strive to build Tianjin into a pilot zone for the construction of the rule of law, so as to provide a strong legal guarantee for the comprehensive construction of a modern socialist metropolis.

Keywords: Governing the City according to Law; Strictly Enforcing the Law; Ensuring the Rule of Law

B.4 Practice and Prospect of Tianjin's Strict and Fair Judicial

Protection of Social Fairness and Justice

Tianjin Fair Judicial Research Group ∕ 060

Abstract: Strict and impartial judiciary is the premise of upholding social fairness and justice and advancing law-based governance on all fronts. In recent years, Tianjin Municipality has made specialized deployments and clear arrangements for promoting impartial judiciary, focusing on the local judicial functions and business characteristics. It has comprehensively enhanced judicial quality and efficiency, achieving remarkable progress in judicial system reform, intelligent judiciary construction, public legal services, and judicial supervision improvement, which promotes the modernization of the adjudication system and capabilities. In the next step, impartial judiciary should focus on operationalizing its judicial reform, rectifying prominent issues in the reform process, and enhancing the judicial satisfaction and recognition among the people.

Keywords: Judicial Reform; Judicial Supervision; Intelligent Judiciary

B.5 Research on Promoting National Compliance with the

Law and Expanding Social Participation in the

Practice of Rule of Law in Tianjin

Tianjin Law-Abiding and Law-Popularizing Research Group ∕ 074

Abstract: Law-abiding by all people is the destination and destination of scientific legislation, strict law enforcement and fair justice. Tianjin adheres to the rule of law thought of Xi Jinping to promote the work of law-abiding by all people, and deeply promotes the law-abiding by the residents of the whole city as the basic project in the construction of the rule of law in Tianjin, and has achieved remarkable results in the publicity and education of the rule of law, grassroots governance by law and the construction of the rule of law culture. At the

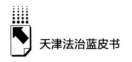

institutional level, Tianjin has strengthened organizational guarantee, promoted the continuous improvement of the system and mechanism of law-abiding work, tightly grasped the key minorities, strengthened the work of state staff in studying and using the law, promoted the implementation of the responsibility system of law popularization and constantly innovated the forms of law popularization. At the practical level, all districts and departments of Tianjin will promote the active implementation of the system innovation of law-abiding by the whole people and transform it into practical exploration, and constantly enhance the pertinence and effectiveness of the work of law popularization. The in-depth expansion of the law-abiding work of all people needs to further promote the participation of the whole society in the practice of the rule of law, build a more complete legal service system, and promote the belief in the rule of law to take root in the hearts of the people.

Keywords: National Law-Abiding; Legal Popularization Responsibility System; "Eighth Five Year Plan" Legal Popularization; Rule of Law Culture

Ⅲ Special Reports

B.6 Coordinate and Promote the Deep Integration of Governing the City according to Law and Governing the Party according to Regulations

Research Group on the Deep Integration of Governing the City According to Law and Governing the Party According to Regulations / 089

Abstract: Our city promotes the construction of the rule of law in Tianjin, the rule of law government, and the rule of law society complying with Xi Jinping Thought on Socialism with Chinese Characteristics for a New Era. The institutional advantages of the Party's leadership are more smoothly transformed into governance efficiency, and the deep integration of rule of law in the city and rule of law in the Party is being achieved. The modernization level of the national governance system and capabilities is constantly improving. Suggestions for future development should be promoted from five aspects: aligning with the central party's internal regulatory planning framework, optimizing the party leadership's system of governing the city according to law, bench-marking the reform of party and state institutions, innovating the mechanism of combining strict governance of the party with governing the city according to law, and promoting the construction of a new type of rule of law think tank.

Keywords: Governing the City in accordance with the Law; Governing the Party in accordance with Regulations; The Party's Leadership System; Internal Party Regulations and Systems

B.7　Practice of Key Information Publicity in the Construction of a Legal Government in Tianjin

Research Group on Key Information Disclosure in Building a Rule of Law Government / 100

Abstract: The public disclosure of government service information, administrative licensing information, and list of rights and responsibilities in Tianjin is relatively good. Tianjin combines online and offline to achieve comprehensive information disclosure, using "columns" and "integrated systems" and other information disclosure methods to reflect convenient services, interactive information disclosure to ensure the full participation of the public in the construction of a rule of law government, dynamic adjustments and timely updates to ensure the timeliness of information disclosure, and incorporating performance evaluation supervision to promote comprehensive information disclosure. Tianjin needs to enhance its proactive awareness of openness, improve the quality of public content, enrich the forms of public methods, strengthen public supervision and evaluation, and effectively improve the level of public disclosure of key information in the process of building a rule of law government.

321

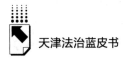
天津法治蓝皮书

Keywords: Legal Government Construction; Information Disclosure; Public Disclosure Right to Know

B.8 Practice and Exploration of Grassroots Rule of Law Construction in Tianjin

Tianjin Grassroots Rule of Law Construction Research Group / 113

Abstract: Tianjin has achieved remarkable results in grassroots rule of law construction in areas such as legislation, law enforcement, judiciary, public legal services, and legal popularization. It takes solving prominent problems in grassroots rule of law construction as a starting point, and is down-to-earth and innovative. It has formed effective and valuable experience and practices such as "getting close to the people, strengthening grassroots connections", "building a diversified dispute resolution mechanism, and multi subject participation in grassroots governance", "based on the needs of the people, optimizing the rule of law and convenient services", "grasping key areas, and paying attention to people's well-being". The relevant departments in Tianjin should adhere to a problem oriented approach, implement the "Opinions on Further Strengthening the Construction of City and County Rule of Law", and further solve practical problems in grassroots rule of law construction.

Keywords: Grassroots Rule of Law Construction; Democratic Legislation; Law Enforcement Reform; Diversified Dispute Resolution Mechanisms

B.9 Research on the Optimization Path of the Legalized Business Environment in Tianjin

Tianjin Legalization of Business Environment Research Group / 128

Abstract: The rule of law is the best business environment. Under the background of the construction of the largest free trade zone in the north and the strategy of Tianjin−Binhai twin-city, Tianjin has been committed to promoting the construction and optimization of the legalized first-class business environment in recent years, especially in the aspects of government environment, market environment, legal environment and social environment. Significant progress has been made and boost. The rule of law is the basic background of the business environment, and it is necessary to embed the rule of law into every detail of the business environment. Tianjin has always insisted on optimizing the path of legalized business environment continuously. In the future, it is necessary to further establish the awareness of collaborative governance from the concept, continue to reform and innovate in action, strengthen international advanced bench-marking, and constantly improve the construction of legal culture in business, Government, enterprises and society work together to optimize the business environment ruled by law.

Keywords: Law-Based Business Environment; Being Honest and Law-Abiding; Optimization Path; Collaborative Governance

B.10 Exploration and Enlightenment of Legalization of
Petition Work in Tianjin　　　　　　　*Wang Guo* / 142

Abstract: In order to deeply implement the requirements of the construction of a rule of law government and ensure the implementation of the "Regulations on Letters and Visits Work", Tianjin has conducted a series of effective explorations and practices. Political leadership is driven by high positions, with a dual approach to learning and popularizing the law, advancing both in theory and practice, solidifying experience without relaxation, and being brave in innovating and exploring new paths; Promote the deep integration of grassroots social governance and improve the quality and efficiency of petition work. The Municipal Letters and Visits Office strictly integrates the construction of the rule of law into the overall situation, uses legal thinking and methods to resolve conflicts, and has emerged

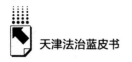

multiple new models of grassroots letters and visits. A new pattern of letters and visits work in the new era has been preliminarily formed. In future petition work, it is still necessary to innovate and expand petition channels to enhance petition coverage; Establish a sound publicity mechanism to improve the level of legalization of petitions and petitions; Strengthen the construction of the petition work team and improve the level of petition services; Continuously promote source control and solve problems on the spot in a timely manner; Improve the assessment mechanism for letters and visits, and implement accountability and incentives simultaneously; Introduce external forces to participate and jointly manage to form a joint force for petition.

Keywords: Petition; Legalization; Grassroots Society Governance; Precaution at Source

B.11 Practice of Website Management and Governance in
accordance with the Law in Tianjin   *Guo Xiaodong* / 156

Abstract: Tianjin Party Committee and Government adhere to the basic principle of the CPC's management Internet and management based on rules, in order to ensure the network management's right political direction and basis of law. By a number of special governance activities, controlling Internet publicity and guidance, we will comprehensively safeguard national cyber security and create a clean cyberspace for the vast number of Internet users. In 2023, on the basis of summarizing experience and finding shortcomings, we should earnestly implement the work tasks assigned by the superior network information department and innovate the way of work and work hard in the modern expression of positive energy. we will make efforts to create a clean and positive network ecological environment.

Keywords: Uphold the Leadership of the CPC; Law－Based Management and Governance in Internet; Comprehensive Treatment; Network Supervision

B . 12 Practical Exploration on the Innovative Development of

Legal Education and Research in Tianjin

Tianjin Legal Education and Legal Research Innovation Research Group / 170

Abstract: The universities and research institutes in Tianjin guided by the guidance of Xi Jinping Thought on Socialism with Chinese Characteristics for a New Era, we will resolutely implement Xi Jinping Thought on the Rule of Law, have made good achievements in reform and innovation in legal education, including the construction of curriculum education, curriculum system, teaching material system, teaching mode and means, and faculty. Meanwhile, the universities and research institutes focus on frontier legal theory and legal problems in the practice of legal construction, strengthen legal research, promote academic exchanges, strengthen scientific research strength, and made a series of scientific research achievements, which has important value for enriching legal theory and serving legal practice. We should further improve the quality of legal education and legal research on the basis of reflecting on the ability and level of legal research.

Keywords: Legal Education; Legal Research; Teaching Staff

Ⅳ Reform and Innovation

B . 13 Innovation in the Coordination and Supervision System and

Mechanism of Administrative Law Enforcement in Tianjin

Tianjin Administrative Law Enforcement Coordination

Supervision Research Group / 183

Abstract: In recent years, Tianjin has deeply promoted the construction of a rule of law government, explored the mechanism for coordinating and supervising administrative law enforcement, and improved the efficiency of administrative law enforcement. Our city has formulated relevant regulations for administrative law enforcement, promoted the substantive operation of the Municipal Party Committee

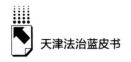

天津法治蓝皮书

Law Enforcement Coordination Group, and aimed to strictly regulate, fair, and civilized law enforcement, planning the city's administrative law enforcement work with high standards and quality. Make the coordination and supervision of administrative law enforcement a key task of governing the city according to law, standardize the administrative law enforcement system, strengthen administrative law enforcement supervision, and improve the ability to administer according to law. Tianjin continues to promote innovation in the coordination and supervision system and mechanism of administrative law enforcement, taking the demonstration and creation of a rule of law government as the starting point, taking into account the characteristics of the city and the demand for government services, continuously strengthening the legalization, institutionalization, and standardization of administrative law enforcement, improving the administrative law enforcement supervision system, promoting the improvement of quality and efficiency in the construction of a rule of law government, and promoting the efficient governance of the city in accordance with the law.

Keywords: Administrative Law Enforcement; Coordination and Supervision; Rule of Law in the City; Rule of Law in the Government

B.14　Practice Innovation and Prospect of Procuratorial

　　　　Advice Supervision in Tianjin

Tianjin Procuratorial Proposal Supervision Research Group / 196

Abstract: Procuratorial suggestion and supervision is one of the five key work contents of the construction of the rule of law government in Tianjin. In recent years, the effect of procuratorial suggestions in promoting the rule of law in social governance has become increasingly prominent, and it has increasingly played a broad and unique role in the modernization of national governance and the process of social governance under the rule of law in the new era, and gradually formed a "procuratorial plan" for social governance. Closely related to the decision-making and deployment of the central and municipal committees to promote the modernization of procuratorial suggestions; Give full play to the role of Party committees and people's congresses in coordinating and supervising, and establish a pattern of handling work; Strengthen the rigid implementation of urging the recovery and rectification, and promote the realization of the supervision effect of suggestions; Improve the quality of handling procuratorial suggestions and promote the improvement of social governance efficiency; We will establish and improve a working mechanism for coordination and cooperation, and promote the formation of synergy in social governance.

Keywords: Procuratorial Advice; Legal Supervision; Source of Action Governance; Supervision Strategies

B.15   Research on Deepening the Compliance Reform of Enterprise involved in the Case in Tianjin

Tianjin Compliance Reform of Enterprise Involved

in the Case Research Group / 210

Abstract: In the program of compliance reform of enterprise involved in the case, the city of Tianjin has accumulated useful experience in the field such as regional cooperation and mitigation of penalty, which demonstrates outstanding local feature. Meanwhile, some problems exposed in the practice should be concerned, such as the unbalance of case types and regional distribution, as well as the lack of consistent fund sources of compliance supervision mechanism. Look forward to the future, we may further clarify the applicable standard for compliance cases as well as for corporate compliance non-prosecution. Expanding the compliance reform of enterprise involved in the case in the whole criminal litigation process appears also compelling.

Keywords: Compliance Reform of Enterprise Involved in the Case; Corporate Compliance Non-prosecution; Third Party Supervision and Evaluation Mechanism; Cooperation between Different Regions

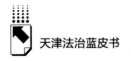

B . 16　Practical Experience Analysis of the Comprehensive Reform of "One Enterprise, One Certificate" in Binhai New Area

Research Group on the Comprehensive Reform of "One Enterprise, One Certificate" in Binhai New Area / 227

Abstract: With the sustained and rapid development of China's economy, optimizing the business environment and promoting streamlining administration and delegating power have become important measures to promote economic transformation and upgrading. As an important component of optimizing the business environment reform, the comprehensive reform of "one enterprise, one certificate" in Binhai New Area is of great significance in improving enterprise efficiency, reducing operating costs, promoting innovation and entrepreneurship, and enhancing market subject satisfaction. However, while the reform has achieved results, there are still some problems, such as the need to continue improving the administrative approval mechanism, the urgent need to improve departmental collaboration, and the limited application scenarios of new technologies. Next, the government of Binhai New Area needs to continue to strengthen institutional construction, improve administrative approval mechanisms, strengthen service-oriented government construction, improve departmental collaboration capabilities, optimize information sharing mechanisms, and expand new technology application scenarios.

Keywords: "One Enterprise, One Certificate"; Administrative Approval; Market Regulation; Service-Oriented Government

B . 17　Innovative Practice of Legal Publicity and Education for Youth in Nankai District

Nankai District Youth Rule of Law Publicity and Education Research Group / 238

Abstract: Nankai District places rule of law education at an important position in national education, deeply implements the "Outline of Youth Rule of Law Education", vigorously promotes the reform and innovation of the system, mechanism, and methods of youth rule of law propaganda and education, and improves the mechanism of youth rule of law propaganda and education. Through multi-departmental linkage, diversified participation, multi-content supply and multi-mode promotion, Nankai District has innovatively established a three-dimensional pattern of youth rule of law publicity and education, constantly improving the effectiveness of legal publicity work for young people, and enhancing their legal awareness and literacy.

Keywords: Rule of Law Propaganda and Education; Work Mechanism; Position Construction; Innovative Forms

V Typical Instance

B. 18 Tianjin Promotes the Reform of the Settlement System for
Cross Provincial and Remote Medical Treatment

Research Group on the Settlement System for Cross
Provincial and Remote Medical Treatment in Tianjin / 249

Abstract: Tianjin comprehensively promotes the legalization of medical insurance work. Accelerate legislation in the field of medical insurance and improve the legal administrative system; Strengthen law enforcement norms and supervision, improve the legal literacy of medical insurance talents, and widely carry out legal publicity. In terms of deepening the reform of the direct settlement system for medical treatment in different regions, we will accelerate the construction of the direct settlement system for medical treatment in different regions, expand the "one thing, one process" channel for medical registration in different regions, create a 15 minute convenient circle for direct settlement of medical treatment in different regions, and deepen the collaborative development of medical treatment in different regions of Beijing, Tianjin, and Hebei. Actively

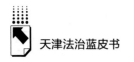
explore beneficial rules and create successful cases and experiences in centralized volume procurement. The main focus and direction for the future are to adhere to problem oriented and practical oriented, continue to improve the medical insurance regulatory system, continuously enhance the ability of law enforcement teams, and promote the development of legal medical insurance to a higher level.

Keywords: Legal Medical Insurance; Remote Medical Treatment; Direct Settlement

B. 19　Practical Review and Prospect of the Joint Mechanism of

　　　　Real Estate Judicial Auction in Tianjin　　*Lyu Shujie* / 255

Abstract: In recent years, Tianjin has deeply practiced Xi Jinping's thought on the rule of law, committed to solving the problem of difficult execution, and effectively promoted the quality and efficiency of trial execution. In the execution work, in order to solve the problem of connecting the work of the people's court with other administrative departments in the judicial auction of real estate, a linkage mechanism for the judicial auction of real estate is established, and an execution mode centered on the people's court and coordinated with other administrative departments is created. Tianjin has successively issued the "Implementation Plan for Establishing a Tianjin Judicial Judgment Execution Linkage Center" to establish a judicial adjudication execution linkage center. The "Opinions on Establishing and Improving the Execution Linkage Collaboration Mechanism" provides solutions for tax related issues and has achieved significant results for tax authorities and people's courts in real estate judicial auction activities; At the same time, establish a "peer-to-peer" real estate network inspection and control system to assist in judicial investigation and control work.

Keywords: Real Estate; Judicial Auction; Collaboration

B.20   Practical Experience in Establishing a Demonstration

Government of Rule of Law in Heping District, Tianjin

Research Group on Legal Government Construction

Demonstration and Creation in Tianjin Heping District / 267

Abstract: In 2022, Heping District of Tianjin was rated as the second batch of national demonstration zones for the construction of rule of law government. In the construction of the rule of law government in the Peace Zone, the Party committee and government attach great importance to it and carry out all-round reform and improvement in government functions, administrative system, administrative decision-making, administrative law enforcement, administrative power supervision, prevention and handling of major emergencies, social conflicts and disputes, and the rule of law literacy of government staff, and have achieved remarkable results. It has formed a series of successful experiences that can be replicated and promoted in the direction of key minorities, strengthening the thinking of rule of law, accurate and efficient government services, inclusive and prudent law enforcement, and leveraging the advantages of the administrative review system.

Keywords: Construction of Government Ruled by Law; Demonstration Creation; Law-Based Administration of Government

B.21   Hedong District Uses the Creation of a "Fengqiao Style"

Police Station as a Carrier to Create a New Highland of

"Fengqiao Experience" in New Era

Research Group on the Establishment of the "Fengqiao Style"

Police Station in Hedong District / 278

Abstract: In recent years, the Hedong District Branch of Tianjin Public Security Bureau has learned and implemented the "Fengqiao Experience",

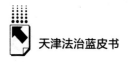
天津法治蓝皮书

promoted the creation of a "Fengqiao style" police station in accordance with the requirements of the central deployment, and explored a complete set of innovative practical mechanisms, forming a new highland for the "Fengqiao Experience" in the new era. The Hedong Branch has achieved the construction of a three-dimensional public security prevention and control system by creating characteristic police areas such as "party building leading", "police network mutual assistance", and "people-friendly interaction". The Hedong Branch has diversified the main body of dispute resolution through rectification, promoted the work of mass prevention and governance, and promoted the implementation of the work policy of "combining mediation and prevention, focusing on prevention" by promoting the diversification of dispute resolution mechanisms. The Hedong Branch has deepened the construction of smart and safe communities, promoted comprehensive governance, and combined the "Fengqiao Experience" with the construction of smart and safe communities, which is a vivid practice and innovation of the "Fengqiao Experience" in the field of safety construction.

Keywords: Fengqiao Experience; Features Police; Source Governance; Smart Safe Community

B.22 The "123" Model for Reviewing the Legality of Major Administrative Decisions in Hongqiao District

Research Group on the Legality Review of Major

Administrative Decisions in Hongqiao District / 287

Abstract: In order to implement the Provisional Regulations of the State Council on Major Administrative Decision Procedures and the "1+4+5" system of major administrative decision procedures in Tianjin, and fully leverage the important role of legitimacy review in adhering to scientific, democratic, and legal decision-making, Hongqiao District has formed a highly distinctive "123" model based on actual conditions. As one of the important measures to implement the goal of legal administration, Hongqiao District has established a legal review mechanism with standardized procedures, openness and transparency, clear responsibilities, and close collaboration among multiple parties, providing strong legal guarantees for promoting high-quality economic and social development. Technological progress and innovation capabilities have gradually become a powerful driving force for national economic development, and technological innovation strategies have become important means and determining factors for enhancing the country's comprehensive strength and participating in international competition.

Keywords: Major Administrative Decisions; Legitimacy Review; Two - Level Linkage; Triple Review

B. 23 Xiqing District Smart Public Legal Service

System Construction Project

Xiqing District Public Legal Service Research Group / 296

Abstract: In recent years, Xiqing District has achieved three major achievements in the construction of a smart public legal service system. One is the comprehensive coverage of physical platforms and the integration of legal services across multiple platforms; Secondly, intelligent terminals are fully configured, and legal services are available on one machine; The third is the comprehensive operation of smart legal services, and the acquisition of legal services on the palm. Looking ahead to the future, the construction of the smart public legal service system in Xiqing District should also focus on three directions to enhance the level of construction of the smart public legal service system. Firstly, it is necessary to strengthen infrastructure and give the smart public legal service system a stable foundation; The second is to enhance the capabilities of online platforms and achieve "handheld and fingertip" public legal services; The third is to promote the integration of "three platforms" through data fusion and promote the inclusive

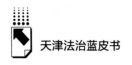

development of the smart public legal service system.

Keywords: Public Legal Services; Intelligent; Intelligent Terminal; Integration and Development

B. 24 Xiaobailou Sub District Actively Creating a

"National Legislative Direct Port" *Cheng Cheng* / 304

Abstract: As a new legislative model that encourages grassroots people to directly participate in national legislative activities, the grassroots legislative contact point system has emerged. Since its establishment, the grassroots legislative contact point of Xiaobailou Sub district Office has gradually formed an organizational structure of "one family, one network, one station", innovatively developed various forms of consultation work mechanisms, and gathered public opinion and wisdom through multiple channels. Currently, in order to achieve the goal of actively building a "national legislative direct port" and further improve the system construction and operation status of grassroots legislative contact points in Xiaobailou Sub district, it is necessary to firmly implement the concept of people's democracy throughout the entire process and deeply grasp the work positioning of the contact points; The second is to comprehensively consider the opinions of various parties, explore the integrated carrier of the work of the street people's congress, and highlight the representativeness of legislative suggestions proposed by expert consultants and social organizations in different industries and fields; Thirdly, establish and improve relevant work systems and optimize the operational mechanism of legislative work; Fourthly, it is necessary to integrate local characteristics in institutional design.

Keywords: Grassroots Legislative Contact Point; Legislative Consultation; Whole Process People's Democratic; System Guarantee

皮 书

智库成果出版与传播平台

✦ 皮书定义 ✦

皮书是对中国与世界发展状况和热点问题进行年度监测，以专业的角度、专家的视野和实证研究方法，针对某一领域或区域现状与发展态势展开分析和预测，具备前沿性、原创性、实证性、连续性、时效性等特点的公开出版物，由一系列权威研究报告组成。

✦ 皮书作者 ✦

皮书系列报告作者以国内外一流研究机构、知名高校等重点智库的研究人员为主，多为相关领域一流专家学者，他们的观点代表了当下学界对中国与世界的现实和未来最高水平的解读与分析。截至 2022 年底，皮书研创机构逾千家，报告作者累计超过 10 万人。

✦ 皮书荣誉 ✦

皮书作为中国社会科学院基础理论研究与应用对策研究融合发展的代表性成果，不仅是哲学社会科学工作者服务中国特色社会主义现代化建设的重要成果，更是助力中国特色新型智库建设、构建中国特色哲学社会科学"三大体系"的重要平台。皮书系列先后被列入"十二五""十三五""十四五"时期国家重点出版物出版专项规划项目；2013~2023 年，重点皮书列入中国社会科学院国家哲学社会科学创新工程项目。

权威报告·连续出版·独家资源

皮书数据库
ANNUAL REPORT(YEARBOOK)
DATABASE

分析解读当下中国发展变迁的高端智库平台

所获荣誉

- 2020年，入选全国新闻出版深度融合发展创新案例
- 2019年，入选国家新闻出版署数字出版精品遴选推荐计划
- 2016年，入选"十三五"国家重点电子出版物出版规划骨干工程
- 2013年，荣获"中国出版政府奖·网络出版物奖"提名奖
- 连续多年荣获中国数字出版博览会"数字出版·优秀品牌"奖

皮书数据库　　　　"社科数托邦"
　　　　　　　　　微信公众号

成为用户

　　登录网址www.pishu.com.cn访问皮书数据库网站或下载皮书数据库APP，通过手机号码验证或邮箱验证即可成为皮书数据库用户。

用户福利

- 已注册用户购书后可免费获赠100元皮书数据库充值卡。刮开充值卡涂层获取充值密码，登录并进入"会员中心"—"在线充值"—"充值卡充值"，充值成功即可购买和查看数据库内容。
- 用户福利最终解释权归社会科学文献出版社所有。

社会科学文献出版社 皮书系列
SOCIAL SCIENCES ACADEMIC PRESS (CHINA)
卡号：134346948219
密码：

数据库服务热线：400-008-6695
数据库服务QQ：2475522410
数据库服务邮箱：database@ssap.cn
图书销售热线：010-59367070/7028
图书服务QQ：1265056568
图书服务邮箱：duzhe@ssap.cn

法律声明

"皮书系列"（含蓝皮书、绿皮书、黄皮书）之品牌由社会科学文献出版社最早使用并持续至今，现已被中国图书行业所熟知。"皮书系列"的相关商标已在国家商标管理部门商标局注册，包括但不限于 LOGO（）、皮书、Pishu、经济蓝皮书、社会蓝皮书等。"皮书系列"图书的注册商标专用权及封面设计、版式设计的著作权均为社会科学文献出版社所有。未经社会科学文献出版社书面授权许可，任何使用与"皮书系列"图书注册商标、封面设计、版式设计相同或者近似的文字、图形或其组合的行为均系侵权行为。

经作者授权，本书的专有出版权及信息网络传播权等为社会科学文献出版社享有。未经社会科学文献出版社书面授权许可，任何就本书内容的复制、发行或以数字形式进行网络传播的行为均系侵权行为。

社会科学文献出版社将通过法律途径追究上述侵权行为的法律责任，维护自身合法权益。

欢迎社会各界人士对侵犯社会科学文献出版社上述权利的侵权行为进行举报。电话：010-59367121，电子邮箱：fawubu@ssap.cn。

社会科学文献出版社